TURKISH SELF STUDY COURSE

Birsen Çankaya
Şükrü Meriç
Andy Hilton
Sevgi Hilton

BOOK THREE

FONO açıköğretim kurumu

ISTANBUL

For information :

Fono Açıköğretim Kurumu

Gündoğdu Cad. No : 49

34016 Merter – İSTANBUL

ISBN 975-471-117-8

Printed in Turkey

BOOK THREE

temel TÜRKÇE kursu

DERS 65

VOCABULARY

BAŞKA (BİR)

Başka bir gün gelebilir misiniz?

OTHER, ANOTHER

Can you come another day?

ARTIK

Artık Ayşe orada değildir.

ANY MORE; NOW

Ayşe isn't there any more.

BU YÜZDEN

Dün yağmur yağdı, bu yüzden gelmedi.

SO, THEREFORE

It rained yesterday, so she didn't come.

KİRA

Bu evin kirasını biliyor musun?

RENT

Do you know the rent of this house?

LAVABO

Onu lavaboda yıka.

WASHBASIN

Wash it in the washbasin.

BİN

Okulda bin tane öğrenci vardır.

THOUSAND

There are one thousand students in the school.

MİLYON

İki milyon işçi bugün çalışmıyor.

MILLION

Two million workers aren't working today.

ÇİMEN

Çimenin üstünde oturalım mı?

GRASS

Shall we sit on the grass?

YAPRAK

Ağaçların yaprakları düşüyor.

LEAF

The leaves of the trees are falling.

ŞANSLI

Çok şanslısın. İyi bir ev buldun.

LUCKY

You are very lucky. You found a good house.

BAŞKA (BİR)

The English equivalent of **başka(bir)** is 'another'.

Bunu istemiyorum; Bana başka bir tane ver.	I don't want this; give me another one.
Başka bir elbise alacak.	She'll buy another dress.
Öğrenciye başka bir soru soracaklar.	They'll ask another question to the student.
Başka bir yerde kalacağız.	We'll stay at another place.
Başka bir ekmek verebilir misin?	Can you give another bread?
Orada başka bir işçi var.	There is another worker there.
Bu araba çok eski; başka bir tane al.	This car is very old; buy another one.
Başka bir kadınla konuştu.	He talked to another woman.
Oraya başka bir arabayla gitmeliyim.	I must go there by another car.
Evde başka bir bilgisayar var mı?	Is there another computer at home?

ARTIK

Usually used in negative sentences, like English, **artık** has the English equivalent 'any more'.

Artık onun evine gitme.   Don't go to his house any more.

642

Artık bizimle oynamıyor.	She isn't playing with us any more.
Artık buraya gelmemelisin.	You musn't come here any more.
Artık ona para vermeyecek.	She won't give him money any more.
Ayşe artık onunla konuşmayacak.	Ayşe won't talk to him any more.
Annem artık orada çalışmıyor.	My mother isn't working there any more.
Ziyaretçiler artık odada değiller.	The visitors aren't in the room any more.
Onu göremiyoruz artık.	We can't see him any more.
Bize gelmez artık.	She doesn't come to us any more.
O süpermarketten bir şey almayacağım artık.	I won't buy anything from that supermarket any more.

As you can see from the above examples, **artık** can change sentence position (to change the emphasis of a sentence). This changing of sentence position to change emphasis is a general principle in Turkish (in English words are emphasized through stress, saying them louder). **Artık** is placed before the word or phrase which is stressed.

BU YÜZDEN

Bu yüzden (= so, therefore) functions as a conjunction, joining sentences in a relationship of consequence as expressed by the English word 'therefore' (although 'so' is more common).

Onların evi çok küçük; bu yüzden başka bir evde kalmalıyız.	Their house is very small; so we must stay at another house.
Burası çok soğuk; bu yüzden kazağını giy.	This place is very cold; so put on your sweater.
Onun arabası var; bu yüzden bizi oraya götürebilir.	She has got a car; so she can take us there.
Akşam erken yatarız; bu yüzden sabahleyin erken kalkarız.	We go to bed early; so we get up early in the morning.
Polis geç geldi; bu yüzden hırsız kaçtı.	The police came late; so the thief escaped.
Bugün banka kapalıdır; bu yüzden parayı alamazsınız.	Today, the bank is closed; so you can't take the money.
Bu çanta çok ağırdır; bu yüzden onu taşıyamazsınız.	This bag is very heavy; so you can't carry it.
Bu şirkette çalışmak istiyor; bu yüzden İngilizce öğrenmelidir.	She wants to work at this company; so she must learn English.
Bu kitaplar çok faydalıdır; bu yüzden kızına onları almalısın.	These books are very useful; so you must buy them to your daughter.
Çok işi var; bu yüzden ona yardım edeceğiz.	He has got a lot of work; so we'll help him.

O yüzden may also be used.

> **Polis geç geldi; o yüzden hırsız kaçtı.**
> **Bugün banka kapalıdır; o yüzden parayı alamazsınız.**
> **Onun arabası var; o yüzden bizi oraya götürebilir.**

ACIKMAK, DOYMAK / TO BE HUNGRY, FULL

We have seen these verbs before. The important thing to remember about them is that used in the past form they still refer to the present. **Acıktım**, a past form, means 'I am hungry (now)'.

A shortened version, **açım** is also used.

Açım. / Acıktım.	I am hungry.

Doymak behaves similarly.

Çocuk doydu.	The child is full.

Tokum. / Doydum.	I am full.

İşadamları acıktı. Biraz yiyecek var mı?	The businessmen are hungry. Is there any food?
Acıktık. Ne zaman yemek yiyeceğiz?	We are hungry. When will we eat?
Çocuklar acıktı. Bu yüzden anneleri onlar için yemek pişirecek.	The children are hungry; so their mother will cook for them.
Doydun mu? Evet, doydum.	Are you full? Yes, I am full.
Doyduk. Artık bir şey istemiyoruz.	We are full. We don't want anything any more.
Misafirler doydular.	The guests are full.

İLE EVLENMEK / TO BE MARRIED TO

İle is used in suffix form to indicate the person to whom one is married.

Evleneceğim.	I will marry.
Onunla evleneceğim.	I will mary him.
Benimle evlendi.	He married me.
Arkadaşıyla evlendi.	She married her friend.
Ahmet'le evlenecek.	She will marry Ahmet.

644

Kiminle evlendi?	Who did he marry?
Öğretmeniyle evlendi.	He married his teacher.
Zengin bir adamla evlenecek.	She will marry a rich man.
Bir ay sonra onunla evlenebilir.	He can marry her one month later.
O kızla evlenmelisin.	You must marry that girl.
Fatma'yla ne zaman evleneceksin?	When will you marry Fatma?

Review of Necessity Suffix Usage

Başka bir okula gitmeli.	He must go to another school.
O kızla evlenmelisin.	You must marry that girl.
Yarın erken kalkmalıyız.	We must get up early tomorrow.
Bize söz vermelisin.	You must promise us.
Burası çok soğuk; bu yüzden kazağını giymelisin.	This place is very cold; so you must put on your sweater.
Adam bize fotoğrafları göstermeli.	The man must show the photographs to us.
Bizimki daha yeni olmalı.	Ours must be newer.
Kadın bugün evde kalmalı.	The woman must stay at home today.

Bu filmi seyretmemelisiniz.	You mustn't watch this film.
Otobüsü beklememeliler.	They mustn't wait for the bus.
Artık o fabrikada çalışmamalıyız.	We mustn't work at this factory.
Adam çok zengindir; bu yüzden artık ona para vermemelisin.	The man is very rich; so you mustn't give any money to him any more.
O arabaya bakmamalısın.	You mustn't look at that car.
Çantaya dokunmamalısınız.	You mustn't touch the bag.
O köpekten korkmamalıyız.	We mustn't be afraid of that dog.
Kız artık o eve gitmemeli.	The girl mustn't go to that house any more.

Kız o eve gitmeli mi?	Must the girl go to that house?
Adam bize fotoğrafları göstermeli mi?	Must the man show the photographs to us?
Kadın bugün evde kalmalı mı?	Must the woman stay at home today?
Şimdi bulaşıkları yıkamalı mısın?	Must you wash the dishes now?
Bu filmi seyretmeli misiniz?	Must you watch this film?
Otobüsü beklemeliler mi?	Must they wait for the bus?
Ona para vermeli misin?	Must you give any money to him?
O bavulları taşımalı mıyız?	Must we carry those suitcases?

Ne zaman eve dönmeliyiz?	When must we come back home?
Nerede beklemeliler?	Where must they wait?

Senin için ne yapmalıyım?	What must I do for you?
Nereye oturmalı?	Where must she sit?
Kaç tane sandalye getirmelisiniz?	How many chairs must you bring?
Kim orada şarkı söylemeli?	Who must sing there?
Sekreter onu nasıl yazmalı?	How must the secretary write it?
Saat kaçta orada olmalısın?	What time must you be there?
Kız o eve gitmeli mi?	Must the girl go to that house?
Evet, gitmeli.	Yes, she must.
Adam fabrikaya dönmeli mi?	Must the man return to the factory?
Evet, dönmeli.	Yes, he must.
Bugün evde kalmalı mısın?	Must you stay at home today?
Evet, kalmalıyım.	Yes, I must.
Bu filmi seyretmeli misiniz?	Must you watch this film?
Evet, seyretmeliyiz.	Yes, we must.
Ona para vermeli miyim?	Must I give any money to him?
Evet, vermelisin.	Yes, you must.
O bavulları taşımalı mıyız?	Must we carry those suitcases?
Evet, taşımalısınız.	Yes, you must.
Otobüsü beklemeliler mi?	Must they wait for the bus?
Hayır, beklememeliler.	No, they mustn't.
O arabaya bakmalı mıyız?	Must we look at that car?
Hayır, bakmamalısınız.	No, you mustn't.
Dişlerini fırçalamalı mı?	Must she brush her teeth?
Hayır, fırçalamamalı.	No, she mustn't.
Yarın erken kalkmalı mısın?	Must you get up early tomorrow?
Hayır, kalkmamalıyım.	No, I mustn't.
Başka bir okula gitmeli misiniz?	Must you go to another school?
Hayır, gitmemeliyiz.	No, we mustn't.
Ona yardım etmeli miyim?	Must I help him?
Hayır, etmemelisin.	No, you mustn't.

Review of Ability Suffix Usage

Present Tense

Remember to add -yor to -ebilmek for the present tense.

Denizde yüzebiliyorum.	I can swim in the sea.
Bahçede oturabiliyorlar.	They can sit in the garden.
Evi temizleyebiliyoruz.	We can clean the house.
Bizi hastaneye götürebiliyor.	She can take us to the hospital.
O kitabı okuyabiliyorsun.	You can read that book.

Denizde yüzemiyorum.	I can't swim in the sea.
Artık onu göremiyoruz.	We can't see him any more.
Kitabı okuyamıyor.	She can't read the book.
Bahçede oturamıyoruz.	We can't sit in the garden.
Onunla evlenemiyor.	She can't marry him.
Bize yardım edemiyorlar.	They can't help us.
Çimende oturabiliyorlar mı?	Can they sit on the grass?
Kadın yemek yapabiliyor mu?	Can the woman cook?
Evi temizleyebiliyor musunuz?	Can you clean the house?
Müziği dinleyebiliyor musun?	Can you listen to the music?
Müdürle konuşabiliyor mu?	Can he talk to the manager?

Past Simple

The past suffix **-dı/-di** is added to **-ebilmek**.

Sekreter mektupları yazabildi.	The secretary was able to write the letters.
Adam bavulları taşıyabildi.	The man was able to carry the suitcases.
Çimende oturabildiler.	They were able to sit on the grass.
Polis hırsızı yakalayabildi.	The police were able to catch the thief.
Denizde yüzebildim.	I was able to swim in the sea.
Onu hastaneye götürebildik.	We were able to take him to the hospital.
Mektupları yazamadık.	We weren't able to write the letters.
Kadın yemek yapamadı.	The woman wasn't able to cook.
Hırsızı yakalayamadınız.	You weren't able to catch the thief.
Bizi hastaneye götüremediler.	They weren't able to take us to the hospital.
Evi temizleyemediniz.	You weren't able to clean the house.
Çimende oturabildiler mi?	Were they able to sit on the grass?
Sekreter mektupları yazabildi mi?	Was the secretary able to write the letters?
Denizde yüzebildin mi?	Were you able to swim in the sea?
Müdürle konuşabildiniz mi?	Were you able to talk to the manager?
Hırsızı yakalayabildi mi?	Were you able to catch the thief?

PRACTICE 65

A

Put into the tense/structure given.

1. **Adam fabrikaya dönmeli.** (Future Tense)
2. **Biz sizi orada bekliyoruz.** (Past Tense)

3. **Yapraklar düşüyor.** (Simple Present)
4. **İşadamıyla tanıştık.** (-Ebilmek)
5. **Bebekler ağlar.** (Present Progressive)
6. **Çocuklar bahçeden kaçıyor.** (Necessity)
7. **Köpeklerden korkar mısın?** (Present Progressive)
8. **Ona bu dili öğretebiliriz.** (Future Tense)
9. **Bu kitap faydalı mıdır?** (Past Tense)
10. **Bu işi yapıyoruz.** (-Ebilmek)
11. **Orada bir ay bekledik.** (Simple Present)
12. **Çeşitli kitaplar okuyacağız.** (Necessity)
13. **Arkadaşım evlendi.** (-Ebilmek)
14. **Radyoyu onardınız mı?** (Present Progressive)
15. **Onun adını öğrenmedik.** (Simple Present)
16. **Burada sigara içmeyeceksin.** (Necessity)
17. **Bize söz verecek mi?** (Past Tense)
18. **Bu otelde kalmamalısınız.** (Future Tense)
19. **Onu yakaladınız mı?** (Simple Present)
20. **Bu makineyi kullanabilir misin?** (Present Progressive)

B

Give short, positive answers.

1. **Bu mektupları göndermeli mi?**
2. **Bulaşıkları yıkamalı mısın?**
3. **Kütüphaneden kitap almalı mıyız?**
4. **Ona bu dili öğretebilir misiniz?**
5. **Bizi oraya götürecek mi?**
6. **Bu elbiseleri satacak mıyız?**
7. **İşi bitirebildin mi?**
8. **Bu ondan daha büyük müdür?**
9. **Oraya gidebiliyor mu?**
10. **Televizyonu onardınız mı?**

C

Give short, negative answers.

1. **Onunla evlenecek mi?**
2. **Yarın oraya gidebilir misin?**
3. **Bu mektubu göndermeli miyim?**
4. **Evde kalmalı mıyız?**
5. **Dükkândaki elbiseleri satabiliyor musun?**
6. **Ders çalışabildiniz mi?**

7. **Bunu ona gösteriyor mu?**
8. **Parayı sayar mısın?**
9. **Bizi oraya götürebilirler mi?**
10. **Dün akşam araba kullandı mı?**

D

Rewrite without repeating the noun, as shown.

Ex.: **Bu oda çok serindir. Diğer odada otur.**
     Bu oda çok serindir. Diğerinde otur.

1. **Bu özel okul daha pahalıdır. Diğer okula gidelim.**
2. **Masadaki portakal daha ekşidir. Diğer portakalı ye.**
3. **Bu bilezik çok pahalıdır. Diğer bileziği alabiliriz.**
4. **Çocuğun oyuncağı tehlikelidir. Diğer oyuncakla oynayacak.**
5. **Bu müze kapalıdır. Diğer müzeye gidelim.**
6. **Bu adam güçsüzdür. Diğer adam çalışabilir.**
7. **Şu soru zordur. Diğer soruyu yanıtlayacağız.**
8. **Banyodaki lavabo küçüktür. Diğer lavaboda yıkayacağım.**

E

Translate into English.

1. **Niçin oraya gitmemelisin?**
2. **Başka bir evde kalabilir mi?**
3. **Patron artık o işçiyi istemez.**
4. **Otobüs kalabalıktı; bu yüzden binmedi.**
5. **Gelecek hafta bir doktorla evleneceğim.**
6. **Karnın doydu mu? Evet, doydu.**
7. **Çok acıktı. Ne yiyecek?**
8. **Adam bu ay kirayı ödeyemedi.**

F

Translate into Turkish.

1. It rained; so he didn't come.
2. I don't want that house any more.
3. We are full, but we'll drink a glass of tea.
4. Do you know another language?
5. Your friend is very lucky. He won't pay any money for food.
6. The manager has gone, so you can't talk to him.

7. Will you marry me?

8. I must think about the rent of the house.

PRACTICE 65 - ANSWERS

A. 1. Adam fabrikaya dönecek. 2. Biz sizi orada bekledik. 3. Yapraklar düşer. 4. İşadamıyla tanışabiliriz. 5. Bebekler ağlıyor. 6. Çocuklar bahçeden kaçmalı. 7. Köpeklerden korkuyor musun? 8. Ona bu dili öğreteceğiz. 9. Bu kitap faydalı mıydı? 10. Bu işi yapabiliriz. 11. Orada bir ay bekleriz. 12. Çeşitli kitaplar okumalıyız. 13. Arkadaşım evlenebilir. 14. Radyoyu onarıyor musunuz? 15. Onun adını öğrenmeyiz. 16. Burada sigara içmemelisin. 17. Bize söz verdi mi? 18. Bu otelde kalmayacaksınız. 19. Onu yakalar mısınız? 20. Bu makineyi kullanabiliyor musun?

B. 1. Evet, göndermeli. 2. Evet, yıkamalıyım. 3. Evet, almalıyız. 4. Evet, öğretebiliriz. 5. Evet, götürecek. 6. Evet, satacaksınız. 7. Evet, bitirebildim. 8. Evet, büyüktür. 9. Evet, gidebiliyor. 10. Evet, onardık.

C. 1. Hayır, evlenmeyecek. 2. Hayır, gidemem. 3. Hayır, göndermemelisin. 4. Hayır, kalmamalısınız. 5. Hayır, satamıyorum. 6. Hayır, çalışamadık. 7. Hayır, göstermiyor. 8. Hayır, saymam. 9. Hayır, götüremezler. 10. Hayır, kullanmadı.

D. 1. Bu özel okul daha pahalıdır, diğerine gidelim. 2. Masadaki portakal ekşidir, diğerini ye. 3. Bu bilezik çok pahalıdır, diğerini alabiliriz. 4. Çocuğun oyuncağı tehlikelidir, diğeriyle oynayacak. 5. Bu müze kapalıdır, diğerine gidelim. 6. Bu adam güçsüzdür, diğeri çalışabilir. 7. Şu soru zordur, diğerini yanıtlayacağız. 8. Banyodaki lavabo küçüktür, diğerinde yıkayacağım.

E. 1. Why mustn't you go there? 2. Can she stay at another house? 3. The boss doesn't want that worker any more. 4. The bus was crowded; so she didn't get on. 5. I will marry a doctor next week. 6. Are you full? Yes, I am full. 7. She is very hungry. What will she eat? 8. The man couldn't pay the rent for this month.

F. 1. Yağmur yağdı; bu yüzden gelmedi. 2. Artık o evi istemiyorum. 3. Biz tokuz ama bir bardak çay içeceğiz. 4. Başka bir dil biliyor musun? 5. Arkadaşın çok şanslıdır. Yemek için para ödemeyecek. 6. Müdür gitti; bu yüzden onunla konuşamazsın. 7. Benimle evlenecek misin? 8. Evin kirasını (kirası hakkında) düşünmeliyim.

temel
TÜRKÇE
kursu

DERS 66

VOCABULARY

KIZMAK

Sana niçin kızar?

TO BE ANGRY (WITH)

Why is she angry with you?

TOPLAMAK

Eski kitapları toplayacak.

TO COLLECT

He will collect the old books.

GRUP

Bankanın önündeki grup
ne yapıyor?

GROUP

What is the group in front of
the bank doing?

ŞEY

Şu şey nedir?

THING

What's that thing?

AFFETMEK

Onu affedebilir mi?

TO EXCUSE, TO FORGIVE

Can she excuse him?

EN

En büyük oda budur.

MOST, -EST

The biggest room is this.

651

UZUN BOYLU		TALL
Baban uzun boylu mudur?		Is your father tall?

KISA BOYLU		SHORT
O benden daha kısa boyludur.		He is shorter than me.

COMPARISON (continued)

First, let us recall the **-dan/-den daha** structure used to make comparatives.

uzun	long
daha uzun	longer
büyük	big
daha büyük	bigger
güzel	beautiful
daha güzel	more beautiful

pahalı	expensive
daha pahalı	more expensive
den/dan daha pahalı	more expensive than
Bu ev şundan daha pahalıdır.	This house is more expensive than that one.

uzun boylu	tall
daha uzun boylu	taller
O kız benden daha uzun boyludur.	That girl is taller than me.

Bu kitap masadakinden daha faydalıdır.	This book is more useful than the one on the table.
O kız seninkinden daha akıllı mıdır?	Is that girl cleverer than yours?
Bu sekreter ondan daha dikkatliydi.	This secretary was more careful than her.
Bugün dünden daha soğuk olacak.	Today will be colder than yesterday.

Now we will look at superlatives. In English '-est' or 'most' is used (colder, most beautiful). In Turkish **en** is used, placed in front of the adjective.

uzun	long
daha uzun	longer
en uzun	the longest

yaşlı	old
daha yaşlı	older
en yaşlı	the oldest
şanslı	lucky
daha şanslı	luckier
en şanslı	the luckiest
güçlü	strong
daha güçlü	stronger
en güçlü	the strongest
tehlikeli	dangerous
daha tehlikeli	more dangerous
en tehlikeli	the most dangerous

In a superlative structure the relevant noun might be plural, in which case it takes the genitive case.

ev	house
kapı	door
evin kapısı	the door of the house
çocuk	child
anne	mother
çocuğun annesi	the child's mother
çanta	pahalı
çantalar	en pahalı
çantaların	
çantaların en pahalısı	
kadın	güzel
kadınlar	en güzel
kadınların	
kadınların en güzeli	
soru	zor
sorular	en zor
soruların	
soruların en zoru	
araba	pahalı
arabalar	en pahalı
arabaların	
arabaların en pahalısı	

evlerin en büyüğü	the biggest of the houses
kalemlerin en uzunu	the longest of the pencils
arabaların en ucuzu	the cheapest of the cars
halıların en eskisi	the oldest of the carpets
işçilerin en fakiri	the poorest of the workers
kitapların en ilginci	the most interesting of the books
bavulların en ağırı	the heaviest of the suitcases

Evlerin en büyüğü budur.	The biggest of the houses is this.
Kalemlerin en uzunu masanın üstündedir.	The longest of the pencils is on the table.
Arabaların en ucuzunu satın aldı.	He bought the cheapest of the cars.
Bavulların en ağırını taşımalısın.	You must carry the heaviest of the suitcases.
İşçilerin en fakiri bu adamdır.	This man is the poorest of the workers.
Halıların en eskisini ona verdi.	She gave the oldest of the carpets to her.
Kitapların en ilgincini okumak istiyorum.	I want to read the most interesting of the books.
Çantaların en pahalısını satın aldık.	We bought the most expensive of the bags.
Kadınların en güzeliyle evlenecek.	He will marry the most beautiful of the women.
Öğretmen soruların en zorunu sordu.	The teacher asked the most difficult of the questions.
Bu adam yazarların en ünlüsüdür.	This man is the most famous of the writers.
Kızların en kısa boylusu Selma'dır.	The shortest of the girls is Selma.
Çocukların en dikkatsizi senin oğlundur.	The most careless of the children is your son.
Öğrencilerin en çalışkanını görmelisin.	You must see the most hardworking of the students.

In superlative structures, if the adjective is placed before the noun it is not necessary to use personal suffixes for possession.

en ucuz elbiseler	the cheapest dresses
en ucuz elbiselerin	your cheapest dresses

en yeni bilgisayar	the newest computer
en yeni bilgisayarım	my newest computer

en akıllı öğrenci	the cleverest student
en akıllı öğrencisi	his cleverest student

en büyük oda	the largest room
en büyük odanız	your largest room

en iyi doktor	the best doctor
en iyi doktorumuz	our best doctor

en önemli müdür	the most important director
onların en önemli müdürü	their most important director

Bunlar en ucuz elbiselerindir.	These are your cheapest dresses.
En yeni bilgisayarımı kullanıyorum.	I am using my newest computer.
En dikkatli öğrencisi Ayşe'dir.	His most careful student is Ayşe.
En büyük odanızda kalmak istiyorum.	I want to stay at your largest room.
En iyi doktorumuzu görecek.	She will see our best doctor.
Ali Bey onların en önemli müdürüdür.	Ali Bey is their most important manager.
Fikret benim en zayıf öğrencimdir.	Fikret is my thinnest student.
O babamın en ucuz gömleğidir.	It is my father's cheapest shirt.

Both personal pronoun and determiner may be omitted.

O en şişman öğrencidir.	He is the fattest student.
O benim en şişman öğrencimdir.	He is my fattest student.
Öğrencilerin en şişmanı odur.	He is the fattest of the students.

Burası en geniş odadır.	This place is the widest room.
Burası bizim en geniş odamızdır.	This place is our widest room.
Odaların en genişi burasıdır.	This place is the widest of the rooms.

En uzun kalemi aldı.	He took the longest pencil.
Ofisteki en iyi sekreteri gördüm.	I saw the best secretary in the office.
En uzun boylu kızı biliyoruz.	We know the tallest girl.
Dükkândaki en pahalı arabayı satın aldılar.	They bought the most expensive car in the shop.
En yararlı kitabı al.	Take the most useful book.
Bize en ilginç fotoğrafları gösterecek.	She will show us the most interesting photographs.
Yaşlı adam için en iyi yer burasıdır.	Here is the best place for the old man.
En eski kazak yatağın üstündedir.	The oldest sweater is on the bed.
En kötü öğrenci sınıftadır.	The worst student is in the classroom.
Annem en küçük elmayı yedi.	My mother ate the smallest apple.
En soğuk gün bugündü.	The coldest day was today.
En güzel yerde oturuyor.	She's sitting at the most beautiful place.
En uzun boylu adamla konuştum.	I talked to the tallest man.
Bu en kısa gündü.	This is the shortest day.
En tehlikeli yol budur.	The most dangerous road is this.
En güçlü işçi burada çalışır.	The strongest worker works here.
En ilginç kitabı istiyorum.	I want the most interesting book.

Şoförlerin en dikkatlisi ağabeyimdir.	The most careful of the drivers is my elder brother.
Kızların en çirkini Asiye'dir.	The ugliest of the girls is Asiye.
Bu benim için en güzel hediyedir.	This is the most beautiful present for me.
En ünlü doktor o olacak.	He will be the most famous doctor.
Beş yıl önce en ünlü doktor oydu.	He was the most famous doctor five years ago.
En iyi işçimiz fabrikadadır.	Our best worker is in the factory.
O şehirdeki en büyük parkı gördüm.	I saw the largest park in that city.
Soruların en zoru budur.	The most difficult of the questions is this.
En iyi elbisesi budur.	Her best dress is this.
Bu sınıftaki en mutlu kız odur.	She is the happiest girl in this classroom.
En ağır çantayı taşıdı.	He carried the heaviest bag.
Kadınların en genci teyzemdir.	The youngest of the women is my aunt.
En büyük hastane budur.	The largest hospital is this.
En önemli mektupları okudu.	She read the most important letters.
Öğrencilerin en tembelidir.	He is the laziest of the students.

The Words Used in the Reading Passage

gezmek	walk around
bina	building

ŞEHİR

CITY

Dün hava güzeldi. Arkadaşlarla birlikte şehirde gezdik. Geniş caddeler, büyük binalar, güzel lokantalar, süpermarketler, pazarlar, okullar ve parklar vardı.

It was fine yesterday. We walked around in the city together with the friends. There were wide streets, big buildings, beautiful restaurants, supermarkets, bazaars, schools and parks.

Şehrin en büyük binası bir oteldi. Çok güzel bir otel. Ünlü misafirler, zengin turistler ve işadamları bu otelde kalırlar.

The largest building in the city was a hotel. It is a very beautiful hotel. Famous guests, rich tourists and businessmen stay at this hotel.

Şehrin en geniş caddesinde ilginç bir lokanta vardı. Orada öğle yemeği yedik. Şehrin en iyi lokantasıydı.

There was an interesting restaurant in the widest street of the city. We ate lunch there. It was the best restaurant of the city.

Akşam başka bir lokantaya gittik. En iyi lokanta değildi ama buradaki yiyecek daha tazeydi. Fiyat da daha ucuzdu.

We went to another restaurant in the evening. It wasn't the best restaurant but the food here was fresher. The price was also cheaper.

En ünlü alışveriş yerinden bazı şeyler aldık. Çok kalabalıktı ve çok çeşitli şeyler vardı.

We bought some things from the most famous shopping place. It was very crowded and there were very different things.

Akşam otele döndük. İyi bir oteldi ama çok pahalıydı; bu yüzden en ucuz odalarda kaldık.

We came back to the hotel in the evening. It was a good hotel but it was very expensive; so we stayed at the cheapest rooms.

Yarın uçakla döneceğiz. Şirkette yeni işler var. Almanya'dan işadamları gelecek.

We'll return by aeroplane tomorrow. There is new work in the company. Some businessmen will come from Germany.

Questions and Answers to the Reading Passage

Onlar nerede gezdiler?
Where did they walk around?

Şehirde gezdiler.
They walked around in the city.

Şehirde süpermarketler var mıydı?
Are there any supermarkets in the city?

Evet, vardı.
Yes, there are.

Şehrin en büyük binası nedir?
What is the biggest building in the city?

Bir oteldir.
It is a hotel.

Orada kimler kalır?
Who stays there?

Ünlü misafirler, zengin turist ve işadamları kalır.
Famous guests, rich tourists and businessmen do.

En iyi lokanta nerededir?
Where is the best restaurant?

Şehrin en geniş caddesindedir.
It is in the widest street in the city.

Orada akşam yemeği mi yediler?
Did they eat dinner there?

Hayır, öğle yemeği yediler.
No, they ate lunch.

Akşam nerede yediler?
Where did they eat in the evening?

Başka bir lokantada yediler.
They ate in another restaurant.

Buradaki yiyecek daha mı tazeydi?	**Evet, tazeydi.**
Was the food here fresher?	Yes, it is.
Fiyat pahalı mıydı?	**Hayır, değildi.**
Was the price expensive?	No, it isn't.
Alışveriş yerinden bir şey aldılar mı?	**Evet, aldılar.**
Did they buy anything from the shopping place?	Yes, they did.
Akşam nereye döndüler?	**Otele döndüler.**
Where did they come back in the evening?	They came back to the hotel.
Pahalı bir otel miydi?	**Evet, pahalıydı.**
Was it an expensive hotel?	Yes, it was.
Ne zaman dönecekler?	**Yarın dönecekler.**
When will they come back?	They will come back tomorrow.
Arabayla mı dönecekler?	**Hayır, uçakla dönecekler.**
Will they come back by car?	No, they will come back by aeroplane.
Almanya'dan kimler gelecek?	**İşadamları gelecek.**
Who will come from Germany?	The businessmen will come.

PRACTICE 66

A

Combine the pairs of sentences using comparatives, as shown.

Ex.: **Bu kız güzeldir.**
     Şu kız güzeldir.
     Bu kız şu kızdan daha güzeldir.

    1. **O öğrenci uzun boyludur.**
       Oğlum uzun boyludur.

    2. **Kız şanslıdır.**
       Oğlan şanslıdır.

    3. **Bu portakallar tatlıdır.**
       Masadakiler tatlıdır.

    4. **Bu bina eskidir.**
       Şu otel eskidir.

    5. **Dün serindi.**
       Bugün serindi.

B

Write the comparative and superlative of these adjectives.

Ex.: **sıcak daha sıcak, en sıcak**

1. soğuk
2. güzel
3. serin
4. iyi
5. kötü
6. uzun boylu
7. uzak
8. yakın
9. eski
10. faydalı

C

Make comparative and superlative sentences as shown.

Ex.: **Ataköy 15 km./Etiler 35 km. - uzak/yakın**
    Ataköy Etiler'den daha yakındır.
    Etiler Ataköy'den daha uzaktır.
    Etiler en uzaktır.
    Ataköy en yakındır.

1. **Mecidiyeköy 5 km./Ambarlı 20 km. - uzak/yakın**
2. **Ayşe 25 yaşında/Ali 35 yaşında - genç/yaşlı**
3. **Annem 45 kg./Teyzem 50 kg. - şişman/zayıf**
4. **Aslı 1.55 cm./Selin 1.60 cm. - uzun boylu/kısa boylu**
5. **at/kedi - büyük/küçük**

D

Fill the gaps.

1. **Kitapların ... yeni... buradadır.**
2. **Bu öğrenci senin oğlun... daha akıllıdır.**
3. **Kızlar... en uzun boylu... Ayşe'dir.**
4. **Bu çocuk on... ... güçsüzdür.**
5. **Odalar... en kalabalığı burasıdır.**

E

Translate into English.

1. **O bu şehrin en zengin adamıdır.**
2. **Mağazadaki en pahalı elbiseyi aldım.**

659

3. **En akıllı kız benimkidir.**
4. **Odaların en küçüğü senin odandır.**
5. **Kız kısa boyludur ama onunla evlenecek.**
6. **Bana kızma.**
7. **Seni affedecek mi? Evet, affedecek.**
8. **Ne topladı? Eski pulları topladı.**

F

Translate into Turkish.

1. She is staying at the best hotel in this city.
2. He will drive in the most crowded street.
3. They will do a good thing.
4. This house is older than the other one.
5. Shall we go to another place?
6. She told us the most interesting thing in the book.
7. He is the youngest of the men.
8. Ahmet is the tallest of my friends.

PRACTICE 66 - ANSWERS

A. 1. O öğrenci oğlumdan daha uzun boyludur. 2. Kız oğlandan daha şanslıdır. 3. Bu portakallar masadakilerden daha tatlıdır. 4. Bu bina şu otelden daha eskidir. 5. Dün bugünden daha serindi.

B. 1. daha soğuk, en soğuk 2. daha güzel, en güzel 3. daha serin, en serin 4. daha iyi, en iyi 5. daha kötü, en kötü 6. daha uzun boylu, en uzun boylu 7. daha uzak, en uzak 8. daha yakın, en yakın 9. daha eski, en eski 10. daha faydalı, en faydalı

C. 1. Mecidiyeköy Ambarlı'dan daha yakındır. Ambarlı Mecidiyeköy'den daha uzaktır. Mecidiyeköy en yakındır. Ambarlı en uzaktır. 2. Ayşe Ali'den daha gençtir. Ali Ayşe'den daha yaşlıdır. Ayşe en gençtir. Ali en yaşlıdır. 3. Annem teyzemden daha zayıftır. Teyzem annemden daha şişmandır. Annem en zayıftır. Teyzem en şişmandır. 4. Aslı Selin'den daha kısa boyludur. Selin Aslı'dan daha uzun boyludur. Aslı en kısa boyludur. Selin en uzun boyludur. 5. At kediden daha büyüktür. Kedi attan daha küçüktür. At en büyüktür. Kedi en küçüktür.

D. 1. en, si 2. dan 3. ın, su 4. dan, daha 5. ın

E. 1. He is the richest man in this city. 2. I bought the most expensive dress in the department store. 3. The most clever girl is mine. 4. The smallest of the rooms is your room. 5. The girl is short but he will marry her. 6. Don't be angry with me. 7. Will she excuse you? Yes, she will. 8. What did she collect? She collected the old stamps.

F. 1. **Bu şehrin en iyi otelinde kalıyor.** 2. **En kalabalık caddede araba kullanacak.** 3. **İyi bir şey yapacaklar.** 4. **Bu ev diğerinden daha eskidir.** 5. **Başka bir yere gidelim mi?** 6. **Kitaptaki en ilginç şeyi bize söyledi.** 7. **Adamların en genci odur.** 8. **Ahmet arkadaşlarımın en uzun boylusudur.**

temel TÜRKÇE kursu

DERS 67

VOCABULARY

DÜNYA		WORLD
Dünyadaki en yüksek bina hangisidir?		Which is the highest building in the world?

ÜLKE		COUNTRY
Onun ülkesi çok zengindir.		His country is very rich.

YÜKSEK		HIGH
Bu bina ondan daha yüksektir.		This building is higher than that one.

ALÇAK		LOW
Bahçenin duvarı çok alçaktır.		The wall of the garden is very low.

ÖYKÜ, HİKÂYE		STORY
Kitaptaki öykü ilginç miydi?		Was the story in the book interesting?

ZAMAN		TIME
Zamanım yok. Oraya gelemem.		I haven't got any time. I can't come there.

RAHAT		COMFORTABLE
O koltuk rahat mı?		Is that chair comfortable?

NAZİK		POLITE
Patron nazik bir adam mıdır?		Is the boss a polite man?

PİPO		PIPE
Piponu buldun mu?		Did you find your pipe?

ASANSÖR		LIFT, ELEVATOR
Bu binada asansör var mı?		Is there a lift in this building?

COMPARISION (Continued)

Let us review the comparative and superlative structures we have seen.

yüksek	high
daha yüksek	higher
den daha yüksek	higher than
Bu bina ondan daha yüksektir.	This building is higher than that one.

nazik	polite
daha nazik	more polite
den daha nazik	more polite than
Kocam arkadaşımdan daha naziktir.	My husband is more polite than my friend.

Bu koltuk diğerinden daha rahattır.	This armchair is more comfortable than the other one.
O duvar sizinkinden daha alçaktır.	That wall is lower than yours.
Çay onun için kahveden daha iyidir.	Tea is better than coffee for him.
Bu oda benim için diğerinden daha rahattır.	This room is more comfortable than the other one for me.

As you can see from the examples below, **fazla** can be added to **daha**.

Seni ondan daha fazla severim.	I love you more than him.
Seni iki saatten daha fazla bekleyemez.	She can't wait for you more than two hours.

Portakalı elmadan daha fazla yer.	He eats oranges more than apples.
Çayı iki bardaktan daha fazla içemez.	She can't drink tea more than two glasses.

En comes before adjectives to make superlatives.

rahat	comfortable
en rahat	the most comfortable
nazik	polite
en nazik	the most polite
yüksek	high
en yüksek	the highest
Burası şehirdeki en yüksek yerdir.	This place is the highest place in the city.
küçük	small
en küçük	the smallest
Odaların en küçüğü seninkidir.	The smallest of the rooms is yours.
dikkatli	careful
en dikkatli	the most careful
Onun kızı en dikkatli öğrencidir.	His daughter is the most careful student.
Dünyanın en iyi otelinde kaldı.	He stayed at the best hotel in the world.
Elbiselerin en ucuzu budur.	The cheapest of the dresses is this.
En kötü lokantada yemek yedik.	We ate at the worst restaurant.

Here are examples with superlatives in negative and question forms.

Burası şehirdeki en yüksek yerdir.	This place is the highest place in the city.
Burası şehirdeki en yüksek yer değildir.	This place isn't the highest place in the city.
O bu şehrin en zengin adamıdır.	He is the richest man of this city.
O bu şehrin en zengin adamı değildir.	He isn't the richest man of this city.
En akıllı kız onunkidir.	The cleverest girl is hers.
En akıllı kız onunki değildir.	The cleverest girl isn't hers.
Odaların en küçüğü seninki değildir.	The smallest of the rooms isn't yours.
Kızların en naziği Selin değildir.	The most polite of the girls isn't Selin.
En iyi lokanta değildi.	It wasn't the best restaurant.
En iyi elbisem bu değildir.	My best dress isn't this.
En ağır çantayı taşımadı.	He didn't carry the heaviest bag.
En önemli mektupları okumadı.	She didn't read the most important letters.
En yüksek duvar bahçenin duvarı değildir.	The highest wall isn't the wall of the garden.

663

En iyi hemşire o değildi.	She wasn't the best nurse.
En rahat koltuğa oturma.	Don't sit on the most comfortable armchair.
En dikkatli öğrenci Ali değildir.	The most careful student isn't Ali.
İşçilerin en fakiri bu adam değildir.	The poorest of the workers isn't this man.
En ilginç öyküyü anlatma.	Don't tell the most interesting story.
En iyi elbisesi bu mudur?	Is this her best dress?
O bu şehrin en zengin adamı mıdır?	Is he the richest man in this city?
En akıllı kız onunki midir?	Is the most clever girl hers?
Kızların en naziği Selin midir?	Is Selin the politest of the girls?
En iyi lokanta mıydı?	Was it the best restaurant?
En ağır çantayı taşıdı mı?	Did he carry the heaviest bag?
En alçak duvar bu mudur?	Is this the lowest wall?
En iyi hemşire o muydu?	Was she the best nurse?
En soğuk gün bugün müydü?	Was today the coldest day?
En güzel yerde kalıyorlar mı?	Are they staying at the most beautiful place?
En ilginç fotoğrafları gösterecek mi?	Will he show the most interesting photographs?
En dikkatli öğrencisi Ali miydi?	Was Ali her most careful student?
Fikret adamların en zayıfı mıdır?	Is Fikret the thinnest of the men?
Bunlar en ucuz elbiselerin midir?	Are these your cheapest dresses?
Arabaların en yenisini satın aldı mı?	Did he buy the newest of the cars?
Halıların en eskisini ona verdin mi?	Did you give her the oldest of the carpets?
En ilginç öyküyü anlatacak mıyız?	Will we tell the most interesting story?

KADAR

Kadar is used to talk about the similarity in a quality between two things. It is placed after the second noun. Used after pronouns, these take the possessive form (with -ki). The English equivalent is the structure 'as ... as ...'.

Bu oda şu oda kadar büyüktür.	This room is as large as that one.

büyük	big
kadar büyük	as big as
küçük	small
kadar küçük	as small as
rahat	comfortable
kadar rahat	as comfortable as
yüksek	high
kadar yüksek	as high as
eski	old
kadar eski	as old as
Bu ev şu ev kadar eskidir.	This house is as old as that house.

yaşlı	old
kadar yaşlı	as old as
Babası öğretmeni kadar yaşlıdır.	His father is as old as his teacher.
temiz	clean
kadar temiz	as clean as
Evimiz onunki kadar temizdir.	Our house is as clean as hers.
rahat	comfortable
kadar rahat	as comfortable as
Bu koltuk diğeri kadar rahattır.	This armchair is as comfortable as the other one.
faydalı	useful
kadar faydalı	as useful as
Bu kitap kütüphanedeki kadar faydalıdır.	This book is as useful as the one in the library.
Bu cadde şu cadde kadar geniştir.	This street is as wide as that street.
Burası onun odası kadar pistir.	This place is as dirty as her room.
Bu otobüs diğeri kadar kalabalıktır.	This bus is as crowded as the other one.
O adam arkadaşın kadar naziktir.	This man is as polite as your friend.
Kız kardeşim kadar şanslıdır.	He is as lucky as my sister.
Bu yazar Yaşar Kemal kadar ünlü olacak.	This author will be as famous as Yaşar Kemal.
Misafirler kadar açtır.	She is as hungry as the guests.
Onun elbisesi seninki kadar yenidir.	Her dress is as new as yours.
Kocam onunki kadar uzun boyludur.	My husband is as tall as hers.
Bu adam Naim Süleymanoğlu kadar güçlüdür.	This man is as strong as Naim Süleymanoğlu.
Şu yol diğeri kadar tehlikelidir.	That road is as dangerous as the other one.
Kırmızı araba siyah kadar büyüktür.	The red car is as big as the black one.
Bu yatak benimki kadar rahattır.	This bed is as comfortable as mine.
Ayten Hanım annen kadar şanslıdır.	Ayten Hanım is as lucky as your mother.
Oda banyo kadar sıcaktır.	The room is as warm as the bathroom.
Kitabım onunki kadar faydalıdır.	My book is as useful as his.
Kızım o öğrenci kadar akıllıdır.	My daughter is as clever as that student.
Bu ekmek şunun kadar bayattır.	This bread is as stale as that one.
Şu sebzeler süpermarkettekiler kadar tazedir.	These vegetables are as fresh as the ones in the supermarkets.
Sekreter kadar dikkatli yazıyor.	He is writing as carefully as the secretary.
Patronu kadar zengindi.	She was as rich as her boss.
Bu onun evi kadar eskiydi.	This was as old as her house.
O çocuk kadar kötü oynuyorsun.	You are playing as badly as that boy.
Annem kadar iyi temizledi.	She cleaned as well as my mother.
Amcam kadar dikkatsiz araba sürdü.	He drove as carelessly as my uncle.
Bu defter onunki kadar kalındı.	This notebook was as thick as hers.
Karısı annesi kadar üzgündü.	His wife was as sad as his mother.
Yarın bugün kadar sıcak olacak.	Tomorrow will be as hot as today.
O, kız kardeşin kadar güzeldi.	She was as beautiful as your sister.

Negative Sentences

Negatives are made by adding **değil**. In English 'so' might replace the first 'as'.

Bu ekmek şunun kadar bayattır.	This bread is as stale as that one.
Bu ekmek şunun kadar bayat değildir.	This bread isn't so stale as that one.
Şu meyve diğeri kadar faydalıdır.	That fruit is as useful as the other one.
Şu meyve diğeri kadar faydalı değildir.	That fruit isn't so useful as the other one.
O bavul seninki kadar ağırdır.	That suitcase is as heavy as yours.
O bavul seninki kadar ağır değildir.	That suitcase isn't so heavy as yours.
Kız kardeşim kadar şanslı değildir.	He isn't so lucky as my sister.
Bu cadde şu cadde kadar geniş değildir.	This street isn't so wide as that street.
Burası onun odası kadar pis değildir.	This place isn't so dirty as her room.
Bu otobüs diğeri kadar kalabalık değildir.	This bus isn't so crowded as the other one.
O adam arkadaşın kadar nazik değildir.	That man isn't so polite as your friend.
Misafirler kadar aç değildir.	She isn't so hungry as the guests.
Kocam onunki kadar uzun boylu değildir.	My husband isn't so tall as hers.
Şu yol diğeri kadar tehlikeli değildir.	That road isn't so dangerous as the other one.
Bu yatak benimki kadar rahat değildir.	This bed isn't so comfortable as mine.
Oda banyo kadar sıcak değildir.	The room isn't so hot as the bathroom.
Kitabım onunki kadar faydalı değildir.	My book isn't so useful as his.
Şu sebzeler süpermarkettekiler kadar taze değildir.	These vegetables aren't so fresh as the ones in the supermarkets.
Sekreter kadar dikkatli yazmıyor.	He isn't writing so carefully as the secretary.
Patronu kadar zengin değildi.	She wasn't so rich as her boss.
Bu onun evi kadar eski değildi.	This wasn't so old as her house.
O çocuk kadar kötü oynamıyorsun.	You aren't playing so badly as that boy.
Annem kadar iyi temizlemedi.	She didn't clean so well as my mother.
Karısı annesi kadar üzgün değildi.	His wife wasn't so sad as his mother.
Yarın bugün kadar sıcak olmayacak.	Tomorrow won't be so warm as today.
O, kız kardeşin kadar güzel değildi.	She wasn't so beautiful as your sister.

Question Form

Bu ağaç ev kadar yüksektir.	This tree is as high as the house.
Bu ağaç ev kadar yüksek değildir.	This tree isn't so high as the house.
Bu ağaç ev kadar yüksek midir?	Is this tree as high as the house?
O okul bizim fabrika kadar büyüktür.	That school is as large as our factory.
O okul bizim fabrika kadar büyük değildir.	That school isn't so large as our factory.
O okul bizim fabrika kadar büyük müdür?	Is that school as large as our factory?

Babası öğretmeni kadar yaşlı mıdır?	Is her father as old as her teacher?
Eviniz onunki kadar temiz midir?	Is your house as clean as hers?
Bu cadde şu cadde kadar geniş midir?	Is this street as wide as that street?
Burası onun odası kadar pis midir?	Is this place as dirty as her room?
Bu otobüs diğeri kadar kalabalık mıdır?	Is this bus as crowded as the other one?
O adam arkadaşın kadar nazik midir?	Is this man as polite as your friend?
Kız kardeşim kadar şanslı mıdır?	Is he as lucky as my sister?
Bu yazar Yaşar Kemal kadar ünlü olacak mı?	Will this author be as famous as Yaşar Kemal?
Misafirler kadar aç mıdır?	Is she as hungry as the guests?
Onun elbisesi seninki kadar yeni midir?	Is her dress as new as yours?
Bu adam Naim Süleymanoğlu kadar güçlü müdür?	Is this man as strong as Naim Süleymanoğlu?
Şu yol diğeri kadar tehlikeli midir?	Is that road as dangerous as the other one?
Kırmızı araba siyah kadar büyük müdür?	Is the red car as big as the black one?
Bu yatak benimki kadar rahat mıdır?	Is this bed as comfortable as mine?
Oda banyo kadar sıcak mıdır?	Is the room as hot as the bathroom?
Bu ekmek şunun kadar bayat mıdır?	Is this bread as stale as that one?
Şu sebzeler süpermarkettekiler kadar taze midir?	Are these vegetables as fresh as the ones in the supermarkets?
Müdür kadar dikkatli yazıyor mu?	Is he writing as carefully as the manager?
Patronu kadar zengin miydi?	Was she as rich as her boss?
Bu onun evi kadar eski miydi?	Was this as old as her house?
Annem kadar iyi temizledi mi?	Did she clean as well as my mother?
Amcam kadar dikkatsiz araba sürdü mü?	Did he drive as carelessly as my uncle?
Bu defter onunki kadar kalın mıydı?	Was this notebook as thick as hers?
Karısı annesi kadar üzgün müydü?	Was his wife as sad as his mother?
Yarın bugün kadar sıcak olacak mı?	Will tomorrow be as warm as today?
O, kız kardeşin kadar güzel miydi?	Was she as beautiful as your sister?

DIALOGUE

Aylin : Kahvaltı edecek misin?	Will you have breakfast?
Turgut : Hayır, etmeyeceğim. Çok yorgunum ve aç değilim. Uyumak istiyorum.	No, I won't. I'm very tired and I am not hungry. I want to sleep.
A : Çay hazır. Duş yap ve bir bardak sıcak çay iç. Ne yiyeceksin?	The tea is ready. Have a shower and drink a glass of hot tea. What will you eat?

667

T : Bilmiyorum. Ne var?	I don't know. What is there?
A : Biraz peynir var ama şimdi süpermarkete gideceğim. Yumurta, süt, bal, zeytin ve reçel alacağım.	There is some cheese but now I'll go to the supermarket. I'll buy some milk, honey, olives and jam.
T : Portakal reçeli de al.	Buy orange jam too.
A : Tamam. On beş dakika sonra gelirim. Duş yap ve bekle.	Okay. I'll come fifteen minutes later. Have a shower and wait.
T : Ekmek var mı?	Is there any bread?
A : Evet, var. Masanın üstünde. Mutfakta da var.	Yes, there is. It is on the table. There is also in the kitchen.
Turgut ekmeğe bakar.	Turgut looks at the bread.
T : Hangisini yiyeceğiz?	Which one shall we eat?
A : Masanın üstündekini.	The one on the table.
T : Masanın üstündeki ekmek de mutfaktaki kadar bayat.	The bread on the table is also as stale as the one in the kitchen.
A : Ekmek de alırım. Şimdi gidiyorum. Beni bekle.	I also buy some bread. I am going now. Wait for me.

PRACTICE 67

A

Fill the gaps with the adjectives listed.

ilginç   yüksek   dikkatli   pahalı   soğuk   tehlikeli   zor

1. En ... araba bizim patronunundur.
2. Bu şehrin en ... binasını biliyor musun?
3. Öğrencilerin en ... si bu sınıftadır.
4. Öğretmen en ... soruyu bana sordu.
5. Kütüphanedeki en ... kitabı ver.
6. En ... yolda araba kullanıyor.
7. En ... oda seninkidir.

B

Join the sentence pairs using **kadar**, as shown.

Ex.: **Burası sıcaktır.**
　　　Orası sıcaktır.
　　　Burası orası kadar sıcaktır.

1. **Bu ev büyüktür.**
　　Onun evi büyüktür.

2. Kitaptaki soru kolaydır.
   Bu soru kolaydır.

3. Bahçemiz geniştir.
   Sizin bahçeniz geniştir.

4. Babam güçlüdür.
   Arkadaşım güçlüdür.

5. O kadın zayıftır.
   Karın zayıftır.

6. Bu koltuk rahattır.
   Yatak rahattır.

7. O doktor ünlüdür.
   Senin doktorun ünlüdür.

8. Ben mutluyum.
   Arkadaşım mutludur.

C

Change into negative and question forms.

1. Bu yazar onun kadar ünlüdür.
2. Oda sizin ofisiniz kadar sıcaktır.
3. Bu kız annesi kadar güzel olacak.
4. Ev ağaç kadar yüksekti.
5. Arabayı senin kadar dikkatli sürdü.
6. Amcam patronumuz kadar zengindir.
7. Bu elma diğeri kadar tatlıydı.

D

Fill the gaps.

1. Benim elbisem seninki ... pahalıdır.
2. Kızım onun... kadar akıllıdır.
3. Bu adam ağabeyimden ... uzun boyludur.
4. Kitaplar... ... faydalısı budur.
5. Bu sokağın ... büyük ev... hangisidir?

E

Translate into English.

1. **Bizim ülkemiz onunkinden daha zengindir.**
2. **Dünyanın en yüksek binasını gördüm.**
3. **Zamanın var mı? Bana yardım edebilir misin?**
4. **Asansör çalışıyor mu?**
5. **Annen teyzem kadar zayıf değildir.**
6. **O film diğeri kadar ilginç midir?**
7. **En kalabalık odadadır.**

F

Translate into Turkish.

1. Is she as hungry as her sister?
2. He wasn't so polite as my husband.
3. We must finish the letter this evening.
4. She has got a shop in the most crowded street.
5. His computer was as new as mine.
6. You mustn't wear this dress in the office.
7. Will she be as happy as her friend?

PRACTICE 67 - ANSWERS

A. 1. pahalı 2. yüksek 3. dikkatli 4. zor 5. ilginç 6. tehlikeli 7. soğuk

B. 1. **Bu ev onun evi kadar büyüktür.** 2. **Kitaptaki soru bu soru kadar kolaydır.** 3. **Bahçemiz sizin bahçeniz kadar geniştir.** 4. **Babam arkadaşım kadar güçlüdür.** 5. **O kadın karın kadar zayıftır.** 6. **Bu koltuk yatak kadar rahattır.** 7. **O doktor senin doktorun kadar ünlüdür.** 8. **Ben arkadaşım kadar mutluyum.**

C. 1. **Bu yazar onun kadar ünlü müdür? Bu yazar onun kadar ünlü değildir.** 2. **Oda sizin ofisiniz kadar sıcak mıdır? Oda sizin ofisiniz kadar sıcak değildir.** 3. **Bu kız annesi kadar güzel olacak mı? Bu kız annesi kadar güzel olmayacak.** 4. **Ev ağaç kadar yüksek miydi? Ev ağaç kadar yüksek değildi.** 5. **Arabayı senin kadar dikkatli sürdü mü? Arabayı senin kadar dikkatli sürmedi.** 6. **Amcam patronumuz kadar zengin miydi? Amcam patronumuz kadar zengin değildi.** 7. **Bu elma diğeri kadar tatlı mıydı? Bu elma diğeri kadar tatlı değildi.**

D. 1. kadar 2. ki 3. daha 4. ın, en 5. en, i

E. 1. Our country is richer than hers. 2. I saw the highest building in the world. 3. Have you got any time? Can you help me? 4. Is the lift working? 5. Your mother isn't so thin as my aunt. 6. Is that film as interesting as the other one? 7. She is in the most crowded room.

F. 1. **Kız kardeşi kadar aç mı?** 2. **Kocam kadar nazik değildi.** 3. **Mektubu bu akşam bitirmeliyiz.** 4. **En kalabalık caddede bir dükkânı var.** 5. **Onun bilgisayarı benimki kadar yeniydi.** 6. **Bu elbiseyi ofiste giymemelisin.** 7. **Arkadaşı kadar mutlu olacak mı?**

t e m e l
TÜRKÇE
k u r s u

VOCABULARY

TIRAŞ OLMAK

Her sabah tıraş olmalısın.

TO SHAVE

You must shave every morning.

HIZLI

Arabayı hızlı sürer.

FAST; QUICK

He drives fast.

YAVAŞ

O yavaş bir makinedir.

SLOW

It is a slow machine.

ÇABUK

Çabuk ol. Şimdi gelecek.

QUICK

Be quick. He'll come now.

BASİT

Basit bir soru sordu.

SIMPLE

He asked a simple question.

KAYBETMEK

Çantamı kaybettim.

TO LOSE

I lost my bag.

MENDİL		HANDKERCHIEF
Onu bir mendille temizle.		Clean it with a handkerchief.

SESSİZ		QUIET
Sessiz bir öğrenciydi.		She was a quiet student.

YATAK ODASI		BEDROOM
Yatak odası salon kadar büyüktür.		The bedroom is as large as the hall.

ADVERBS

Adverbs, which are words describing adjectives or verbs, are of various kinds. Here we look at adverbs of manner, which describe how things are done.

In Turkish, just like English, the same word might be used as both adjective and adverb.

hızlı	fast, quick
O hızlı bir sekreterdir.	She is a quick secretary.

In the above sentence **hızlı** is an adjective describing the secretary.

Sekreter hızlı yazdı.	The secretary wrote fast.

In this sentence, however, **hızlı** is an adverb describing how the secretary wrote.

Yavaş bir işçidir. (sıfat)	He is a slow worker.
Yavaş koştu. (zarf)	He ran slowly.
Dikkatli bir öğrencidir.	She is a careful student.
Arabayı dikkatli sürdü.	She drove carefully.

The suffix **-ca/-ce** is added to adjectives to change them into adverbs. **Bir şekilde** may also be used.

sessiz	quiet
sessizce	quietly
sessiz bir şekilde	quietly

Sessizce yürüdüler.	They walked quietly.
Sessiz bir şekilde yürüdüler.	They walked quietly.

kolay	easy
kolayca	easily
kolay bir şekilde	easily
O çantayı kolayca aldı.	She took that bag easily.
O çantayı kolay bir şekilde aldı.	She took that bag easily.

In English, '-ly' is added to adjectives to make adverbs.

When the same word is used for both adjective and adverb, the **-c(ç)a, -c(ç)e** suffix may be added to distinguish them. Alternatively, the adjective can be just repeated.

hızlı	quick, fast
hızlıca	quickly, fast
hızlı bir şekilde	quickly, fast
hızlı hızlı	quickly, fast

yavaş	slow
yavaşça	slowly
yavaş bir şekilde	slowly
yavaş yavaş	slowly

dikkatli	careful
dikkatlice	carefully
dikkatli bir şekilde	carefully

Sekreter hızlı yazdı.	The secretary wrote fast.
Sekreter hızlıca yazdı.	The secretary wrote fast.
Sekreter hızlı bir şekilde yazdı.	The secretary wrote fast.

Yavaş koştu.	He ran slowly.
Yavaşça koştu.	He ran slowly.
Yavaş bir şekilde koştu.	He ran slowly.

Arabayı dikkatli sürdü.	He drove carefully.
Arabayı dikkatlice sürdü.	He drove carefully.
Arabayı dikkatli bir şekilde sürdü.	He drove carefully.

Examine these sentence pairs.

O iyi bir kadındır.	She is a good woman.
Kadın iyi yemek pişirir.	The woman cooks well.

Babası dikkatli bir şofördür.	Her father is a careful driver.
Babası dikkatli (dikkatlice, dikkatli bir şekilde) sürer.	Her father drives carefully.

673

Mutlu bir kızdır.	She is a happy girl.
Kız mutlu bir şekilde uyudu.	The girl slept happily.
O sessiz bir öğrencidir.	He is a quiet student.
Öğrenci sessizce dışarı çıktı.	The student went out quietly.
Bu hızlı bir trendir.	This is a fast train.
Tren hızlı (hızlı bir şekilde) gider.	The train goes fast.
Gülşen yavaş bir sekreterdir.	Gülşen is a slow secretary.
Gülşen yavaş (yavaş bir şekilde) yazar.	Gülşen writes slowly.
O kolay bir sorudur.	It is an easy question.
Valizi kolayca taşıdı.	He carried the suitcases easily.
Babası kötü bir adamdır.	Her father is a bad man.
Adam kötü bir şekilde oturdu.	Her father sat badly.
Çocuk hızlı yürüyemez.	The child can't walk fast.
Dün sabah geç kalktık.	We got up late yesterday morning.
Adam birayı yavaş (yavaşça) içiyor.	The man is drinking beer slowly.
Yolda çok araba vardı; bu yüzden yavaş sürdü.	There were many cars; so he drove slowly.
Kutuyu kolayca açtık.	We opened the box easily.
Bebek mutlu bir şekilde yatağında uyuyor.	The baby is sleeping in her bed happily.
Adam onu iyi yazamaz.	The man can't write it well.
Onu kolayca yapabilir misin?	Can you do it easily?
Çabuk gel.	Come quickly.
Doktor bize üzgün bir şekilde baktı.	The doctor looked at us sadly.
Büyükannem iyi göremez.	My grandmother can't see well.
Kötü yüzerler.	They swim badly.
Kadın dikkatli bir şekilde ona baktı.	The woman looked at him carefully.
Çocuklar dikkatsizce koşuyorlar.	The children are running carelessly.
Kitabı kolayca okuyamadık.	We couldn't read the book easily.
Çayı çabuk içecek.	He'll drink the tea quickly.
Hızlı sürme.	Don't drive fast.
Yavaşça odaya girecek, çünkü bebek uyuyor.	She will come into the room slowly, because the baby is sleeping.
Sessizce gittiler.	They went quietly.
Kadın soğuk bir şekilde konuşuyor.	The woman is talking coldly.
O pencereyi kolay açamazsın.	You can't open that window easily.
Çocuk bisikletini yavaş sürecek mi?	Will the child drive her bicycle slowly?
Mektupları hızlı yazmadı.	She didn't write the letters fast.
Soruyu kolayca yanıtlayabilir mi?	Can he answer the question easily?
Patron ona kötü baktı.	The boss looket at him badly.

674

-(ç)cı, -(ç)ci, -(ç)cu, -(ç)cü

These suffixes added to nouns make the names of jobs/professions, or the place of such work.

süt	sütçü	milk	milkman
ayakkabı	ayakkabıcı	shoe	shoemaker
diş	dişçi	tooth	dentist
kitap	kitapçı	book	bookseller
saat	saatçi	watch	maker or seller of watch
bilet	biletçi	ticket	ticket seller
gazete	gazeteci	newspaper	newspaperman; journalist
fotoğraf	fotoğrafçı	photograph	photographer
futbol	futbolcu	football	footballer
oyuncak	oyuncakçı	toy	toy maker; toy seller, toyman

Sütçüden iki şişe süt alacağım.	I'll buy two bottles of milk from the milkman.
Amcam bir ayakkabıcıdır.	My uncle is a shoemaker.
Dişçiden korkma.	Don't be afraid of the dentist.
Fotoğrafçı fotoğraflarımızı verdi.	The photographer gave our photographs.
Oyuncakçıdan kızı için bir oyuncak alacak mı?	Will she buy a toy from the toy seller for her daughter?
Futbolcular koşuyorlar.	The footballers are running.
Buralarda bir kitapçı var mı?	Is there a photographer near here?
Biletçiden iki bilet al.	Buy two tickets from the ticket seller.
Binanın dışında birçok gazeteci var.	There are many newspaper reporters outside the building.

YOLDA

ON THE ROAD

Ayça ve Yalçın bir arabadadırlar. Ayça Yalçın'ın kız kardeşidir. Onlar Antalya'ya gidiyorlar. Orada küçük ama güzel bir otelde, on beş gün kalacaklar.	Ayça and Yalçın are in the car. Ayça is Yalçın's sister. They are going to Antalya. They'll stay at a small but beautiful hotel for fifteen days.

Arabayı Yalçın sürüyor. O dikkatli bir şofördür. Her zaman dikkatli (bir şekilde) sürer. Ayça da sürebilir. O da Yalçın kadar dikkatlidir.

Yalçın is driving. He is a careful driver. He always drives carefully. Ayça can also drive. She is also as careful as Yalçın.

Yol çok kalabalıktır; bu yüzden Yalçın yavaş gidiyor. Onlar konuşuyorlar ve radyoyu dinliyorlar. Önlerinde başka bir araba var. Şoför çok dikkatsizdir. Dikkatsiz bir şekilde sürüyor. Yalçın ona kızıyor.

The road is very crowded; so Yalçın is going slowly. They are talking and listening to the radio. There is another car in front of them. The driver is very careless. He drives carelessly. Yalçın is angry with him.

Dört saat sonra otelde olacaklar. Yarın Ayça'nın erkek arkadaşı gelecek. Adı Ekrem'dir. Ekrem ve Ayça aynı yerde çalışıyorlar. Onlar evlenecekler.

They will be at the hotel four hours later. Tomorrow Ayça's boy friend will come. His name is Ekrem. Ekrem and Ayça are working at the same place. They will marry.

Şimdi araba hızlı gidiyor ama Yalçın çok hızlı sürmez. O eski arabasını sattı ve yeni bir araba aldı.

Now, the car is going fast, but Yalçın doesn't drive very fast. He sold his old car and bought a new one.

Bir saat sonra duracaklar ve bir lokantada biraz yemek yiyecekler. Karınları çok acıktı.

They'll stop one hour later and eat some food at a restaurant. They are very hungry.

Questions and Answers to the Reading Passage

Ayça ve Yalçın nerededir?
Where is Ayça and Yalçın?

Onlar arabadadırlar.
They are in the car.

Onlar nereye gidiyorlar?
Where are they going?

Antalya'ya gidiyorlar.
They are going to Antalya.

Orada nerede kalacaklar?
Where will they stay there?

Bir otelde kalacaklar.
They'll stay at a hotel.

Otel büyük müdür?
Is the hotel big?

Hayır, büyük değildir.
No, it isn't.

Orada kaç gün kalacaklar?
How many days will they stay there?

On beş gün kalacaklar.
They'll stay for fifteen days.

Arabayı kim sürüyor?
Who is driving?

Yalçın sürüyor.
Yalçın is.

O dikkatsiz mi sürer?
Does she drive carelessly?

Hayır, dikkatli sürer.
No, he drives carefully.

Ayça sürebilir mi?
Can Ayça drive?

Evet, sürebilir.
Yes, she drives.

Yol nasıldır?
How is the road?

Yol çok kalabalıktır.
The road is very crowded.

Yalçın yavaş mı yoksa hızlı mı sürüyor?
Is Yalçın driving slowly or fast?

Yavaş sürüyor.
He is driving slowly.

Onlar ne yapıyorlar?
What are they doing?

Konuşuyorlar ve radyo dinliyorlar.
They are talking and listening to the radio.

Önlerinde ne var?
What is there in front of them?

Başka bir araba var.
There is another car.

Şoför nasıl sürüyor?
How is the driver driving?

Dikkatsiz sürüyor.
He is driving carelessly.

Ne zaman otelde olacaklar?
When will they be at the hotel?

Dört saat sonra otelde olacaklar.
They will be at the hotel four hours later.

Yarın otele kim gelecek?
Who will come to the hotel tomorrow?

Ayça'nın erkek arkadaşı gelecek.
Ayça's boy friend will.

Adı nedir?
What is his name?

Ekrem'dir.
His name is Ekrem.

Onlar nerede çalışıyorlar?
Where are they working?

Aynı yerde çalışıyorlar.
They are working at the same place.

Onlar evlenecekler mi?
Will they marry?

Evet, evlenecekler.
Yes, they will.

Yalçın çok hızlı sürer mi?
Does Yalçın drive very fast?

Hayır, sürmez.
No, he doesn't.

Yalçın ne aldı?
What did Yalçın buy?

Yeni bir araba aldı.
He bought a new car.

Ne zaman duracaklar?
When will they stop?

Bir saat sonra duracaklar.
They'll stop one hour later.

Ne yapacaklar?
What will they do?

Yemek yiyecekler.
They will eat.

PRACTICE 68

A

Make these adjectives into adverbs.

1. dikkatli
2. kolay
3. sessiz
4. mutlu
5. yavaş
6. kötü
7. hızlı

B

Make sentences, as shown.

Ex.: **Süt istiyorum.**
      Sütçüye git.

1. **Fotoğraflara bakmak istiyor.**
2. **Gazete okumak istiyorum.**
3. **Dişlerim kötü.**
4. **Ayakkabı almak istiyorum.**
5. **Yeni bir saat istiyorum.**
6. **Trene bineceğim. Bilet istiyorum.**
7. **Çocuk oyuncak istiyor.**
8. **Futbol seyretmek istiyorum.**
9. **Kitap okumak istiyorum.**
10. **Süt içeceğim.**

C

Join the sentence pairs with **kadar**.

1. **Bu bavul ağırdır.**
   Diğer bavul ağırdır.

2. **Ben hızlı yazarım.**
   O sekreter hızlı yazar.

3. **Bu soru kolaydır.**
   Şu soru kolaydır.

4. O yorgundur.
   Arkadaşım yorgundur.

5. Biz sessiz yürürüz.
   Onlar sessiz yürürler.

6. O adam yavaş koşar.
   Ağabeyim yavaş koşar.

7. Annem şanslıdır.
   Selma Hanım şanslıdır.

D

Use the words given to make sentences.

1. benden - arkadaşım - yaşlıydı - daha
2. daha - o - hızlı - senden - koşar
3. dili - bu - öğretebiliriz - ona
4. elbiseleri - bu - mıyız - satacak?
5. dikkatli - şekilde - bir - kadın - baktı - ona
6. kapıyı - açamazsın - o - kolayca
7. hangisidir - şehrin - bu - geniş - en - caddesi
8. bir - başka - öğrenciye - soracaklar - soru

E

Change into negative form.

1. Gelecek ay burada olacaklar.
2. Bu kitap ondan daha kalındı.
3. Fatma Ayşe kadar uzun boylu olacak.
4. Öğrencilerin en dikkatlisi oydu.
5. Bu odada sigara içmeliyiz.

F

Translate into English.

1. Arabayı hızlı sürmez.
2. Çocuklar mutlu bir şekilde oynuyorlar.
3. Sütçüden bir şişe süt al, lütfen.
4. Sizin eviniz bizimki kadar eskidir.
5. Tıraş olmalısın. Şimdi müdür gelecek.
6. Paramı kaybettim. Bana biraz para ver, lütfen.
7. Sessiz konuş. Çocuk uyuyor.

G

Translate into Turkish.

1. Is our house as high as theirs?
2. This question is as simple as the other one.
3. Must he collect the books?
4. Is this armchair more comfortable than the armchair in the room?
5. She lives in the highest building in the city.
6. Run slowly. You'll fall.
7. This orange isn't so sweet as that one.

PRACTICE 68 - ANSWERS

A. 1. dikkatli, dikkatlice, dikkatli bir şekilde 2. kolayca, kolay bir şekilde 3. sessizce, sessiz bir şekilde 4. mutlu bir şekilde 5. yavaş, yavaşça, yavaş bir şekilde 6. kötü bir şekilde 7. hızlı, hızlı bir şekilde

B. 1. Fotoğrafçıya git. 2. Gazeteciye git. 3. Dişçiye git. 4. Ayakkabıcıya git. 5. Saatçiye git. 6. Biletçiye git. 7. Oyuncakçıya git. 8. Futbolcuya git (bak). 9. Kitapçıya git. 10. Sütçüye git.

C. 1. Bu bavul diğer bavul kadar ağırdır. 2. Ben o sekreter kadar hızlı yazarım. 3. Bu soru şu soru kadar kolaydır. 4. O, arkadaşım kadar yorgundur. 5. Biz onlar kadar sessiz yürürüz. 6. O adam ağabeyim kadar yavaş koşar. 7. Annem Selma Hanım kadar şanslıdır.

D. 1. Arkadaşım benden daha yaşlıydı. 2. O senden daha hızlı koşar. 3. Ona bu dili öğretebiliriz. 4. Bu elbiseleri satacak mıyız? 5. Kadın ona dikkatli bir şekilde baktı. 6. O kapıyı kolayca açamazsın. 7. Bu şehrin en geniş caddesi hangisidir? 8. Başka bir öğrenciye soru soracaklar.

E. 1. Gelecek ay burada olmayacaklar. 2. Bu kitap ondan daha kalın değildi. 3. Fatma Ayşe kadar uzun boylu olmayacak. 4. Öğrencilerin en dikkatlisi o değildi. 5. Bu odada sigara içmemeliyiz.

F. 1. He doesn't drive fast. 2. The children are playing happily. 3. Buy a bottle of milk from the milkman, please. 4. Your house is as old as ours. 5. You must shave. The manager will come now. 6. I lost my money. Give me some money, please. 7. Speak quietly. The child is sleeping.

G. 1. Bizim evimiz onlarınki kadar yüksek midir? 2. Bu soru diğeri kadar basittir. 3. Kitapları toplamalı mı? 4. Bu koltuk odadaki koltuktan daha rahat mıdır? 5. Şehrin en yüksek binasında yaşar. 6. Yavaş koş. Düşeceksin. 7. Bu portakal onun kadar tatlı değildir.

temel
TÜRKÇE
kursu

**DERS
69**

VOCABULARY

OCAK

Ocakta İstanbul'a geldi.

JANUARY

He came to Istanbul in January.

ŞUBAT

Şubat en kısa aydır.

FEBRUARY

February is the shortest month.

MART

Martta hava çok soğuktur.

MARCH

It is very cold in March.

NİSAN

Nisanda yeni bir müdür gelecek.

APRIL

A new manager will come in April.

MAYIS

Mayısta okula gitmeyecek.

MAY

She won't go to school in May.

HAZİRAN

Haziranda hava sıcaktır.

JUNE

It is hot in June.

TEMMUZ

Temmuzda Antalya'ya giderler.

JULY

They go to Antalya in July.

AĞUSTOS

Yılın en sıcak ayı ağustostur.

AUGUST

The hottest month of the year is August.

EYLÜL

Eylülde babası Almanya'dan dönecek.

SEPTEMBER

His father will come back from Germany in September.

EKİM

Ekimde üniversiteye gidecek.

OCTOBER

She'll go to the university in October.

KASIM

Kasımda bazen kar yağar.

NOVEMBER

Sometimes it snows in November.

ARALIK

Aralıkta köyde yaşayamaz. Hava çok soğuktur.

DECEMBER

She can't live in the village in December. It is very cold.

KIŞ

Kışın palto giyeriz.

WINTER

We put on coats in the winter.

YAZ

Her yaz denizde yüzerler.

SUMMER

They swim in the sea every summer.

SONBAHAR

Sonbaharda yapraklar düşer.

AUTUMN

Leaves fall down in the autumn.

İLKBAHAR

İlkbaharda hava soğuk değildir.

SPRING

It isn't cold in the spring.

MEVSİM

Bir yılda dört mevsim vardı.

SEASON

There are four seasons in a year.

MONTHS AND SEASONS

The names of months are written without capital letters in Turkish, like the names of days.

pazar	Sunday
pazartesi	Monday
salı	Tuesday
çarşamba	Wednesday
perşembe	Thursday
cuma	Friday
cumartesi	Saturday

pazar günü	on Sunday
pazartesi günü	on Monday
perşembe günü	on Thursday
cumartesi günü	on Saturday

Pazartesi günü fabrikada çalışacak.	He'll work in the factory on Monday.
İşadamları hangi gün gelecek?	Which day will the businessmen come?
Salı günü gelecekler.	They will come on Tuesday.
Bankalar pazar günü kapalıdır.	The banks are shut on Sunday.
Çarşamba günü gelme. Çok meşgulüm.	Don't come on Wednesday. I am very busy.
Oraya perşembe günü gitmedik ama cuma günü gideceğiz.	We didn't go there on Thursday but we will go on Friday.
Cumartesi günü konsere gidelim mi?	Shall we go to the concert on Saturday?

Months take the locative suffix **-(t)de, -(t)da**.

şubat	February	şubatta	in February
mart	March	martta	in March
nisan	April	nisanda	in April
mayıs	May	mayısta	in May
temmuz	July	temmuzda	in July

ocakta	in January
şubatta	in February
martta	in March
nisanda	in April
mayısta	in May
haziranda	in June
temmuzda	in July
ağustosta	in August
eylülde	in September
ekimde	in October
kasımda	in November
aralıkta	in December

The suffixes for seasons are a little different, as shown.

sonbahar	autumn
kış	winter
ilkbahar	spring
yaz	summer
kışın	in the winter
yazın	in the summer
sonbaharda	in the autumn
ilkbaharda	in the spring

Ocakta arabasını sattı.	He sold his car in January.
Amcam buraya kasımda geldi.	My uncle came here in November.
İlkbaharda ağaçlar yeşildir.	The trees are green in the spring.
Ekimde genellikle Bodrum'a giderler.	They usually come to Bodrum in October.
Aralıkta hava çok soğuktur.	It is very cold in December.
Çocuklar eylülde okula gidecekler.	The children will go to school in September.
Martta burada olmayacaksın.	You won't be here in March.
Haziranda fabrikada çalışmayacak.	She won't work in the factory in June.
Ağustosta tatil için gideceğiz.	We'll go for the holiday in August.
Kışın orada oturamazsınız.	You mustn't live there in the winter.
Sonbaharda hava serindir.	It is cool in the autumn.
Yazın Türkiye'ye birçok turist gelir.	In the summer a lot of tourists come to Türkiye.
Şubatta yeni bir ev aldılar.	They bought a new house in February.
Temmuzda yeni fabrikada olacağız.	We'll be at the new factory in July.
Yeni işçiler nisanda geldi.	The new workers came in April.

FIRST, THEN

We have seen these words used to mean 'ago' and 'in/later/after'. Let us recall this.

İki gün önce geldik.	We came two days ago.
İki saat önce telefon etti.	She telephoned two hours ago.
Bir hafta önce neredeydin?	Where were you a month ago?
Üç saat önce doktor gitti.	The doctor went three hours ago.
Bir ay önce onu otobüste gördüm.	I saw him on the bus one month ago.
Üç gün sonra evde olmayacak.	She won't be at home for three days.
On beş dakika sonra gel.	Come in fifteen minutes.
Üç hafta sonra İzmir'e gidecek.	She will go to İzmir in three weeks.
İki gün sonra onunla konuşacağız.	We will talk to her in two days.
Babam dört ay sonra İngiltere'den dönecek.	My father will come back from England in four months.

Used at the beginning of sentences, these words indicate the order of actions/events.

Önce duş yaptı. Sonra yattı.	First he had a shower and then went to bed.
Önce siz gideceksiniz. Sonra biz geleceğiz.	First you will go and then we will come.
Önce kapıyı açtım. Sonra içeri girdim.	First I opened the door and then came in.
Önce televizyon seyrederiz. Sonra ders çalışırız.	First we watch television and then study.
Önce şekeri aldı. Sonra çayına koydu.	First he took the sugar and then put into his tea.
Önce sandalyeye oturursun. Sonra mektubu okursun.	You sit on the chair and then read the letter.
Önce yemek ye. Sonra çay iç.	First eat and then drink tea.
Önce ders çalış. Sonra oyna.	First study lesson and then play.
Önce orada bekledi. Sonra eve geldi.	First she waited here and then came home.
Önce karısını öptü. Sonra evden çıktı.	First he kissed his wife and then went out of the house.

If the verb is the same, it can be left out as in the examples below.

Önce bebek uyudu.	First the baby slept.
Sonra annesi uyudu.	Then her mother slept.
Önce bebek sonra annesi uyudu.	First the baby and then her mother slept.

685

Önce annem yedi.	First my mother ate.
Sonra babam yedi.	Then my father ate.
Önce annem sonra babam yedi.	First my mother and then my father ate.

Önce yatak odasını temizleyecek.	First she will clean the bedroom.
Sonra salonu temizleyecek.	Then she will clean the hall.
Önce yatak odasını sonra salonu temizleyecek.	First she will clean the bedroom and then hall.

Önce kocası evden çıkar.	First her husband goes out of the house.
Sonra Ayşe evden çıkar.	Then Ayşe goes out of the house.
Önce kocası sonra Ayşe evden çıkar.	First her husband and then Ayşe go out of the house.

Önce patron fabrikadan çıkmalı.	First the boss must go out of the factory.
Sonra işçi fabrikadan çıkmalı.	Then the worker must go out of the factory.
Önce patron sonra işçi fabrikadan çıkmalı.	First the boss and then the worker must go out of the factory.

COMPARATIVES WITH ADVERBS

We have already seen adjectives used in comparative structures. Now we will look at adverbs used similarly.

We already know that adjectives qualify nouns and adverbs qualify verbs.

Bu adam uzun boyludur.	This man is tall.
Diğer adam uzun boyludur.	The other man is tall.
Bu adam diğerinden daha uzun boyludur.	This man is taller than the other man.

Salon sessizdir.	The hall is quiet.
Yatak odası sessizdir.	The bedroom is quiet.
Salon yatak odasından daha sessizdir.	The hall is quieter than the bedroom.

Fotoğrafçı gençtir.	The photographer is young.
Sütçü gençtir.	The milkman is young.
Fotoğrafçı sütçüden daha gençtir.	The photographer is younger than the milkman.

Bu kitap masadakinden daha faydalıdır.	This book is more useful than the one on the table.
O kız seninkinden daha akıllı mıdır?	Is that girl cleverer than yours?
Bu sekreter Ayla'dan daha dikkatliydi.	This secretary was more careful than Ayla.

686

Bugün dünden daha soğuk olacak.	Today will be colder than yesterday.
Haziran nisandan daha sıcaktır.	June is hotter than April.

hızlı	fast
hızlı, hızlı bir şekilde	fast
daha hızlı	faster
O senin şoföründen daha hızlıdır.	He is faster than your driver.
O hızlı sürer.	He drives fast.
Senin şoförün hızlı sürer.	Your driver drives fast.
O senin şoföründen daha hızlı sürer.	He drives faster than your driver.

Tren hızlı gider.	The train goes fast.
Uçak hızlı gider.	The plane goes fast.
Uçak trenden daha hızlı gider.	The plane goes faster than the train.

yavaş	slow
yavaş, yavaşça (yavaş bir şekilde)	slowly
daha yavaş	more slowly
O kız yavaş koşar.	That girl runs slowly.
Senin oğlun yavaş koşar.	Your son runs slowly.
O kız senin oğlundan daha yavaş koşar.	That girl runs more slowly than your son.

rahat	comfortable
rahat, rahatça, rahat bir şekilde	comfortably
daha rahat	more comfortably
Şu daha rahat bir sandalyedir.	That is a more comfortable chair.
Bu odada rahat okuyabilirsin.	You can read in this room comfortably.
Salonda rahat okuyabilirsin.	You can read in the hall comfortably.
Bu odada salondan daha rahat okuyabilirsin.	You can read in this room more comfortably than the hall.

sessiz	quiet
sessiz, sessizce, sessiz bir şekilde	quietly
daha sessiz	more quietly
Burası daha sessizdir.	This place is more quiet.
Kapıyı daha sessiz kapatmalısın.	You must shut the door more quietly.

mutlu	happy
mutlu bir şekilde	happily
daha mutlu bir şekilde	more happily
O kadın karından daha mutludur.	That woman is happier than your wife.
O kadın daha mutlu bir şekilde güldü.	That woman laughed more happily.

Bu soru kolaydır.	This question is easy.
Bu soru diğerinden daha kolaydır.	This question is easier than the other one.
Bu soruyu daha kolay (kolayca) yapabilir.	He can do this question more easily.

O işçi dikkatlidir.	That worker is careful.
O işçi sizinkinden daha dikkatlidir.	That worker is more careful than yours.
O işçi işini diğerinden daha dikkatli yapar.	That worker does his work more carefully than the other one.

Patronla daha kolay konuştu.	He spoke to the boss more easily.
Daha mutlu bir şekilde evden çıkıyoruz.	We are going out of house more happily.
Bavulu daha kolay taşıyabilirsin.	You can carry the suitcase more easily.
Ona sekreterden daha dikkatli bakmalı.	He must look at it more carefully than the secretary.
Daha sessizce yürüyebilir misiniz?	Can you walk more quietly?
Daha yavaş sürün lütfen.	Drive more slowly, please.
Kitabı kız kardeşinden daha hızlı okudu.	He read the book faster than his sister.

DIALOGUE

A : Şu gömleği görebilir miyim?	Can I have a look at that shirt?
B : Hangisini? Bu mu?	Which one? This one?
A : Hayır, diğerini.	No, the other one.
B : Buyurun.	Here it is.
A : Daha küçüğü var mı?	Have you got a smaller one?
B : Evet, var. Buyurun.	Yes, we have. Here it is.
A : Bu rengi sevmedim. Başka renk var mı?	I don't like this colour. Have you got another colour?
B : Yeşili var.	We have got green ones.
A : Tamam. Yeşili istiyorum. Ne kadar?	Okay. I want the green one. How much?
B : İki milyon.	Two millions.
A : Çok pahalı. Onu alamam.	It's very expensive. I can't buy it.

Hakan : Daha hızlı gidebilir misiniz?	Can you drive faster?
Şoför : Gidemem. Yol çok kalabalık.	No, I can't. The road is very crowded.
Hakan : Saat üçte ofiste olmalıyım. Çok önemli bir toplantı var.	I must be at the office at three o'clock. There is an important meeting.
Şoför : İstanbul'daki yollar artık her zaman kalabalıktır.	The roads in İstanbul are always very crowded any more.
Hakan : Patron çok kızacak.	The boss will be very angry.

PRACTICE 69

A

Fill the gaps.

1. **Pazar ... burada olmalısın.**
2. **Genellikle kış... buraya gelir.**

3. Okullar ekim... açıktır.
4. Ağustos... gelecek misiniz?
5. Yaz... buraya çok turist gelir mi?
6. Patron kasım... gelecek.
7. Yapraklar sonbahar... düşer.

B

Combine the sentence pairs with **önce** or **sonra**, as shown.

Ex.: **Eve gelmek (annem)**
Yemek yapmak

Annem önce eve geldi. Sonra yemek yaptı.

1. **Yemek yemek (o)**
   Televizyon seyretmek

2. **Mektup yazmak (sekreter)**
   Ofisten çıkmak

3. **Pencereyi kapamak (ben)**
   Yatmak

4. **Temizlik yapmak (kadın)**
   Markete gitmek

5. **Tıraş olmak (babam)**
   Duş yapmak

C

Join the sentence pairs to make comparative sentences.

1. **Bu soruyu kolayca yapabilir.**
   O soruyu kolayca yapabilir.

2. **O sessiz yürür.**
   Kedi sessiz yürür.

3. **Bu sekreter hızlı yazar.**
   Diğer sekreter hızlı yazar.

4. **Ben onu kolay yedim.**
   Sen onu kolay yedin.

5. **Babam dikkatli sürer.**
   Annem dikkatli sürer.

D

Put into the past simple.

1. **Bu bavulları taşıyabilir.**
2. **O evde yaşayabilirsin.**
3. **Hırsızı yakalayabilir.**
4. **Pulları toplayabilirim.**
5. **Arabayı ona satabiliriz.**

E

Translate into English.

1. **Öğretmen önce sınıfa geldi, sonra sorular sordu.**
2. **Haziranda hava sıcaktır.**
3. **Burada kışın çok kar yağar.**
4. **Soruları arkadaşından daha dikkatli yanıtladı.**
5. **Bu odada daha rahat çalışabilirsin.**

F

Translate into Turkish.

1. He won't be there on Wednesday.
2. A new doctor will come in July.
3. She changed her car in the spring.
4. Speak more quietly than Ali.
5. I came more quickly than my friend.

PRACTICE 69 - ANSWERS

A. 1. günü 2. ın 3. de 4. ta 5. ın 6. da 7. da

B. 1. Önce yemek yedi, sonra televizyon seyretti. 2. Sekreter önce mektup yazdı, sonra ofisten çıktı. 3. Önce pencereyi kapadım, sonra yattım. 4. Kadın önce temizlik yaptı, sonra markete gitti. 5. Babam önce tıraş oldu, sonra duş yaptı.

C. 1. Bu soruyu o sorudan daha kolay yapabilir. 2. O, kediden daha sessiz yürür. 3. Bu sekreter diğer sekreterden daha hızlı yazar. 4. Ben onu senden daha kolay yedim. 5. Babam annemden daha dikkatli sürer.

D. 1. Bu bavulları taşıyabildi. 2. O evde yaşayabildin. 3. Hırsızı yakalayabildi. 4. Pulları toplayabildim. 5. Arabayı ona satabildik.

E. 1. The teacher came to the classroom first and then she asked some questions. 2. It is hot in June. 3. It snows very much here. 4. He answered the question more carefully than his friend. 5. You can study in this room more comfortably.

F. 1. Çarşamba günü orada olmayacak. 2. Temmuzda yeni bir doktor gelecek. 3. O arabasını ilkbaharda değiştirdi. 4. Ali'den daha sessiz konuş. 5. Arkadaşımdan daha çabuk geldim.

690

temel
TÜRKÇE
kursu

DERS 70

YAKINDA

Yakında büyükannem ve büyükbabam gelecek.

SOON

My grandmother and grand-father will come soon.

TAŞINMAK

Gelecek ay yeni bir eve taşınacaklar.

MOVE

They will move to a new house next month.

OTURMA ODASI

Oturma odası yatak odasından büyüktür.

LIVING-ROOM

The living room is bigger than the bedroom.

ÖLDÜRMEK

Polis hırsızı öldürdü.

TO KILL

The policeman killed the thief.

TAKİP ETMEK

Beni takip et. Sana odanı göstereceğim.

TO FOLLOW

Follow me. I'll show you your room.

TAŞ

Bahçedeki taş çok büyüktür.

STONE

The stone in the garden is very big.

SERT		HARD
Bu ekmek çok serttir. Diğerini alacağım.		This bread is very hard. I'll take the other one.

YUMUŞAK		SOFT
Bu elma çok yumuşaktır. Çocuk yiyebilir.		This apple is very soft. The child can eat.

In this lesson we will review the last ten lessons.

Tabii, Elbette / Of Course

Tabii seni oraya götürür.	Of course she takes you there.
Elbette o resime dokunabilirsin.	Of course you can touch this picture.
Bu odada çalışabilirsin tabii.	He can study in this room, of course
Adem iyi bir doktor elbette.	Adem is a good doctor, of course.

Niçin, Neden / Why

Neden evdesin?	Why are you at home?
Niçin pazar günü geliyor?	Why is she coming on Sunday?

The answers to these questions usually begins with the conjunction 'çünkü'.

Hemşire neden ilaç veriyor?	Why is the nurse giving medicine?
Çünkü adam çok hastadır.	Because the man is very ill.

Adam niçin sessizce yürüyor?	Why is the man walking quietly?
Çünkü bebek uyuyor.	Because the baby is sleeping.

İçin / For

Ayşe için bir elbise aldım.	I bought a dress for Ayşe.
Onlar için yemek yapacak.	She'll cook for them.
Oğlu için ne alacak?	What will she buy for her son?

The Ability Suffix "-ebilmek"

Present Tense

-Ebilmek is followed by **-yor**.

Kitabı okuyabiliyor.	She can read the book.
Hızlı yürüyebiliyoruz.	We can walk quickly.
Babam bira içebiliyor.	My father can drink beer.

Müdürle konuşamıyor.	He can't talk to the manager.
Annem bize yardım edemiyor.	My mother can't help us.
Bizi hastaneye götüremiyor.	She can't take us to the hospital.

Adam bavulları taşıyabiliyor mu?	Can the man carry the suitcases?
Bahçede oturabiliyorlar mı?	Can they sit in the garden?

Past Simple

-Ebilmek is followed by **-dı/-di**.

Denizde yüzebildim.	I was able to swim in the sea.
Hızlı yürüyebildik.	We were able to walk quickly.

Sekreter mektupları yazamadı.	The secretary couldn't write the letters.
Evi temizleyemedik.	We couldn't clean the house.

Sizi hastaneye götürebildi mi?	Was she able to take you to the hospital?
Müdürle konuşabildin mi?	Were you able talk to the manager?

Comparison of Adjectives

Comparatives

daha iyi	better
daha eski	older

Annem babamdan daha gençtir.	My mother is younger than my father.
Bu kız o oğlandan daha güçlüdür.	This girl is stronger than that boy.
Burası hastaneden daha kalabalıktır.	This place is more crowded than the hospital.
Bu soru şundan daha zordu.	This question was more difficult than that one.
Bu soru şundan daha zor değildi.	This question wasn't more difficult than that one.

O kitap benimkinden daha faydalı değildir.	That book isn't more useful than mine.
O öğrenci bundan daha tembel değildi.	That student wasn't lazier than this one.
Bu soru diğerinden daha zor muydu?	Was this question more difficult than the other one?
Bu mektup ondan daha önemli midir?	Is this letter more important than that one?

Superlatives

uzun	long
daha uzun	longer
en uzun	the longest
tehlikeli	dangerous
daha tehlikeli	more dangerous
en tehlikeli	the most dangerous

Arabaların en ucuzunu satın aldı.	He bought the cheapest of the cars.
Bu adam işçilerin en fakiridir.	This man is the poorest of the workers.
Kızların en kısa boylusu Selma'dır.	The shortest of the girls is Selma.
En dikkatli öğrencisi Ayşe'dir.	His most careful student is Ayşe.
En iyi doktorumuzu görecek.	She will see our best doctor.
En yararlı kitabı al.	Take the most useful book.
Bize en ilginç fotoğrafları gösterecek.	She will show us the most interesting photographs.
Bu en kısa gündü.	This is the shortest day.
En iyi lokanta değildi.	It wasn't the best restaurant.
En önemli mektupları okumadı.	She didn't read the most important letters.
En alçak duvar bu mudur?	Is this the lowest wall?
Çantaların en ağırını taşıdı mı?	Did he carry the heaviest of the bags?

Diğer, Diğeri / Other

O elbise çok pahalıydı. Diğer elbiseyi aldı.	That dress was very expensive. She bought the other dress.
Bu bardak çok pistir. Diğerini alacağım.	This glass is very dirty. I will take the other one.

-meli/-mali

The suffix **-malı, -meli** is used for thing which have to be done.

Diğer odada beklemeliyiz.	We must wait in the other room.
Tıraş olmalısın.	You must shave.
Şu otobüse binmeli.	He must get on that bus.
O kitabı okumamalı.	He mustn't read that book.
Kadın sebzeleri seçmemeli.	The woman mustn't choose the vegetables.
Babam bizimle gelmemeli.	My father musn't come with us.
O durakta beklemeli miyim?	Must I wait at this stop?
Doktor buraya gelmeli mi?	Must the doctor come here?
Bu çorbayı ona vermeli miyiz?	Must we give this soup to him?

Başka (bir) / Another

Başka bir yerde kalacağız.	We'll stay at another place.
Evde başka bir bilgisayar var mı?	Is there another computer at home?
Başka bir kadınla konuştu.	He talked to another woman.

Artık / Any More

Artık orası banka değildir.	That place isn't a bank any more.
Artık ona para vermeyecek.	She won't give him money any more.
Artık onun evine gitme.	Don't go to his house any more.

Bu yüzden / So

Burası çok soğuk; bu yüzden kazağını giy.	This place is very cold; so put on your sweater.
Bugün banka kapalıdır; bu yüzden parayı alamazsınız.	The bank is closed today; so you can't take the money.
Çok işi var; bu yüzden ona yardım edeceğiz.	He has got a lot of work; so we'll help him.

Kadar

Kadar (as ...as) is used to talk about similarity when making comparisons.

Bu cadde şunun kadar geniştir.	This street is as wide as that street.
Kocam onunki kadar uzun boyludur.	My husband is as tall as hers.

Şu yol diğeri kadar tehlikelidir.	That road is as dangerous as the other one.
Kız kardeşim kadar şanslı değildir.	He isn't so lucky as my sister.
Patronu kadar zengin değildi.	She wasn't so rich as her boss.
Misafirler kadar aç değildir.	She isn't so hungry as the guests.
Eviniz onunki kadar temiz midir?	Is your house as clean as hers?
Bu otobüs diğeri kadar kalabalık mıdır?	Is this bus as crowded as the other one?
O oda yatak odası kadar sessiz midir?	Is that room as quiet as the bedroom?

Adverbs

Adverbs describe verbs or adjectives.

Dikkatli bir öğrencidir. (adjective)
Arabayı dikkatli sürdü. (adverb)

In the first sentence above, **dikkatli** acts as an adjective, in the second as an adverb.

Adverbs are formed by adding the suffix **-c(ç)a, -c(ç)e** to adjectives. **Bir şekilde** is also used sometimes.

> **kolay**
> **kolayca**
> **kolay bir şekilde**

> **yavaş**
> **yavaşça**
> **yavaş bir şekilde**

Sekreter hızlı yazdı.	The secretary wrote fast.
Yavaş (yavaşça) koştu.	He ran slowly.
Adam onu iyi yazamaz.	The man can't write it well.
Onu kolayca yapabilir misin?	Can you do it easily?
Çabuk gel.	Come quickly.

-cı, -ci, -cu, -cü

These suffixes added to a noun make it into the name of a job/profession or place of work.

süt	**sütçü**
kitap	**kitapçı**
saat	**saatçi**

gazete	gazeteci
diş	dişçi

Dişçiden korkma.	Don't be afraid of the dentist.
Amcam bir ayakkabıcıdır.	My uncle is a shoemaker.

Months and Seasons

Months take the locative suffix **d(t)a, -d(t)e**. Seasons are a little irregular:

ilkbaharda
sonbaharda
yazın
kışın

Babam buraya kasımda geldi.	My father came here in November.
İlkbaharda ağaçlar yeşildir.	The trees are green in the spring.

Comparisons with Adverbs

The structure is the same as with adjectives.

O senin şoföründen daha hızlıdır.	He is faster than your driver.
O senin şoföründen daha hızlı sürer.	He drives faster than your driver.

Bu soruyu daha kolayca yapabilir.	He can do this question more easily.
Daha sessizce yürüyebilir misiniz?	Can you walk more quietly?

Önce, Sonra / First, Then

Önce yemek ye. Sonra çay iç.	First eat and then drink tea.
Önce televizyon seyrederim. Sonra ders çalışırım.	First I watch TV and then study lesson.

-ile Evlenmek / To Marry

İle in suffix form is used to refer to whom one is married.

Benimle evlendi.	He married me.
Arkadaşıyla evlenebilir.	She can marry her friend.
Zengin bir adamla evleneceksin.	You will marry a rich man.
O kızla evlenmelisin.	You must marry that girl.

697

A

Answer the questions using the information given (using the correct verb tense).

1. **Neden evde değildin? (Fabrikada çok iş var.)**
2. **Niçin sessiz yürüyor? (Bebek uyumak)**
3. **Neden dün oraya gitmedi? (Hasta)**
4. **Niçin tıraş olacaksın? (Patron gel)**
5. **Neden babası ona kızdı? (Geç gelmek)**
6. **Neden burada oturuyorsunuz? (Arkadaşımızı beklemek)**

B

Join the sentence pairs to make comparatives, as shown.

Ex.: **Bu kadın güzeldir.**
     O kadın güzeldir.
     Bu kadın o kadından daha güzeldir.

1. **Bu ev eskidir.**
   Şuradaki ev eskidir.

2. **O tabak pistir.**
   Mutfaktaki tabak pistir.

3. **Kız kardeşim uzun boyludur.**
   Onun kızı uzun boyludur.

4. **Bu ağaç yüksektir.**
   Ev yüksektir.

5. **Bu öykü ilginçtir.**
   Kitaptaki öykü ilginçtir.

C

Join the sentences as shown.

Ex.: **Bu bardak çok pistir. Diğer bardağı alacağım.**
     Bu bardak çok pistir, diğerini alacağım.

1. **O defter çok incedir. Diğer defteri alacak.**
2. **Bu tabak çok pisti. Diğer tabağı verdi.**

3. Şu lokanta çok pahalıdır. Diğer lokantaya git.
4. O otobüs çok kalabalıktır. Diğer otobüse binecek.
5. Doktoru yoktur. Diğer doktora soracak.
6. Bu portakal çok ekşi. Diğer portakalı ver.
7. Şu araba çok eskidir. Diğer arabayı alalım.

D

Join the sentences using **kadar**.

1. **Bu ağaç uzundur.**
   Şu ağaç uzundur.

2. **Annem gençtir.**
   Öğretmenim gençtir.

3. **O futbolcu iyi oynuyor.**
   Hami iyi oynuyor.

4. **Babam arabayı dikkatli sürdü.**
   Amcam arabayı dikkatli sürdü.

5. **Şu soru basittir.**
   Defterdeki soru basittir.

E

Translate into English.

1. **Masadaki en kalın kitap benimkidir.**
2. **Önce duş yaptı sonra uyudu.**
3. **Onun evi bizimki kadar temiz miydi?**
4. **Burada kışın hava çok soğuktur; bu yüzden bu evde kalamazsınız.**
5. **Arabayı o şoför kadar hızlı sürdü.**

F

Translate into Turkish.

1. She isn't so young as her mother.
2. She will marry her boss in June.

3. Why didn't you stay at that hotel?
   Because it was very dirty and expensive.
4. He was her most careful student.
5. Can you come more quickly?

PRACTICE 70 - ANSWERS

A. 1. Çünkü fabrikada çok iş vardı. 2. Çünkü bebek uyuyor. 3. Çünkü hastaydı. 4. Çünkü patron gelecek. 5. Çünkü geç geldi. 6. Çünkü arkadaşımızı bekliyoruz.

B. 1. Bu ev şuradaki evden daha eskidir. 2. O tabak mutfaktaki tabaktan daha pistir. 3. Kız kardeşim onun kızından daha uzun boyludur. 4. Bu ağaç evden daha yüksektir. 5. Bu öykü kitaptaki öyküden daha ilginçtir.

C. 1. O defter çok incedir diğerini alacak. 2. Bu tabak çok pisti diğerini verdi. 3. Şu lokanta çok pahalıdır, diğerine git. 4. O otobüs çok kalabalıktır, diğerine binecek. 5. Doktoru yoktur, diğerine soracak. 6. Bu portakal çok ekşi, diğerini ver. 7. Şu araba çok eskidir, diğerini alalım.

D. 1. Bu ağaç şu ağaç kadar uzundur. 2. Annem öğretmenim kadar gençtir. 3. O futbolcu Hami kadar iyi oynuyor. 4. Babam arabayı amcam kadar dikkatli sürdü. 5. Şu soru defterdeki soru kadar basittir.

E. 1. The thickest book on the table is mine. 2. First she had a shower and then slept. 3. Was her house as clean as ours? 4. It is very cold here, so you can't stay at this house. 5. She drove as fast as that driver.

F. 1. Annesi kadar genç değildir. 2. Haziranda patronuyla evlenecek. 3. Niçin o otelde kalmadınız? Çünkü çok kirli ve pahalıydı. 4. O, onun en dikkatli öğrencisiydi. 5. Daha çabuk gelebilir misin?

temel
TÜRKÇE
kursu

DERS 71

İZLEMEK

Onu her gün izlemelisin.

TO FOLLOW

You must follow him every day.

PİKNİK

Geçen hafta pikniğe gittik.

PICNIC

We went for a picnic last week.

HOŞ

Arkadaşın çok hoş bir kızdır.

NICE

Your friend is a very nice girl.

SUSAMAK

Çok susadım. Bir bardak su içeceğim.

TO BE THIRSTY

I am very thirsty. I'll drink a glass of water.

İLK

İlk arabamı arkadaşıma sattım.

FIRST

I sold my first car to my friend.

SON

Son tren ne zaman gelecek?

Filmin sonu nasıldı?

LAST; END

When will the last train come?

How was the end of the film?

KARTPOSTAL

Her ay bize bir kartpostal gönderirler.

POSTCARD

They send a postcard to us every month.

GÜL

Teyzem gülleri çok sever.
Onun için birkaç gül alalım mı?

ROSE

My aunt likes roses very much. Shall we buy some roses for her?

GÜRÜLTÜ

Geceleyin bir gürültü duyduk.

NOISE

I heard a noise at night.

SOĞAN

İki kilo soğan verin, lütfen.

ONION

Give two kilos of onions, please.

THE PAST CONTINUOUS TENSE

We have studied the present continuous tense already.

Polis şimdi onu izliyor.
Ziyaretçiler gidiyor.
Bugün taşınıyoruz.
Saçını tarıyor.
Hırsız kaçıyor.

702

To talk about continuous action in the past, the past continuous tense is used.

To make the past continuous, add the continuous suffix **-yor** followed by the past suffix **-du**.

Polis şimdi onu izliyor.	The policeman is following him now.
Polis onu izliyordu.	The policeman was following him.
Ziyaretçiler gidiyor.	The visitors are going.
Ziyaretçiler gidiyordu.	The visitors were going.
Saçını tarıyor.	She is combing her hair.
Saçını tarıyordu.	She was combing her hair.
Hırsız kaçıyor.	The thief is escaping.
Hırsız kaçıyordu.	The thief was escaping.

Let us see the six person-forms of the past continuous.

Ben

Yazıyordum.	I was writing.
Bekliyordum.	I was waiting.
Oynuyordum.	I was playing.
Seyrediyordum.	I was watching.
Temizliyordum.	I was cleaning.
Bir mektup yazıyordum.	I was writing a letter.
Durakta bekliyordum.	I was waiting at the stop.
Televizyonda bir film seyrediyordum.	I was watching a film on TV.
Bahçede oynuyordum.	I was playing in the garden.
Odamı temizliyordum.	I was cleaning my room.
O eve bakıyordum.	I was looking at that house.
Ofiste çalışıyordum.	I was working in the office.

Sen

Yazıyordun.	You were writing.
Bekliyordun.	You were waiting.
Oynuyordun.	You were playing.
Seyrediyordun.	You were watching.
Temizliyordun.	You were cleaning.
O evde yaşıyordun.	You were living in that house.
Bir bardak bira içiyordun.	You were drinking a glass of beer.
Onunla konuşuyordun.	You were talking to him.

Mektubu yazıyordun.	You were writing the letter.
O odada sigara içiyordun.	You were smoking in that room.
Bu filmi seyrediyordun.	You were watching this film.
Almanca öğreniyordun.	You were learning German.

O

Yazıyordu.	He was writing.
Bekliyordu.	She was waiting.
Oynuyordu.	He was playing.
Seyrediyordu.	She was watching.
Temizliyordu.	He was cleaning.

Mutfakta yemek yapıyordu.	She was cooking in the kitchen.
Kütüphanede bir kitap okuyordu.	He was reading a book in the library.
Arkadaşına telefon ediyordu.	She was telephoning her friend.
Dişlerini fırçalıyordu.	He was brushing his teeth.
Fotoğraf çekiyordu.	She was taking a photograph.
Odasında dans ediyordu.	She was dancing in her room.
Elbiseyi ona gösteriyordu.	She was showing the dress to him.

Biz

Yazıyorduk.	We were writing.
Bekliyorduk.	We were waiting.
Oynuyorduk.	We were playing.
Seyrediyorduk.	We were watching.
Temizliyorduk.	We were cleaning.

Radyoda müzik dinliyorduk.	We were listening to music on the raido.
Otobüsü bekliyorduk.	We were waiting for the bus.
Salonda oturuyorduk.	We were sitting in the hall.
Adamı izliyorduk.	We were following the man.
Bir öykü anlatıyorduk.	We were telling a story.
Uyuyorduk.	We were sleeping.
Televizyonu tamir ediyorduk.	We were repairing the radio.

Siz

Yazıyordunuz.	You were writing.
Bekliyordunuz.	You were waiting.
Oynuyordunuz.	You were playing.
Seyrediyordunuz.	You were watching.
Temizliyordunuz.	You were cleaning.

Bahçede oturuyordunuz.	You were sitting in the garden.
Evden çıkıyordunuz.	You were going out of the house.
Bir kartpostal yazıyordunuz.	You were writing a postcard.

İlginç bir film seyrediyordunuz.	You were watching an interesting film.
Araba sürüyordunuz.	You were driving.
Resime bakıyordunuz.	You were looking at the picture.
Şarkı söylüyordunuz.	You were singing.

Onlar

Yazıyorlardı.	They were writing.
Bekliyorlardı.	They were waiting.
Oynuyorlardı.	They were playing.
Seyrediyorlardı.	They were watching.
Temizliyorlardı.	They were cleaning.

Bahçede oturuyorlardı.	They were sitting in the garden.
Evden çıkıyorlardı.	They were going out of the house.
Bir karpostal yazıyorlardı.	They were writing a postcard.
Bir film seyrediyorlardı.	They were watching a film.
Araba sürüyorlardı.	They were driving.
Resime bakıyorlardı.	They were looking at the picture.
Şarkı söylüyorlardı.	They were singing.

Çocuk ağlıyordu.	The child was crying.
Doktor bir bardak çay içiyordu.	The doctor was drinking a glass of tea.
Almanca öğreniyordu.	She was learning German.
Kızlar gülüyordu.	The girls were laughing.
Arkadaşlarım yürüyordu.	My friends were walking.
Annem uyuyordu.	My mother was sleeping.
Ona Fransızca öğretiyordu.	She was teaching French to him.
Sekreter o kalemi kullanıyordu.	The secretary was using that pencil.
Parkta futbol oynuyorlardı.	They were playing football in the park.
İşçi patronla konuşuyordu.	The worker was talking to the boss.
Yaşlı adam evin önünde bekliyordu.	The old man was waiting in front of the house.
İşadamları akşam yemeği yiyordu.	The businessmen were having dinner.
Ahmet bahçede sigara içiyordu.	Ahmet was smoking in the garden.
Yağmur yağıyordu.	It was raining.
Babasına yardım ediyordu.	He was helping his father.

To make yes/no questions in the past continuous, the continuous suffix **-yor** is added to the verb root and the question marker **-mu** followed by the past suffix **-du** and personal suffix.

Ben

Yazıyor muydum?	Was I writing?
Bekliyor muydum?	Was I waiting?
Oynuyor muydum?	Was I playing?
Seyrediyor muydum?	Was I watching?

705

Bir mektup yazıyor muydum?	Was I writing a letter?
Durakta bekliyor muydum?	Was I waiting at the stop?
Bahçede oynuyor muydum?	Was I was playing in the garden?
Odamı temizliyor muydum?	Was I was cleaning my room?
Ofiste çalışıyor muydum?	Was I was working in the office?

Sen

Yazıyor muydun?	Were you writing?
Bekliyor muydun?	Were you waiting?
Oynuyor muydun?	Were you playing?
Seyrediyor muydun?	Were you watching?

O evde yaşıyor muydun?	Were you living in that house?
Onunla konuşuyor muydun?	Were you talking to him?
Mektubu yazıyor muydun?	Were you writing the letter?
O odada sigara içiyor muydun?	Were you smoking in that room?
Almanca öğreniyor muydun?	Were you learning German?

O

Yazıyor muydu?	Was he writing?
Bekliyor muydu?	Was she waiting?
Oynuyor muydu?	Was he playing?
Seyrediyor muydu?	Was she watching?

Mutfakta yemek yapıyor muydu?	Was she cooking in the kitchen?
Kütüphanede bir kitap okuyor muydu?	Was she reading a book in the library?
Dişlerini fırçalıyor muydu?	Was he brushing his teeth?
Fotoğraf çekiyor muydu?	Was he taking a photograph?
Elbiseyi ona gösteriyor muydu?	Was she showing the dress to him?

Biz

Yazıyor muyduk?	Were we writing?
Bekliyor muyduk?	Were we waiting?
Oynuyor muyduk?	Were we playing?
Seyrediyor muyduk?	Were we watching?

Otobüsü bekliyor muyduk?	Were we waiting for the bus?
Salonda oturuyor muyduk?	Were we sitting in the hall?
Adamı izliyor muyduk?	Were we following the man?
Uyuyor muyduk?	Were we sleeping?
Televizyonu tamir ediyor muyduk?	Were we repairing the radio?

Siz

Yazıyor muydunuz?	Were you writing?
Bekliyor muydunuz?	Were you waiting?
Oynuyor muydunuz?	Were you playing?
Seyrediyor muydunuz?	Were you watching?

Bahçede oturuyor muydunuz?	Were you sitting in the garden?
İlginç bir film seyrediyor muydunuz?	Were you watching an interesting film?
Araba sürüyor muydunuz?	Were you driving?
Resime bakıyor muydunuz?	Were you looking at the picture?
Şarkı söylüyor muydunuz?	Were you singing?

Onlar

Yazıyor(lar) mıydı?	Were they writing?
Bekliyor(lar) mıydı?	Were they waiting?
Oynuyor(lar) mıydı?	Were they playing?
Seyrediyor(lar) mıydı?	Were they watching?

Bahçede oturuyorlar mıydı?	Were they sitting in the garden?
Evden çıkıyorlar mıydı?	Were they going out of the house?
Bir film seyrediyorlar mıydı?	Were they watching a film?
Resime bakıyorlar mıydı?	Were they looking at the picture?
Şarkı söylüyorlar mıydı?	Were they singing?

Çocuk ağlıyor muydu?	Was the child crying?
Doktor bir bardak çay içiyor muydu?	Was the doctor drinking a glass of tea?
Almanca öğreniyor muydu?	Was she learning German?
Kızlar gülüyor muydu?	Were the girls laughing?
Arkadaşlarım yürüyor muydu?	Were my friends walking?
Annem uyuyor muydu?	Was my mother sleeping?
Ona Fransızca öğretiyor muydu?	Was she teaching French to him?
Sekreter o kalemi kullanıyor muydu?	Was the secretary using that pencil?
Parkta futbol oynuyorlar mıydı?	Were they playing football in the park?
İşçi patronla konuşuyor muydu?	Was the worker talking to the boss?
Yaşlı adam evin önünde bekliyor muydu?	Was the old man waiting in front of the house?
İşadamları akşam yemeği yiyor muydu?	Were the businessmen having dinner?
Ahmet bahçede sigara içiyor muydu?	Was Ahmet smoking in the garden?
Yağmur yağıyor muydu?	Was it raining?
Babasına yardım ediyor muydu?	Was he helping his father?

DIALOGUE

Turgut : Zekiyi gördün mü?	Did you see Zeki?
Reha : Evet, gördüm.	Yes, I did.
Turgut : Neredeydi?	Where was he?
Reha : Okuldaydı. Arkadaşlarıyla konuşuyordu. Niçin sordun?	He was at school. He was talking to his friends. Why did you ask?
Turgut : Kitaplarım onların evinde. Onları almalıyım.	My books are in their house. I must take them.
Reha : Ona telefon et.	Call him.
Turgut : Ettim. Zeki evde değildi.	I called. Zeki wasn't at home.
Reha : Belki şimdi evdedir.	Perhaps he is at home now.
Turgut : Tamam, tekrar edeceğim.	Okay, I'll call again.
Reha : Bira içiyordum. Sana biraz koyayım mı?	I have been drinking beer. Shall I put some for you?
Turgut : İçerim. Birayı koy. Ben telefon edeceğim.	I'll drink. Put the beer. I'll telephone.

PRACTICE 71

A

Put into the past continuous.

1. **Odasını temizliyor.**
2. **Bankada bekliyoruz.**
3. **Bavulları taşıyorlar.**
4. **Arkadaşım ona gülüyor.**
5. **Bir muz yiyorsunuz.**
6. **Elbiseleri sayıyorum.**
7. **Tıraş oluyorsun.**
8. **Polisler onu izliyorlar.**

B

Put into the past continuous (question form).

1. Bize bakıyordu.
2. Mutfakta yemek yiyorduk.
3. Akşam için yemek yapıyordum.
4. Misafirlerle salonda oturuyordunuz.
5. Adamlar caddede yürüyorlardı.
6. Ona gülüyordun.
7. Sekreter o dili öğreniyordu.

C

Put into the tense given.

1. Bu işi bitirdik. (Future Tense)
2. Yarın akşam bize gelecek misiniz? (Present Continuous)
3. Arabayı ondan daha hızlı sürüyor. (Simple Past)
4. O arabaya bineceğiz. (Necessity)
5. Adam fotoğraf çekiyor. (-Ebilmek)
6. Kitapları okuyacaksınız. (Past Continuous)
7. Onu içecek misin? (Present Continuous)
8. Bu adamla evlenmeyecek. (Simple Past)

D

Join together using **kadar**.

1. Bu yastık yumuşaktır.
   O yastık yumuşaktır.

2. O kolye pahalıdır.
   Şu bilezik pahalıdır.

3. O yol tehlikelidir.
   Bu yol tehlikelidir.

4. Babam yavaş koşuyor.
   O adam yavaş koşuyor.

5. O kadın yavaş yazıyor.
   Bu sekreter yavaş yazıyor.

709

E

Translate into English.

1. **Son otobüse bineceğim.**
2. **Çok hoş bir kız. Onunla konuşmak istiyorum.**
3. **Çok susadı. Bir bardak su ver.**
4. **Bir gürültü duydum. Sen duydun mu?**
5. **Çocuk oyuncakla oynuyordu.**
6. **Burada sigara içiyor muydun?**
7. **İlk evin neredeydi?**

F

Translate into Turkish.

1. I watched the first film.
2. He sends a postcard from America every month.
3. He and his secretary were going to the restaurant.
4. Were you repairing the radio?
5. She cut the roses in the garden.
6. Don't come here in February.
7. Your glass is as clean as her glass.

PRACTICE 71 - ANSWERS

A. 1. Odasını temizliyordu. 2. Bankada bekliyorduk. 3. Bavulları taşıyorlardı. 4. Arkadaşım ona gülüyordu. 5. Bir muz yiyordunuz. 6. Elbiseleri sayıyordum. 7. Tıraş oluyordun. 8. Polisler onu izliyorlardı.

B. 1. Bize bakıyor muydu? 2. Mutfakta yemek yiyor muyduk? 3. Akşam için yemek yapıyor muydum? (yapıyor muydun?) 4. Misafirlerle salonda oturuyor muydunuz? 5. Adamlar caddede yürüyorlar mıydı? 6. Ona gülüyor muydun? 7. Sekreter o dili öğreniyor muydu?

C. 1. Bu işi bitireceğiz. 2. Yarın akşam bize geliyor musunuz? 3. Arabayı ondan daha hızlı sürdü. 4. O arabaya binmeliyiz. 5. Adam fotoğraf çekebilir. 6. Kitapları okuyordunuz. 7. Onu içiyor musun? 8. Bu adamla evlenmedi.

D. 1. Bu yastık o yastık kadar yumuşaktır. 2. O kolye şu bilezik kadar pahalıdır. 3. O yol bu yol kadar tehlikelidir. 4. Babam o adam kadar yavaş koşuyor. 5. O kadın bu sekreter kadar yavaş yazıyor.

E. 1. I'll get on the last bus. 2. She is a very nice girl. I want to talk to her. 3. He is very thirsty. Give a glass of water. 4. I heard a noise. Did you hear? 5. The child was playing with the toy. 6. Were you smoking here? 7. Where was your first house?

F. 1. İlk filmi izledim. 2. Her ay Amerikadan bir kartpostal gönderir. 3. O ve sekreteri lokantaya gidiyorlardı. 4. Radyoyu tamir ediyor muydun? 5. Bahçedeki gülleri kesti. 6. Şubatta buraya gelme. 7. Senin bardağın onunki kadar temizdir.

temel
TÜRKÇE
kursu

DERS
72

VOCABULARY

GEÇ KALMAK		TO BE LATE
Çok geç kaldım. Patron kızacak.		I am very late. The boss will be angry.
SATICI		SALESMAN
Kapının önünde bir satıcı var.		There is a salesman in front of the door.
ARA SIRA		NOW AND THEN
Ara sıra buraya gelir ve bir bardak bira içer.		He comes here and drinks a glass of beer now and then.
FİYAT		PRICE
Bu kolyenin fiyatı nedir?		What is the price of this necklace?
ANLAM		MEANING
Bu sözcüğün anlamını bilmiyorum.		I don't know the meaning of this word.
GARİP		STRANGE
Çok garip bir öykü dinledim.		I listened to a very strange story.

711

MUM		CANDLE
Bu mum diğerinden daha uzundur.		This candle is longer than the other one.

KAMYON		TRUCK
Onun kamyonu var. Bavulları taşıyabilir.		He has got a truck. He can carry the suitcases.

GEÇ KALMAK / To Be Late

This is another expression used in past simple form which English would be translated as present.

Geç kaldım.	I am late.
Bu sabah çok geç kaldı.	She is very late this morning.
Geç kalma.	Don't be late.
Daima geç kalırlar.	They are always late.
Okula geç kalma!	Don't be late for school.

PAST CONTINUOUS TENSE (Continued)

We have seen positive and question forms. Here is the negative.

Ben

Yazmıyordum.	I wasn't writing.
Beklemiyordum.	I wasn't waiting.
Oynamıyordum.	I wasn't playing.
Seyretmiyordum.	I wasn't watching.

Bir mektup yazmıyordum.	I wasn't writing a letter.
Durakta beklemiyordum.	I wasn't waiting at the stop.
Bahçede oynamıyordum.	I wasn't playing in the garden.
Odamı temizlemiyordum.	I wasn't cleaning my room.
Ofiste çalışmıyordum.	I wasn't working in the office.

Sen

Yazmıyordun.	You weren't writing.
Beklemiyordun.	You weren't waiting.
Oynamıyordun.	You weren't playing.
Seyretmiyordun.	You weren't watching.

O evde yaşamıyordun.	You weren't living in that house.
Onunla konuşmuyordun.	You weren't talking to him.
Mektubu yazmıyordun.	You weren't writing the letter.
O odada sigara içmiyordun.	You weren't smoking in that room.
Almanca öğrenmiyordun.	You weren't learning German.

O

Yazmıyordu.	He wasn't writing.
Beklemiyordu.	She wasn't waiting.
Oynamıyordu.	He wasn't playing.
Seyretmiyordu.	She wasn't watching.

Mutfakta yemek yapmıyordu.	She wasn't cooking in the kitchen.
Kütüphanede bir kitap okumuyordu.	She wasn't reading a book in the library.
Dişlerini fırçalamıyordu.	He wasn't brushing his teeth.
Fotoğraf çekmiyordu.	He wasn't taking a photograph.
Elbiseyi ona göstermiyordu.	She wasn't showing the dress to him.

Biz

Yazmıyorduk.	We weren't writing.
Beklemiyorduk.	We weren't waiting.
Oynamıyorduk.	We weren't playing.
Seyretmiyorduk.	We weren't watching.

Otobüsü beklemiyorduk.	We weren't waiting for the bus.
Salonda oturmuyorduk.	We weren't sitting in the hall.
Adamı izlemiyorduk.	We weren't following the man.
Uyumuyorduk.	We weren't sleeping.
Televizyonu tamir etmiyorduk.	We weren't repairing the radio.

Siz

Yazmıyordunuz.	You weren't writing.
Beklemiyordunuz.	You weren't waiting.
Oynamıyordunuz.	You weren't playing.
Seyretmiyordunuz.	You weren't watching.

Bahçede oturmuyordunuz.	You weren't sitting in the garden.
İlginç bir film seyretmiyordunuz.	You weren't watching an interesting film.
Araba sürmüyordunuz.	You weren't driving.
Resime bakmıyordunuz.	You weren't looking at the picture.
Şarkı söylemiyordunuz.	You weren't singing.

Onlar

Yazmıyorlardı.	They weren't writing.
Beklemiyorlardı.	They weren't waiting.
Oynamıyorlardı.	They weren't playing.
Seyretmiyorlardı.	They weren't watching.

713

Bahçede oturmuyorlardı.	They weren't sitting in the garden.
Evden çıkmıyorlardı.	They weren't going out of the house.
Bir film seyretmiyorlardı.	They weren't watching a film.
Resime bakmıyorlardı.	They weren't looking at the picture.
Şarkı söylemiyorlardı.	They weren't singing.

Çocuk ağlamıyordu.	The child wasn't crying.
Doktor bir bardak çay içmiyordu.	The doctor wasn't drinking a glass of tea.
Almanca öğrenmiyordu.	She wasn't learning German.
Kızlar gülmüyordu.	The girls weren't laughing.
Arkadaşlarım yürümüyordu.	My friends weren't walking.
Annem uyumuyordu.	My mother wasn't sleeping.
Ona Fransızca öğretmiyordu.	She wasn't teaching French to him.
Sekreter o kalemi kullanmıyordu.	The secretary wasn't using that pencil.
Parkta futbol oynamıyorlardı.	They weren't playing football in the park.
İşçi patronla konuşmuyordu.	The worker wasn't talking to the boss.
Yaşlı adam evin önünde beklemiyordu.	The old man wasn't waiting in front of the house.
İşadamları akşam yemeği yemiyordu.	The businessmen weren't having dinner.
Ahmet bahçede sigara içmiyordu.	Ahmet wasn't smoking in the garden.
Yağmur yağmıyordu.	It wasn't raining.
Babasına yardım etmiyordu.	He wasn't helping his father.

Sentences in the past continuous are often joined with another in the past simple or past perfect.

Let us see an example.

Kitap okuyordu.

The continuous action in the past referred to here may have been interrupted by something. To describe this, the structure **-ği zaman** is used ('when' to introduce a time clause, in English).

Ben geldim.	I came.
Ben geldiğim zaman ...	when I came
Kitap okuyordu.	She was reading a book.

Ben geldiğim zaman kitap okuyordu.	When I came she was reading a book.

Ben gittiğim zaman ...	when I went
sattığım zaman ...	when I sold
gördüğüm zaman ...	when I saw
bulduğum zaman ...	when I found
duyduğum zaman ...	when I heard
yürüdüğüm zaman ...	when I walked
getirdiğim zaman ...	when I brought

Ben sesi duyduğum zaman kızım uyuyordu.	When I heard the noise my daughter was sleeping.
Pencereyi açtığım zaman onlar konuşuyorlardı.	When I opened the window they were talking.
Onu bulduğum zaman ağacın altında oturuyordu.	When I found him he was sitting under the tree.
Odaya girdiğim zaman ders çalışıyordu.	When I came into the room he was studying.

Sen geldin.	You came.
Sen geldiğin zaman ...	when you came
gittiğin zaman ...	when you went
sattığın zaman ...	when you sold
gördüğün zaman ...	when you saw
bulduğun zaman ...	when you found
duyduğun zaman ...	when you heard
yürüdüğün zaman ...	when you walked
getirdiğin zaman ...	when you brought

Geldiğin zaman televizyon izliyorlardı.	When you came they were watching TV.
Çayı getirdiğin zaman kahve içiyordu.	When you brought the tea she was drinking coffee.
Onu gördüğün zaman uyuyordu.	When you saw him he was sleeping.
Odaya girdiğin zaman çocuk ağlıyordu.	When you came into the room the child was crying.

O geldi.	He came.
O geldiği zaman ...	when he came
gittiği zaman ...	when he went
sattığı zaman ...	when he sold
gördüğü zaman ...	when he saw
bulduğu zaman ...	when he found
duyduğu zaman ...	when he heard
yürüdüğü zaman ...	when he walked
getirdiği zaman ...	when he brought

O geldiği zaman yemek yiyorduk.	When he came we were eating.
Telefon ettiği zaman mektup yazıyordu.	When she telephoned he was writing a letter.
Arkadaşını gördüğü zaman otobüse biniyordu.	When he saw his friend she was getting on the bus.
Kapıyı açtığı zaman satıcı gidiyordu.	When she opened the door the salesman was going.

Biz geldik.	We came.
Biz geldiğimiz zaman ...	when we came
gittiğimiz zaman ...	when we went
sattığımız zaman ...	when we sold
gördüğümüz zaman ...	when we saw
bulduğumuz zaman ...	when we found
duyduğumuz zaman ...	when we heard
yürüdüğümüz zaman ...	when we walked
getirdiğimiz zaman ...	when we brought

Biz içeri girdiğimiz zaman misafirler gidiyordu.	When we came in the guests were going.
Onu bulduğumuz zaman bizi bekliyordu.	When we found him he was waiting for us.
Anneni gördüğümüz zaman evi temizliyordu.	Whe we saw your mother she was cleaning the house.
Patronla konuştuğumuz zaman bizi dinliyordunuz.	When we talked to the boss you were listening to us.

Siz geldiniz.	You came.
Siz geldiğiniz zaman ...	when you came
gittiğiniz zaman ...	when you went
sattığınız zaman ...	when you sold
gördüğünüz zaman ...	when you saw
bulduğunuz zaman ...	when you found
duyduğunuz zaman ...	when you heard
yürüdüğünüz zaman ...	when you walked
getirdiğiniz zaman ...	when you brought

Siz geldiğiniz zaman bahçede oturuyorlardı.	When you came they were sitting in the garden.
Ofise gittiğiniz zaman müdürü bekliyordu.	When you went to the office she was waiting for the manager.
Öğretmen geldiği zaman sigara içiyordunuz.	When the teacher came in, you were smoking.
Telefon ettiğiniz zaman uyuyorduk.	When you telephoned we were sleeping.

Onlar geldi.	They came.
Onlar geldiği (geldikleri) zaman ...	when they came.
gittiği (gittikleri) zaman ...	when they went
sattığı (sattıkları) zaman ...	when they sold
gördüğü (gördükleri) zaman ...	when they saw
bulduğu (buldukları) zaman ...	when they found
duyduğu (duydukları) zaman ...	when they heard
yürüdüğü (yürüdükleri) zaman ...	when they walked
getirdiği (getirdikleri) zaman ..	when they brought

Geldikleri zaman bahçede oturuyorduk.	When they came we were sitting in the garden.
Ofise gittikleri zaman müdürü bekliyordu.	When they went to the office she was waiting for the manager.
İçeri girdikleri zaman misafirler gidiyordu.	When they came in, the guests were going.
Telefon ettikleri zaman uyuyordu.	When they telephoned she was sleeping.

MEVSİMLER

SEASONS

Bir yılda dört mevsim vardır.
İlkbahar, yaz, sonbahar ve kış.

There are four seasons in a year.
Spring, summer, autumn and winter.

Yazın hava sıcaktır. İnsanlar genellikle yazı severler. Tatil için bir yere giderler. Denizde yüzerler. Parklarda otururlar. Pikniğe giderler. Çocuklar parkta oynarlar.

It is hot in the spring. People usually like the summer. They go somewhere for the holiday. They swim in the sea. They sit in the park. They go for a picnic. Children play in the park.

Kışın hava soğuktur. Çocuklar okula giderler. Parklar boştur. Kar yağar. Türkiye'de kışın genellikle soğuk olur. Türki'yenin doğusu batıdan daha soğuktur. Doğuda çok kar yağar.

It is cold in the winter. The children go to school. Parks are empty. It snows. Generally it is cold in Türkiye in the winter. The east of Türkiye is colder than the west of it. It snows very much in the east.

Sonbahar ve ilkbaharda hava çok soğuk değildir. Yağmur yağar. Sonbaharda ağaçların yaprakları düşer. İlkbaharda yeni yapraklar gelir.

It isn't very cold in the autumn and in the spring. I rains. In the autumn leaves of trees fall. In the spring new leaves come out.

Questions and Answers to the Reading Passage

Bir yılda kaç mevsim vardır?
How many seasons are there in a year?

Dört mevsim vardır.
There are four seasons.

Yazın hava nasıldır?
How is the weather in the summer?

Sıcaktır.
It is hot.

İnsanlar ne zaman tatil için giderler?
When do people go for the holiday?

Yazın giderler.
They go in the summer.

Çocuklar nerede oynarlar?
Where do children play?

Parkta oynarlar.
They play in the park.

Kışın hava nasıldır?
How is the weather in the winter?

Soğuktur.
It is cold.

Kar ne zaman yağar?
When does it snow?

Kışın yağar.
It snows in the winter.

Türkiye'nin doğusu daha mı sıcaktır?
Is the east of Türkiye warmer?

Hayır, daha soğuktur.
No, it is colder.

Ağaçların yaprakları ne zaman düşer?
When do leaves of trees fall?

Sonbaharda düşer.
They fall in the autumn.

PRACTICE 72

A

Put into past continuous.

1. **Her gün oraya gidiyorum.**
2. **O adamları izliyoruz.**
3. **Ona bir gül veriyor.**
4. **Kamyon geliyor.**
5. **Garip bir ses duyuyoruz.**
6. **Bu sokakta oturuyorlar.**
7. **Bahçede top oynuyoruz.**

B

Change into question form.

1. Balkonda oturuyoruz.
2. Onun fiyatını biliyorsun.
3. O kitapları topluyor.
4. İlginç bir film seyrediyorsunuz.
5. Onların evine gidiyoruz.
6. Şirkette adamı bekliyor.
7. Hızlı koşuyor.

C

Change into negative form.

1. Satıcı evin önünde duruyordu.
2. Kadının evine gidiyordu.
3. Bavulları taşıyorduk.
4. Akşam için yemek pişiriyordum.
5. Arabanı satıyordun.
6. O resimlere bakıyordunuz.

D

Join the sentence pairs using the **-ği zaman** structure, as shown.

Ex.: **O geldi.**
    Kitap okuyorduk.
    O geldiği zaman kitap okuyorduk.

1. **Biz telefon ettik.**
   Annem uyuyordu.

2. **Ablam geldi.**
   Bahçede oturuyorlardı.

3. **Onu gördüm.**
   Mektup yazıyordu.

4. **Kitabı verdik.**
   Ders çalışıyordun.

5. **Odaya girdiniz.**
   Filmi seyrediyorduk.

719

E

Translate into English.

1. **Polis o adamı izlemiyordu.**
2. **Siz geldiğiniz zaman evden çıkıyorduk.**
3. **Babanın kamyonu bizimkinden daha büyüktü.**
4. **Bize çok garip bir öykü anlattı.**
5. **Ara sıra bizim eve gel.**
6. **Bu çantanın fiyatını biliyor musun?**
7. **Geç kalacağız. Çabuk ol.**

F

Translate into Turkish.

1. When I saw him I was walking in the street.
2. We see this salesman now and then.
3. Was she smoking?
4. When she came in, the worker was using the machine.
5. Do you know the meaning of this word?
6. We weren't telling her the story.
7. She is late. Call her.

PRACTICE 72 - ANSWERS

A. 1. Her gün oraya gidiyordum. 2. O adamları izliyorduk. 3. Ona bir gül veriyordu. 4. Kamyon geliyordu. 5. Garip bir ses duyuyorduk. 6. Bu sokakta oturuyorlardı. 7. Bahçede top oynuyorduk.

B. 1. Balkonda oturuyor muyduk? 2. Onun fiyatını biliyor muydun? 3. O kitapları topluyor muydu? 4. İlginç bir film seyrediyor muydunuz? 5. Onların evine gidiyor muyduk? 6. Şirkette adamı bekliyor muydu? 7. Hızlı koşuyor muydu?

C. 1. Satıcı evin önünde durmuyordu. 2. Kadının evine gitmiyordu. 3. Bavulları taşımıyorduk. 4. Akşam için yemek pişirmiyordum. 5. Arabanı satmıyordun. 6. O resimlere bakmıyordunuz.

D. 1. Biz telefon ettiğimiz zaman annem uyuyordu. 2. Ablam geldiği zaman bahçede oturuyorlardı. 3. Onu gördüğüm zaman mektup yazıyordu. 4. Kitabı verdiğimiz zaman ders çalışıyordun. 5. Odaya girdiğiniz zaman filmi seyrediyorduk.

E. 1. The policeman wasn't following that man. 2. We were going out of the house when you came. 3. Your father's truck was bigger than ours. 4. She told us a very strange story. 5. Come to our house now and then. 6. Do you know the price of this bag? 7. We'll be late. Be quick.

F. 1. Onu gördüğüm zaman caddede yürüyordum. 2. Bu satıcıyı ara sıra görürüz. 3. Sigara içiyor muydu? 4. İçeri girdiği zaman işçi makineyi kullanıyordu. 5. Bu sözcüğün anlamını biliyor musun? 6. Öyküyü ona anlatmıyorduk. 7. Geç kaldı. Ona telefon et.

temel TÜRKÇE kursu

DERS 73

ÇEVİRMEK (TERCÜME ETMEK)

Bu cümleyi Almancaya çevirebilir misin?

TO TRANSLATE

Can you translate this sentence into German?

MAL

Malları kamyondan alın.

GOODS

Take the goods from the truck.

BAŞKENT

Bu ülkenin başkenti nedir?

CAPITAL (CITY)

What is the capital of this country?

ÖZELLİKLE

Özellikle bu evi sever.

ESPECIALLY

She likes especially this house.

KREM

Annen bu kremi kullanır mı?

CREAM

Does your mother use this cream?

721

ÜST (KAT)

Üstte büyük bir banyo var.

TOP; UPSTAIRS

There is a big bathroom upstairs.

ALT (KAT)

Alttada ne var?

BOTTOM; DOWNSTAIRS

What is there downstairs?

TEKRARLAMAK

Bu sözcükleri tekrarlamalısın.

TO REPEAT

You must repeat these words.

PAST CONTINUOUS (Continued)

We saw, in the last lesson, the use of **-ğı zaman** to join sentences. Let us recall this with some more examples.

> **Ben geldim.**
> ben geldiğim zaman
> **Ben geldiğim zaman kitap okuyordu.**
>
> **Sen geldin.**
> sen geldiğin zaman
> **Sen geldiğin zaman televizyon izliyorlardı.**
>
> **Kapıyı açtı.**
> kapıyı açtığı zaman
> **Kapıyı açtığı zaman satıcı gidiyordu.**
>
> **Anneni gördük.**
> anneni gördüğümüz zaman
> **Anneni gördüğümüz zaman evi temizliyordu.**
>
> **Telefon ettiniz.**
> telefon ettiğiniz zaman
> **Telefon ettiğiniz zaman uyuyorduk.**
>
> **Onlar geldiler.**
> geldikleri zaman
> **Geldikleri zaman bahçede oturuyorduk.**

İçeri girdiğim zaman adam cümleleri çeviriyordu.	When I came in the man was translating the sentences.
Öğretmen geldiği zaman öğrenciler sözcükleri tekrarlıyordu.	When the teacher came the students were repeating the words.
Onu gördüğünüz zaman balkonda oturuyordu.	When you saw him he was sitting on the balcony.
Ankara'ya gittiğin zaman onun evinde kalıyorduk.	When you went to Ankara we were staying at her house.
Kar yağdığı zaman çocuklar oynuyordu.	When it snowed the children were playing.
Arkadaşınız geldiği zaman yemek yiyorduk.	When your friend came we were eating.
Evden çıktığı zaman babası geliyordu.	When she went out of the house her father was coming.
Öğretmenle konuştuğumuz zaman o dinliyordu.	When we talked to the teacher he was listening.
Ona baktığın zaman tren geliyordu.	When you looked at him the train was coming.
Duş yaptığı zaman onu salonda bekliyordum.	When she had a shower I was waiting for her in the hall.
Mağazaya girdiği zaman tezgâhtarlar onu bekliyordu.	When she came into the store the salesclerks were waiting for her.
Telefon çaldığı zaman kadın çocuğu düşünüyordu.	When the telephone rang the woman was thinking of the child.
Onu bulduğumuz zaman lokantada yemek yiyordu.	When we found him he was eating in the restaurant.
Fabrikaya geldikleri zaman işçiler çalışıyordu.	When they came to the factory the workers were working.

Like the English 'when', **zaman** has two functions; to make questions and mark time clauses.

| **Ne zaman verdiniz?** | When did you give? |

Verdiniz.	You gave.
verdiğiniz zaman	when you gave
Ona verdiğiniz zaman biz bakıyorduk.	When you gave her we were looking.

| **Ne zaman tıraş oldu?** | When did he shave? |

Tıraş oldu.	He shaved.
tıraş olduğu zaman	when he shaved
Tıraş olduğu zaman bekliyordunuz.	When he shaved you were waiting.

Ne zaman geldin?	When did you come?
Geldin.	You came.
geldiğin zaman	when you came
Geldiğin zaman biz uyuyorduk.	When you came we were sleeping.

ÜST, ALT / UP, DOWN

We have seen **üstünde** (on, over) and **altında** (= under). **Üst** and **alt** have similar basic meanings and usage. Used both as an adjective and an adverb they often refer to floors in a building, as shown in the examples below.

Patron üsttedir (üst kattadır).	The boss is upstairs.
Üst katta ne var?	What is there upstairs?
Üstte (üst katta) hoş bir	There is a nice restaurant upstairs.
lokanta var.	
Bebek alttadır (alt kattadır).	The baby is downstairs.
Alt katta ne var?	What is there downstairs?
Altta yeni bir mağaza var.	There is a new store downstairs.

Questions in the Past Continuous

Dün ne yapıyordun?	What were you doing yesterday?
Ne okuyordunuz?	What were you reading?
Orada ne satıyordu?	What was she selling there?
Onlara ne anlatıyordu?	What was he telling them?
Ne zaman okula gidiyorduk?	When were we going to school?
Ne zaman eve dönüyordu?	When was she coming back home?
Baban ne zaman uyuyordu?	When was your father sleeping?
Ne zaman çalışıyorlardı?	When were they working?
Nereye bakıyordunuz?	Where were you looking at?
Yazın nereye gidiyorlardı?	Where were they going in the summer?
Onu nereye getiriyordun?	Where were you bringing it?
Hırsız nereye kaçıyordu?	Where was the thief escaping?
Bizi nerede bekliyordu?	Where was she waiting for us?
Arkadaşın nerede oturuyordu?	Where was your friend sitting?
Nerede kalıyordunuz?	Where were you staying?
O kız nerede çalışıyordu?	Where was that girl working?

Kime bakıyordun?	Who were you looking at?
Kime söylüyordu?	Who was she saying?
Mektubu kime gönderiyordu?	Who was she sending the letter?
Parayı kime veriyordu?	Who was he giving the money?
Oraya nasıl gidiyorduk?	How were we going there?
Onu nasıl yapıyordunuz?	How were you doing it?
Evi nasıl temizliyordu?	How was she cleaning the house?
Niçin onunla konuşuyordu?	Why was she talking to him?
Neden durakta bekliyordun?	Why were you waiting at the stop?
Niçin ağlıyordunuz?	Why were you crying?
Biz çalıştığımız zaman ne yapıyordun?	What were you doing when we worked?
Onunla konuştuğun zaman nerede bekliyordu?	Where was she waiting when you talked to her?
Geldiği zaman nerede oturuyordunuz?	Where were you sitting when he came?
Onu gördüğünüz zaman kimi bekliyordu?	Who was he waiting for when you saw him?

Gerunds

Verbs can be made into nouns (gerunds) in English by using the present participle, or '-ing' form. In Turkish, one way of doing this is to add the gerund suffix -mayı/-meyi.

oku	read
oku - mayı	reading
okumayı	reading
yaz	write
yaz - mayı	writing
yazmayı	writing
iç	drink
iç - meyi	drinking
içmeyi	drinking
yürü	walk
yürü - meyi	walking
yürümeyi	walking
koş	run
koşmayı	running

otur	sit
oturmayı	sitting
yüz	swim
yüzmeyi	swimming
ye	eat
yemeyi	eating

There is some limitation to the verbs which can be used with gerunds. **Sevmek** is a good example.

Okumayı severim.	I like reading.
Kitap okumayı severim.	I like reading books.
Yazmayı severim.	I like writing.
Mektuplar yazmayı severim.	I like writing letters.
Yürümeyi sever.	He likes walking.
Yürümeyi severiz.	We like walking.
Yürümeyi severler.	They like walking.
Parkta yürümeyi severim.	I like walking in the park.
Orada oturmayı severiz.	We like sitting there.
Çocuk muz yemeyi sever.	The child likes eating bananas.
Adam sigara içmeyi sever.	The man likes smoking.
Evi temizlemeyi severiz.	We like cleaning the house.
Bizi beklemeyi sever.	He likes waiting for us.
Çimenin üstünde koşmayı severim.	I like running on the grass.
Mektuplar yazmayı sever.	She likes writing letters.
Kitap okumayı sevmem.	I don't like reading books.
Yürümeyi sevmez.	She doesn't like walking.
Adam sigara içmeyi sevmez.	The man doesn't like smoking.
İngilizce çalışmayı sevmeyiz.	We don't like studying English.
Bizi beklemeyi sevmez.	He doesn't like waiting for us.
Yürümeyi sever misin?	Do you like walking?
Mektup yazmayı sever mi?	Does she like writing letters?
Kadın ütü yapmayı sever mi?	Does the woman like ironing?
Bira içmeyi sever misin?	Do you like drinking beer?
Yüzmeyi sever mi?	Does she like swimming?

The other suffix used to make gerunds is **-maya/-meye**. Here is the structure form and examples, using **başlamak**.

oku
oku - maya
okumaya

yaz
yaz - maya
yazmaya

iç
iç - meye
içmeye

yürü
yürü - meye
yürümeye

koş
koşmaya

otur
oturmaya

yüz
yüzmeye

ye
yemeye

İşadamı konuşmaya başladı.	The businessman began talking.
Koşmaya başladı.	He began running.
Okumaya başladım.	I began reading.
Kitabı okumaya başlayacağım.	I will begin reading the book.
Yazmaya başladım.	I began writing.
Mektubu yazmaya başladım.	I began writing the letter.
Yürümeye başladık.	We began walking.
Yürümeye başladı.	He began walking.
Orada kalmaya başladı.	He began staying there.
Adam sigara içmeye başladı.	The man began smoking.
Evi temizlemeye başladık.	We began cleaning the house.
Çimenin üstünde koşmaya başladım.	We began running on the grass.
Ağlamaya başladılar.	They began crying.

727

Düşünmeye başladık.	We began thinking.
Mektup yazmaya başlayacak.	He will begin writing a letter.
Kadın bulaşıkları yıkamaya başladı.	The woman began washing the dishes.
Bir hikâye anlatmaya başladı.	She began telling a story.
Yemek yemeye başladık.	We began eating.
Kitabı okumaya başlamadım.	I didn't begin reading the book.
Yemek yemeye başlamadık.	We didn't begin eating.
İngilizce çalışmaya başlama.	Don't begin studying English.
Çalışmaya başlamadılar.	They didn't begin working.
Çalışmaya başlayacak mı?	Will she begin working?
Mektubu yazmaya başladın mı?	Did you begin writing the letter?
Kadın ütü yapmaya başladı mı?	Did the woman begin ironing?
Yemek yemeye başladınız mı?	Did you begin eating?
Hikâyeyi anlatmaya başladın mı?	Did you begin telling the story?

PRACTICE 73

A

Rewrite adding the verb given in the past continuous.

1. Annesi Ankara'dan (dönmek)
2. Ben evimi (satmak)
3. Biz kahvaltı (etmek)
4. Siz evde (beklemek)
5. O, iki yıl önce burada (oturmak)
6. Çocuk orada (yüzmek)
7. Ben buradan otobüse (binmek)
8. Onlar burada sebze (satmak)
9. Sen geçen yıl Türkçe (öğretmek)
10. Adam öğretmenle (konuşmak)

B

Make questions using the question words given.

1. Arkadaşım denizde yüzüyordu. (ne)
2. O dün postaneye gidiyordu. (nereye)
3. Öğretmen soru soruyordu. (kim, ne)
4. Salim Bey eve altıda dönüyordu. (kaçta)

728

5. Dün akşam şu odada çalışıyorduk. (nerede)
6. İşadamı Fransa'dan telefon ediyordu. (nereden)
7. Okulda Almanca öğretiyordu. (ne)
8. İki yıl önce Taksim'de oturuyorlardı. (ne zaman, nerede)
9. Akşam balık yiyordum. (ne)
10. Bize pencereden bakıyordu. (niçin)

C

Join the sentences (using the -ği zaman structure).

1. Biz döndük.
   Onlar bekliyordu.

2. Adamı gördüm.
   Cümleleri çeviriyordu.

3. Telefon ettin.
   Bahçede oturuyordu.

4. Sesi duydunuz.
   Ne yapıyordunuz?

5. Geldiler.
   Televizyon seyrediyordum.

D

Rewrite with gerunds, as shown.

Ex.: **Kitap okumak severim.** ---> **Kitap okumayı severim.**

1. Ütü yapmak sever misin?
2. Araba sürmek sevmez.
3. Bizimle konuşmak başladı.
4. Orada çalışmak başladınız mı?
5. Orada oturmak severiz.
6. Onu saymak başlamadık.
7. Resim yapmak sever.

E

Translate into English.

1. Bu sözcükleri tekrarlayın, lütfen.
2. Malları taşımaya başlamadı.

3. Onu gördüğümüz zaman o mektubu tercüme ediyordu.
4. Dün nereye gidiyordunuz?
5. Çocuk için oyuncaklar almayı sever.
6. Durakta beklemeyi sevmez.
7. Bebek ağlamaya başladı.

F

Translate into Turkish.

1. You can find it in the capital city.
2. She likes singing.
3. The thief began escaping.
4. When I was late they were looking at me.
5. Where was she waiting for you?
6. Why was your friend crying?
7. She doesn't like washing the dishes.

PRACTICE 73 - ANSWERS

A. 1. Annesi Ankara'dan dönüyordu. 2. Ben evimi satıyordum. 3. Biz kahvaltı ediyorduk. 4. Siz evde bekliyordunuz. 5. O, iki yıl önce burada oturuyordu. 6. Çocuk orada yüzüyordu. 7. Ben buradan otobüse biniyordum. 8. Onlar burada sebze satıyorlardı. 9. Sen geçen yıl Türkçe öğretiyordun. 10. Adam öğretmenle konuşuyordu.

B. 1. Arkadaşım (arkadaşın) ne yapıyordu? 2. O dün nereye gidiyordu? 3. Kim soru soruyordu? Öğretmen ne soruyordu? 4. Salim Bey eve kaçta dönüyordu? 5. Dün akşam nerede çalışıyordunuz? 6. İşadamı nereden telefon ediyordu? 7. Okulda ne öğretiyordu? 8. Ne zaman Taksim'de oturuyorlardı? İki yıl önce nerede oturuyorlardı? 9. Akşam ne yiyordun? 10. Niçin bize pencereden bakıyordu?

C. 1. Biz döndüğümüz zaman onlar bekliyordu. 2. Adamı gördüğüm zaman cümleleri çeviriyordu. 3. Telefon ettiğin zaman bahçede oturuyordu. 4. Sesi duyduğunuz zaman ne yapıyordunuz? 5. Geldikleri zaman televizyon seyrediyordum.

D. 1. Ütü yapmayı sever misin? 2. Araba sürmeyi sevmez. 3. Bizimle konuşmaya başladı. 4. Orada çalışmaya başladınız mı? 5. Orada oturmayı severiz. 6. Onu saymaya başlamadık. 7. Resim yapmayı sever.

E. 1. Repeat these words, please. 2. He didn't begin carrying the goods. 3. When we saw him he was translating the letter. 4. Where were you going yesterday? 5. She likes buying toys for the child. 6. He doesn't like waiting at the stop. 7. The baby began crying.

F. 1. Onu başkentte bulabilirsin. 2. Şarkı söylemeyi sever. 3. Hırsız kaçmaya başladı. 4. Geç kaldığım zaman bana bakıyorlardı. 5. Sizi nerede bekliyordu? 6. Arkadaşın niçin ağlıyordu? 7. Bulaşık yıkamayı sevmez.

temel
TÜRKÇE
kursu

DERS 74

VOCABULARY

YAKMAK		TO LIGHT; TO TURN ON
Işığı yak, lütfen.		Turn on the light, please.
KEMİK		BONE
Köpekler kemikleri severler.		Dogs like bones.
GİRİŞ		ENTRANCE
Giriş nerededir?		Where is the entrance?
ÇIKIŞ		EXIT
Bu binanın çıkışını bulamadık.		We couldn't find the exit of this building.
YETİŞMEK		TO CATCH
Trene yetiştiler.		They caught the train.
SPOR		SPORT
Spor yapmayı sever.		She likes playing sport.

731

ÖĞLEDEN ÖNCE

Öğleden önce gelecek mi?

BEFORE NOON

Will she come before noon?

ÖĞLEDEN SONRA

Öğleden sonra fabrikada çalıştı.

AFTERNOON

He worked in the factory in the afternoon.

YAKMAK

As you can see, in the expressions below, it is translated by 'light' and 'turn on'.

ateşi yakmak	to light a fire
lambayı (ışığı) yakmak	to turn on the light

Ateşi yak.	Light the fire.
Ateşi yakmalısın. Hava soğuk.	You must light the fire. It is cold.

Lambayı yakacak.	She'll turn on the light.
Işığı yakacak.	She'll turn on the light.
Lambayı yak. Kitabı okuyamıyorum.	Turn on the light. I can't read the book.

AÇMAK

We have seen this verb before.

Kapıyı açıyor.	She is opening the door.
Pencereleri açma.	Don't open the windows.
Kapıyı açtığı zaman adam bekliyordu. bekliyordu.	When she opened the door the man was waiting.

Açmak can also be used with **ışık** to talk about turning on lights.

Işığı açmalısın.	You must turn on the light.
Işığı açacak mısın? Onu göremiyorum.	Will you turn on the light? I can't see it.
Işığı açtığın zaman uyuyorduk.	When you turned on the light we were sleeping.

732

It can also be used for televisions, radios, etc.

Televizyonu açacağım.	I'll turn on the television.
Televizyonu açma. Ders çalışıyorum.	Don't turn on the television. I am studying.

Radyoyu açayım mı?	Shall I turn on the radio?
Eve geldi. Radyoyu açtı.	He came home. He turned on the radio.

-sız, -siz, -suz, -süz / without

These suffixes are used to refer to the lack or absence of something. We have seen them used with adjectives - here we see them used with verbs.

sütsüz kahve	coffee without milk
şekersiz çay	tea without sugar
banyosuz oda	room without a bathroom

Banyosuz oda istemiyorum.	I don't want a room without a bathroom.
Sütsüz kahve buradadır.	The coffee without milk is here.

Çantasız gitmez.	She doesn't go without a bag.
Bu dili öğretmensiz öğrendi.	He learnt this language without a teacher.
Çorbayı kaşıksız içecek.	She will drink the soup without a spoon.
Oraya arabasız gitti.	He went there without a car.
Kahveyi sütsüz içeceğiz.	We'll drink the coffee without milk.
Paltosuz gitme.	Don't go without a coat.
Çocuklar ayakkabısız oynuyorlar.	The children are playing without shoes.

-MEK ZORUNDA OLMAK

We saw earlier the necessity suffix **-meli/-malı**.

Yapmalıyım.	I must do.
Gitmeliyim.	I must go.
Yazmalısın.	You must write.

The structure **-mek zorunda (olmak** is not used) has a similar meaning. Like the English 'must' and 'have to' these ways of expressing necessity/obligation are rather similar - the differences that is, are subtle, and we shall not go into them here. To represent the distinction, the **-mek zorunda olmak** structure is translated as 'have to'.

733

Ben

yap
yap - mak zorunda

Yap - mak zorundayım.	I have to do.
Gelmek zorundayım.	I have to come.
Gitmek zorundayım.	I have to go.
Almak zorundayım.	I have to take.
Satmak zorundayım.	I have to sell.
Yetişmek zorundayım.	I have to catch.
Eve gitmek zorundayım.	I have to go to the house.
Arabayı satmak zorundayım.	I have to sell the car.
Bu bavulu taşımak zorundayım.	I have to carry this suitcase.
Çorbayı içmek zorundayım.	I have to drink the soup.
Bu gece ofiste çalışmak zorundayım.	I have to work in the office tonight.

Sen

Yap - mak zorundasın.	You have to do.
Yapmalısın.	You have to do.
Gelmek zorundasın.	You have to come.
Gitmek zorundasın.	You have to go.
Almak zorundasın.	You have to take.
Satmak zorundasın.	You have to sell.
Burada beklemek zorundasın.	You have to wait here.
Ona telefon etmek zorundasın.	You have to telephone him.
Mektubu okumak zorundasın.	You have to read the letter.
Parayı vermek zorundasın.	You have to give the money.

O

Yap - mak zorunda(dır).	He has to do.
Yapmalı.	She has to do.
Gelmek zorunda(dır).	She has to come.
Gitmek zorunda(dır).	He has to go.
Almak zorunda(dır).	She has to take.
Satmak zorunda(dır).	You has to sell.
Bu yatakta uyumak zorunda.	He has to sleep on this bed.
İşi bitirmek zorunda.	She has to finish the work.
Bu mektubu çevirmek zorunda.	He has to translate this letter.
O otobüse yetişmek zorunda.	She has to catch that bus.

Biz

Yap - mak zorundayız.	We have to do.
Yapmalıyız.	We have to do.

Gelmek zorundayız.	We have to come.
Gitmek zorundayız.	We have to go.
Almak zorundayız.	We have to take.
Satmak zorundayız.	We have to sell.

Onunla gitmek zorundayız.	We have to go with him.
Erken kalkmak zorundayız.	We have to get up early.
Almanca öğrenmek zorundayız.	We have to learn German.
Elbiseyi almak zorundayız.	We have to buy the dress.

Siz

Yap - mak zorundasınız.	You have to do.
Yapmalısınız.	You have to do.

Gelmek zorundasınız.	You have to come.
Gitmek zorundasınız.	You have to go.
Almak zorundasınız.	You have to take.
Satmak zorundasınız.	You have to sell.

Müdürle konuşmak zorundasınız.	You have to talk to the manager.
Onu takip etmek zorundasınız.	You have to follow him.
Yavaş yürümek zorundasınız.	You have to walk slowly.
Bu otobüse binmek zorundasınız.	You have to get on this bus.

Onlar

Yap - mak zorunda(lar).	They have to do.
Yapmalılar.	They have to do.

Gelmek zorunda(lar).	They have to come.
Gitmek zorunda(lar).	They have to go.
Almak zorunda(lar).	They have to take.
Satmak sorunda(lar).	They have to sell.

Hırsızı yakalamak zorundalar.	They have to catch the thief.
O evi almak zorundalar.	They have to buy that house.
Oraya uçakla gitmek zorundalar.	They have to go there by aeroplane.
Erken yatmak zorundalar.	They have to go to bed early.

Annem evi temizlemek zorundadır.	My mother has to clean the house.
İşadamı Rusça öğrenmek zorundadır.	The businessman has to learn Russian.
Çocuk bu yemeği yemek zorunda.	The child has to eat this food.
Adamlar bankaya gitmek zorundalar.	The men have to go to the bank.
Babam radyoyu tamir etmek zorunda.	My father has to repair the radio.
O resmi çizmek zorundayız.	We have to draw this picture.
Soruları yanıtlamak zorundasın.	You have to answer the questions.
Dinlenmek zorundasınız.	You have to rest.
Onu patrona anlatmak zorundadır.	He has to tell it to the boss.
Sekreter mektupları yazmak zorundadır.	The secretary has to write the letters.
Fotoğraf çekmek zorundayım.	I have to take photographs.

Words Used in the Reading Passage

personel	staff
hareketli	busy, active
canlı	lively
tapınak	temple

JAPONYA

JAPAN

Metin Bey ve karısı Zeynep Hanım geçen yaz Japonya'ya gittiler. Onlar için çok ilginç bir yolculuktu. Özellikle Zeynep Hanım orayı görmek istiyordu.

Metin Bey and his wife Zeynep Hanım went to Japan last summer. It was a very interesting journey for them. Especially Zeynep Hanım wanted to see there.

Pazartesi günü İstanbul'dan uçağa bindiler. Salı günü Japonya'nın başkenti Tokyo'daydılar.

They boarded the plane on Monday in Istanbul. They were in Tokyo, the capital of Japan on Tuesday.

Tokyo'da bir otelde kaldılar. Otel çok pahalıydı ama çok temiz ve ilginçti. Otel personeli çok nazikti.

They stayed at a hotel in Tokyo. The hotel was very expensive but it was very clean and interesting. The hotel staff was very polite.

Tokyo çok kalabalıktı. Çok hareketli ve canlı bir şehirdi. Otobüsler, trenler daima çok kalabalıktı. İnsanlar çok çalışkandı.

Tokyo was very crowded. It was a very busy and lively city. The buses and trains were always crowded. The people were very hardworking.

Onlar hızlı trene bindiler. Parklara gittiler. Tapınakları gördüler. Mağazalardan ilginç şeyler aldılar. Osaka ve Yokohama'ya gittiler.

They got on the fast train. They went to the parks. They saw the temples. They bought interesting things from the department stores. They went to Osaka and Yokohama.

Lokantalarda Japon yemeği yediler. Metin Bey Japon yemeği sevmedi ama Zeynep Hanım çok sevdi.

They ate Japanese food in the restaurants. Metin Bey didn't like Japanese food but Zeynep Hanım liked very much.

Orada on gün kaldılar. Geri döndükleri zaman arkadaşları onları havaalanında bekliyordu. Japonya hakkında sorular sormaya başladılar.

They stayed there for ten days. When they came back their friends were waiting for them at the airport. They began asking some questions about Japan.

Questions and Answers to the Reading Passage

Metin Bey ve Zeynep Hanım geçen yaz nereye gittiler?
Where did Metin Bey and Zeynep Hanım go last summer?

Japonya'ya gittiler.
They went to Japan.

Orayı kim görmek istedi?
Who wanted to see there?

Zeynep Hanım istedi.
Zeynep Hanım did.

Hangi gün uçağa bindiler?
Which day did they board the plane?

Pazartesi günü bindiler.
They boarded on Monday.

Ne zaman Tokyo'daydılar?
When were they in Tokyo?

Salı günü Tokyo'daydılar.
They were in Tokyo on Tuesday.

Onlar nerede kaldılar?
Where did they stay?

Bir otelde kaldılar.
They stayed in a hotel.

Otel pahalı mıydı?	Evet, pahalıydı.
Was the hotel expensive?	Yes, it was expensive.

Parklara gittiler mi?	Evet, gittiler.
Did they go to the parks?	Yes, they did.

Hangi şehirlere gittiler?	Osaka ve Yokohama'ya gittiler.
Which cities did they go to?	They went to Osaka and Yokohama.

Metin Bey Japon yemeğini sevdi mi?	Hayır, sevmedi.
Did Metin Bey like Japanese food?	No, he didn't.

Orada kaç gün kaldılar?	On gün kaldılar.
How many days did they stay there?	They stayed for ten days.

Arkadaşları onları nerede bekledi?	Havaalanında bekledi.
Where did their friends wait for them?	They waited at the airport.

PRACTICE 74

A

Rewrite using the **-mek zorunda olmak** structure.

1. Ateşi yakmalıyım.
2. O uçağa binmeliyiz.
3. Burada sigara içmelisin.
4. Ucuz bir otelde kalmalıdır.
5. Yarın onu görmelisiniz.
6. İşe başlamalılar.
7. Adam karısına biraz para göndermeli.
8. Her sabah duş yapmalı.
9. Bu çantayı değiştirmelisin.
10. Işığı açmalıyız.

B

Put into negative form.

1. Adam orada bekliyordu.
2. Her zaman bu süpermarkete gidiyorduk.
3. Kadın bulaşık yıkıyordu.

4. Her sabah bal yiyordunuz.
5. Dedesi buradan otobüse biniyordu.
6. Kocam erken yatıyordu.
7. Her gün mektup yazıyordu.

C

Put into question form.

1. Akşam dokuzda uyuyordu.
2. Bu odada kahvaltı ediyorlardı.
3. Her hafta sinemaya gidiyorduk.
4. Orada her gün yağmur yağıyordu.
5. Dayım yazın bize geliyordu.
6. Annem bu kasaptan et alıyordu.
7. Çocuk her sabah süt içiyordu.

D

Rewrite using gerunds, as shown.

Ex.: **Mektup yazmak severim.** ---> **Mektup yazmayı severim.**

1. Uyumak başladın.
2. Spor yapmak sever misin?
3. Ders çalışmak başladı mı?
4. Resim yapmak sever misiniz?
5. Orada kalmak sevmeyiz.
6. Para toplamak başlayacaklar.
7. Soruları yapmak başla.

E

Translate into English.

1. Işığı açma. Uyumak istiyorum.
2. Çıkış nerededir? Bulamadık.
3. Öğleden önce burada bekliyorlardı.
4. Bu otobüse yetişmek zorundasınız.
5. Oraya arabasız gidebilir misin?
6. Saat altıda orada olmak zorundayız.
7. Biz geldiğimiz zaman uyuyorlardı.

F

Translate into Turkish.

1. The woman has to drink the milk.
2. The entrance is here. You can come in.
3. I won't be here in the afternoon.
4. Turn on the television. I want to watch the film.
5. My mother was buying meat from this butcher's.
6. The woman has to think of her daughter.
7. Don't go without a coat.

PRACTICE 74 - ANSWERS

A. 1. Ateşi yakmak zorundayım. 2. O uçağa binmek zorundayız. 3. Burada sigara içmek zorundasın. 4. Ucuz bir otelde kalmak zorundadır. 5. Yarın onu görmek zorundasınız. 6. İşe başlamak zorundalar. 7. Adam karısına biraz para göndermek zorundadır. 8. Her sabah duş almak zorundadır. 9. Bu çantayı değiştirmek zorundasın. 10. Işığı açmak zorundayız.

B. 1. Adam orada beklemiyordu. 2. Her zaman bu süpermarkete gitmiyorduk. 3. Kadın bulaşık yıkamıyordu. 4. Her sabah bal yemiyordunuz. 5. Dedesi buradan otobüse binmiyordu. 6. Kocam erken yatmıyordu. 7. Her gün mektup yazmıyordu.

C. 1. Akşam dokuzda uyuyor muydu? 2. Bu odada kahvaltı ediyorlar mıydı? 3. Her hafta sinemaya gidiyor muyduk? 4. Orada her gün yağmur yağıyor muydu? 5. Dayım yazın bize geliyor muydu? 6. Annem bu kasaptan et alıyor muydu? 7. Çocuk her sabah süt içiyor muydu?

D. 1. Uyumaya başladın. 2. Spor yapmayı sever misin? 3. Ders çalışmaya başladı mı? 4. Resim yapmayı sever misiniz? 5. Orada kalmayı sevmeyiz. 6. Para toplamaya başlayacaklar. 7. Soruları yapmaya başla.

E. 1. Don't turn on the light. I want to sleep. 2. Where is the exit? We couldn't find it. 3. They were waiting here before noon. 4. You have to catch this bus. 5. Can you go there without a car? 6. We have to be there at six o'clock. 7. They were sleeping when we came.

F. 1. Kadın sütü içmek zorundadır. 2. Giriş burasıdır. İçeri girebilirsin. 3. Öğleden sonra burada olmayacağım. 4. Televizyonu aç. Filmi izlemek istiyorum. 5. Annem bu kasaptan et alıyordu. 6. Kadın kızını düşünmek zorundadır. 7. Paltosuz gitme.

t e m e l
TÜRKÇE
k u r s u

DERS 75

HAFTA SONU

Arkadaşım hafta sonu burada olacak.

WEEKEND

My friend will be here at the weekend.

KARANLIK

Bu oda karanlık, ışığı aç.

DARK; DARKNESS

This room is dark, turn on the light.

AYDINLIK

Aydınlık bir odada çalışmak istiyorum.

BRIGHT, LUMINOUS; LIGHT, DAYLIGHT

I want to work in a bright room.

KAPATMAK

O kapıyı kapatın, lütfen.
Işığı kapattı ve yattı.

TO SHUT, TO CLOSE; TURN OFF

Shut that door, please.
She turned off the light and went to bed.

SALATA

Domates salatası sever misin?

SALAD

Do you like tomato salad?

HEYECANLI		EXCITING; EXCITED
Heyecanlı bir filmdi.		It was an exciting film.

ÜŞÜMEK		TO BE COLD, TO FEEL COLD
Burada üşüyor musun?		Are you cold here?

RÜZGÂR		WIND
Dışarıda sert rüzgâr var.		There is strong wind outside.

YAĞMURLU		RAINY
Orada hava yağmurlu mu?		Is it rainy there?

GÜNEŞLİ		SUNNY
Dün hava güneşliydi.		It was sunny yesterday.

KAT		FLOOR
Onun dükkânı birinci kattadır.		His shop is on the first floor.

-mek Zorunda Olmak - (Continued)

Let us see this structure in question and negative forms.

Yapmak zorundayım.	I have to do it.
Burada beklemek zorundasın.	You have to wait here.
Onunla gitmek zorundayız.	We have to go with him.
Parayı vermek zorundasınız.	You have to pay.
Yapmak zorunda mıyım?	Do I have to do it?
Gitmek zorunda mıyım?	Do I have to go?
Eve gitmek zorunda mıyım?	Do I have to go to the house?
Bu bavulu taşımak zorunda mıyım?	Do I have to carry this suitcase?
Burada beklemek zorunda mıyım?	Do I have to wait here?

Arabayı satmak zorunda mısın?	Must you sell the car?
Ona telefon etmek zorunda mısın?	Must you telephone him?
Parayı vermek zorunda mısın?	Must you give the money?
Almak zorunda mı?	Must he take?
Mektubu okumak zorunda mı?	Must she read the letter?
Onunla gitmek zorunda mı?	Must he go with her?
Onunla gitmek zorunda mıyız?	Must we go with him?
Bu yatakta uyumak zorunda mıyız?	Must we sleep in this bed?
Mektubu çevirmek zorunda mıyız?	Must we translate the letter?
Hırsızı yakalamak zorunda mısınız?	Must you catch the thief?
Erken kalkmak zorunda mısınız?	Must you get up early?
O resmi çizmek zorunda mısınız?	Must you draw that picture?
Kapıyı kapatmak zorundalar mı?	Must they shut the door?
Otobüse yetişmek zorundalar mı?	Must they catch the bus?
Oraya uçakla gitmek zorundalar mı?	Must they go there by plane?
Bu yemeği yemek zorunda mıyız?	Must we eat this food?
Adamlar bankaya gitmek zorundalar mı?	Must the men go to the bank?
Soruları yanıtlamak zorunda mı?	Must he answer the questions?
Sekreter mektupları yazmak zorunda mı?	Must the secretary write the letters?
Yapmak zorunda değilim.	I don't have to do it.
Gitmek zorunda değilim.	I don't have to go.
Eve gitmek zorunda değilim.	I don't have to go home.
Bu bavulu taşımak zorunda değilim.	I don't have to carry this suitcase.
Burada beklemek zorunda değilim.	I don't have to wait here.
Arabayı satmak zorunda değilsin.	You don't have to sell the car.
Ona telefon etmek zorunda değilsin.	You don't have to phone him.
Parayı vermek zorunda değilsin.	You don't have to pay.
Almak zorunda değil.	He doesn't have to buy.
Mektubu okumak zorunda değil.	He doesn't have to read the letter.
Onunla gitmek zorunda değil.	He doesn't have to go with him.
Onunla gitmek zorunda değiliz.	We don't have to go with him.
Bu yatakta uyumak zorunda değiliz.	We don't have to sleep in this bed.
Mektubu çevirmek zorunda değiliz.	We don't have to translate the letter.

743

Hırsızı yakalamak zorunda değilsiniz.	You don't have to catch the thief.
Erken kalkmak zorunda değilsiniz.	You don't have to get up early.
Hafta sonu gitmek zorunda değilsiniz.	You don't have to leave at the weekend.

Kapıyı kapatmak zorunda değiller.	They don't have to close the door.
Otobüse yetişmek zorunda değiller.	They don't have to catch the bus.
Oraya uçakla gitmek zorunda değiller.	They don't have to fly there.

Bu yemeği yemek zorunda değiliz.	We don't have to eat this food.
Adamlar bankaya gitmek zorunda değiller.	The men don't have to go to the bank.
Soruları yanıtlamak zorunda değil.	He doesn't have to answer the questions.
Sekreter mektupları yazmak zorunda değil.	The secretary doesn't have to type the letters.

ORDINAL NUMBERS

To make ordinal numbers, to the cardinal forms add -(ı)ncı, -(i)nci, -(u)ncu, -(ü)ncü.

bir	one
iki	two
üç	three
dört	four
beş	five
altı	six
yedi	seven
sekiz	eight
dokuz	nine
on	ten
on bir	eleven
on iki	twelve
bir - inci birinci	the first
iki - nci ikinci	the second
üç - üncü üçüncü	the third
dört - üncü dördüncü*	the fourth

* Notice that the t of dört becomes d.

beş - inci beşinci	the fifth
altı - ncı altıncı	the sixth
yedi - nci yedinci	the seventh
sekiz - inci sekizinci	the eighth
dokuz - uncu dokuzuncu	the ninth
on - uncu onuncu	the tenth
on birinci	the eleventh
on ikinci	the twelfth
on üçüncü	the thirteenth
on dürdüncü	the fourteenth
on beşinci	the fifteenth
yirminci	the twentieth
yirmi birinci	the twenty first
otuzuncu	the thirtieth
ellinci	the fiftieth
yüzüncü	the hundredth
kaçıncı?	how manyth?
birinci ev birinci soru	the first house the first question

İlk can be used instead of **birinci**.

ilk ev ilk soru	the first house the first question
birinci adam	the first man
birinci kat	the first floor
ikinci kat	the second floor
ikinci ev	the second house
üçüncü dükkân	the third shop
dördüncü öğrenci	the fourth student
beşinci araba	the fifth car
sekizinci mektup	the eighth letter
onuncu yıl	the tenth year
kaçıncı soru	how manyth question

Birinci adam benim ağabeyimdir.	The first man is my elder brother.
İkinci katta yaşarlar.	They live on the second floor.
Üçüncü soruyu yanıtladın mı?	Did you answer the third question?
Onu dördüncü dükkândan aldı.	She bought it from the fourth shop.
İkinci arabasını sattı.	He sold his second car.
Beşinci mektubu yazacak.	She will write the fifth letter.
Birinci kimdir?	Who is the first?
Kaçıncı katta oturuyorlar?	On which floor do they live?
Müdür ikinci odadadır.	The manager is in the second room.
Altıncı soruyu yanıtla.	Answer the sixth question.
İkinci bardak seninkidir.	The second glass is yours.
Beşinci portakalı yedi.	She ate the fifth orange.

Bugün ayın kaçı? / What is the date?

We have seen the names of days and months.

Pazar günü gelecek.	He will come on Sunday.
Parayı çarşamba günü verdi.	He gave the money on Wednesday.
Hangi gün burada olacaksın?	Which day will you be here?
Mayısta Almanya'ya gidecek.	He will go to Germany in May.
Eylülde fabrikaya geldi.	She came to the factory in September.
Hangi ayda dönecekler?	Which month will they return?

The expression **Bugün ayın kaçı?** is used to ask the date. Look at the answers below.

Bugün ayın kaçı(dır)?	What is the date?
(Bugün ayın) biri(dir).	It is the first.
ikisi	second
üçü	third
dördü	fourth.
beşi	fifth.
altısı	sixth.
yedisi	seventh.
sekizi	eighth.
dokuzu	ninth.
onu	tenth.
on ikisi	twelfth.
yirmisi	twentieth.
yirmi dördü	twenty fourth.
otuz biri	thirty first.

The words in brackets can be omitted.

Bugün ayın kaçıdır?	What is the date today?
Bugün ayın ikisidir.	It is the second today.
İkisi(dir).	It is the second.

The following generalizations may be made:

a. To use numbers in order to say the date, add **-ı, -i, -u, -ü** if the cardinal form ends in a consonant.

bir - biri	dört - dördü
üç - üçü	dokuz - dokuzu

b. Add **-sı, -si** if it ends in a vowel.

iki - ikisi	yedi - yedisi
altı - altısı	

When months with numbers are used for dates, they take the genitive case suffixes (**-ın, -in, -un, -ün**), ie there is a relationship of possession.

> kasım - kasımın
> ekim - ekimin
> ağustos - ağustosun
> eylül - eylülün

kasımın biri	the first of November
temmuzun altısı	the fifth of July
şubatın üçü	the third of February
ağustosun dördü	the fourth of August

To make the genitive form words such as months which end in **k**, change the **k** to **ğ**.

ocağın ikisi	the second of January
aralığın onu	the tenth of December

Bugün ayın kaçıdır?	What is the date today?

Üçüdür.	It is the third.
Yedisidir.	It is the seventh.
On dördüdür.	It is the fourteenth.
Yirmi ikisidir.	It is the twenty second.
Otuzudur.	It is the thirtieth.

Kasımın beşidir.	It is the fifth of November.
Aralığın on üçüdür.	It is the thirteenth of December.
Nisanın sekizidir.	It is the eighth of April.
Temmuzun yirmi beşidir.	It is the twenty fifth of July.

Dün ayın kaçıydı?	What was the date yesterday?

Üçüydü.	It was the third.
Altısıydı.	It was the sixth.
On dokuzuydu.	It was the ninth.
Otuzuydu.	It was the thirtieth.

Ocağın dördüydü.	It was the fourth of January.
Şubatın on biriydi.	It was the eleventh of February.
Martın yirmi altısıydı.	It was the twenty sixth of March.

The locative suffix -da/-de is added to the number to make adverbials.

Buraya ayın altısında geldiler.	They came here on the twenty sixth (of the month).

Toplantı ayın kaçındadır?	What is the date of the meeting?
Yedisinde.	It is on the seventh.

Ayın dokuzunda burada olacak.	She will be here on the ninth.
Ekimin birinde evlenecekler.	They will get married on the first of October.
Ocağın dördünde İtalya'ya gitti.	He went to Italy on the fourth of January.
Ayın otuz birinde parayı aldık.	We got the money on the thirty first (of the month.
Nisanın on üçünde telefon etti.	She phoned on the thirteenth of April.
Ayın sekizinde şirkete gelecek misin?	Will you come to the company on the eighth?
Aralığın ikisinde evde miydiniz?	Were you at home on the second of December?
Mayısın on beşinde mektubu gönderdik.	We posted the letter on the fifth of May.

A

Write out answers to the question **Bugün ayın kaçı?** using the information given.

Ex.: **Bugün ayın kaçı? (1)**
     Bugün ayın biri.

1. 2	9. **ocak - 7**
2. 4	10. **3**
3. **eylül - 5**	11. **mart - 18**
4. 7	12. **mayıs - 28**
5. 9	13. **temmuz - 30**
6. 14	14. **15**
7. 21	15. **6**
8. **ağustos - 8**	

B

Write using ordinal numbers as shown.

Ex.: **(1) Soruyu yap.**
     Birinci soruyu yap.

1. **(2) odaya girecek.**
2. **Adam (5) katta oturuyor.**
3. **(25) mektubu yazdı.**
4. **(10) dükkâna girdi.**
5. **(3) odadadır.**
6. **(4) kapıyı aç.**
7. **Ofisi (14) kattadır.**

C

Put into question form.

1. **Pencereleri kapatmak zorundayım.**
2. **Ayın ikisinde dönmek zorundadır.**
3. **Bize yardım etmek zorundasın.**
4. **Trene yetişmek zorundasınız.**
5. **Bu parayı vermek zorundayız.**
6. **O dili öğrenmek zorundalar.**
7. **Ahmet evden erken çıkmak zorundadır.**

D

Put into negative form.

1. **Bu evden taşınmak zorundadır.**
2. **Işığı yakmak zorundayız.**
3. **Bugün o işi bitirmek zorundayım.**

749

4. Onu sevmek zorundasınız.
5. Ayakkabıları değiştirmek zorundalar.
6. Karar vermek zorundasın.
7. Öğrenci bu soruya cevap vermek zorundadır.

E

Translate into English.

1. Hava yağmurlu. Şemsiyeni al.
2. Hafta sonu çalışmak zorunda mısın?
3. Bu mektubu mayısın üçünde gönderdiler.
4. Müdürün odası birinci kattadır.
5. Hava güneşlidir. Bahçede oturalım mı?
6. Onun adını hatırlamak zorundayız.

F

Translate into Turkish.

1. Buy a kilo of tomatoes for the salad!
2. I am very cold. Can I take your sweater?
3. There was an office on the third floor.
4. She came here on the first of June.
5. He has to go to the doctor in the afternoon.
6. The lift is on the fourth floor.

PRACTICE 75 - ANSWERS

A. 1. Bugün ayın ikisi. 2. Bugün ayın dördü. 3. Bugün eylülün beşi. 4. Bugün ayın yedisi. 5. Bugün ayın dokuzu. 6. Bugün ayın on dördü. 7. Bugün ayın yirmi biri. 8. Bugün ağustosun sekizi. 9. Bugün ocağın yedisi. 10. Bugün ayın üçü. 11. Bugün martın on sekizi. 12. Bugün mayısın yirmi sekizi. 13. Bugün temmuzun otuzu. 14. Bugün ayın on beşi. 15. Bugün ayın altısı.

B. 1. İkinci odaya girecek. 2. Adam beşinci katta oturuyor. 3. Yirmi beşinci mektubu yazdı. 4. Onuncu dükkâna girdi. 5. Üçüncü odadadır. 6. Dördüncü kapıyı aç. 7. Ofisi on dördüncü kattadır.

C. 1. Pencereleri kapatmak zorunda mıyım? 2. Ayın ikisinde dönmek zorunda mı? 3. Bize yardım etmek zorunda mısın? 4. Trene yetişmek zorunda mısınız? 5. Bu parayı vermek zorunda mıyız? 6. O dili öğrenmek zorundalar mı? 7. Ahmet evden erken çıkmak zorunda mı?

D. 1. Bu evden taşınmak zorunda değildir. 2. Işığı yakmak zorunda değiliz. 3. Bugün o işi bitirmek zorunda değilim. 4. Onu sevmek zorunda değilsiniz. 5. Ayakkabıları değiştirmek zorunda değiller. 6. Karar vermek zorunda değilsin. 7. Öğrenci bu soruya cevap vermek zorunda değildir.

E. 1. It is rainy. Take your umbrella. 2. Do you have to work at the weekend? 3. They sent this letter on the third of May. 4. The manager's room is on the first floor. 5. It is sunny. Shall we sit in the garden? 6. We have to remember her name.

F. 1. Salata için bir kilo domates al. 2. Çok üşüyorum. (Üşüdüm.) Kazağını alabilir miyim? 3. Üçüncü katta bir ofis vardı. 4. Haziranın birinde buraya geldi. 5. Öğleden sonra doktora gitmek zorundadır. 6. Asansör dördüncü kattadır.

temel
TÜRKÇE
kursu

DERS 76

VOCABULARY

VARMAK		TO ARRIVE
Oraya ne zaman varırız?		When do we arrive there?
ULAŞMAK		TO ARRIVE
Otele saat altıda ulaştılar.		They arrived at the hotel at six o'clock.
AYRILMAK		TO LEAVE
Evden erken ayrıldı.		She left home early.
(YUKARI) ÇIKMAK		TO GO UPSTAIRS
Yukarı çık. Annen seni bekliyor.		Go upstairs. Your mother is waiting for you.
(AŞAĞI) İNMEK		TO GO DOWN
Aşağı inmemelisin. Seni görebilirler.		You mustn't go down. They can see you.
EĞER		IF
Eğer gelirsen oraya gidebiliriz.		If you come we can go there.

PROGRAM		PROGRAMME
Bugünün programı nedir?		What is the programme for today?

KARŞILAŞMAK		TO MEET
İki eski arkadaş karşılaştılar.		The two old friends met.

CONDITIONAL SENTENCES

Conditional sentences are of two parts, the first, the if-clause, giving the condition, and the second giving the result or consequence that will occur if the condition is met.

We will look first at the if-clause. The if-clause in Turkish begins with **eğer** (like if), with the verb taking the conditional suffix **-sa/-se** after the tense suffix **-ar/-er** for the present simple.

Ben

eğer	gider - sem	if I go
	gelir - sem	if I come
	yapar - sam	if I do
	görür - sem	if I see
	verir - sem	if I give
	temizler - sem	if I clean
	getirir - sem	if I bring

eğer oraya gidersem	if I go there
eğer o soruyu yaparsam	if I do that question
eğer onu görürsem	if I see him
eğer parayı verirsem	if I give the money
eğer odayı temizlersem	if I clean the room

Because of the conditional suffix, **eğer** can be omitted.

arabamı satarsam	if I sell my car
mektubu yazarsam	if I write the letter
aşağı inersem	if I go down
onu izlersem	if I follow him
otobüse yetişirsem	if I catch the bus

752

Sen

eğer	gider - sen	if you go
	gelir - sen	if you come
	yapar - san	if you do
	görür - sen	if you see
	verir - sen	if you give
	temizler - sen	if you clean

oraya gidersen	if you go there
o soruyu yaparsan	if you do that question
onu görürsen	if you see him
parayı verirsen	if you give the money
odayı temizlersen	if you clean the room
arabanı satarsan	if you sell your car
mektubu yazarsan	if you write the letter
aşağı inersen	if you go down
onu izlersen	if you follow him
otobüse yetişirsen	if you catch the bus

O

eğer	gider - se	if she goes
	gelir - se	if he comes
	yapar - sa	if she does
	görür - se	if she sees
	verir - se	if he gives
	temizler - se	if she cleans

oraya giderse	if she goes there
o soruyu yaparsa	if he does that question
onu görürse	if she sees him
parayı verirse	if she gives the money
odayı temizlerse	if she cleans the room
mektubu yazarsa	if he writes the letter
aşağı inerse	if he goes down
otobüse yetişirse	if she catches the bus

Biz

eğer	gider - sek	if we go
	gelir - sek	if we come
	yapar - sak	if we do
	görür - sek	if we see
	verir - sek	if we give
	temizler - sek	if we clean

oraya gidersek	if we go there
o soruyu yaparsak	if we do that question
onu görürsek	if we see him
parayı verirsek	if we give the money
odayı temizlersek	if we clean the room
mektubu yazarsak	if we write the letter
aşağı inersek	if we go down
otobüse yetişirsek	if we catch the bus

Siz

eğer	gider	-	seniz	if you go
	gelir	-	seniz	if you come
	yapar	-	sanız	if you do
	görür	-	seniz	if you see
	verir	-	seniz	if you give
	temizler	-	seniz	if you clean

oraya giderseniz	if you go there
o soruyu yaparsanız	if you do that question
onu görürseniz	if you see him
parayı verirseniz	if you give the money
odayı temizlerseniz	if you clean the room
mektubu yazarsanız	if you write the letter
aşağı inerseniz	if you go down
otobüse yetişirseniz	if you catch the bus

Onlar

eğer	gider	-	lerse	if they go
	gelir	-	lerse	if they come
	yapar	-	larsa	if they do
	görür	-	lerse	if they see
	verir	-	lerse	if they give
	temizler	-	lerse	if they clean

oraya giderlerse	if they go there
o soruyu yaparlarsa	if they do that question
onu görürlerse	if they see him
parayı verirlerse	if they give the money
odayı temizlerlerse	if they clean the room
mektubu yazarlarsa	if they write the letter
aşağa inerlerse	if they go down
otobüse yetişirlerse	if they catch the bus

adam bizi beklerse	if the man waits for us
çok hızlı araba kullanırsa	if he drives very fast
kız her sabah duş alırsa	if the girl has a shower every morning
arkadaşım her gün ofise giderse	if my friend goes to the office every day
öğretmen bize bu dili öğretirse	if the teacher teaches this language to us
babam oraya varırsa	if my friend arrives there
bebek uyursa	if the baby sleeps
yağmur yağarsa	if it rains
hava güneşli olursa	if it is sunny
annen geç kalırsa	if your mother is late
otobüsü beklerseniz	if you wait for the bus
portakallar ekşiyse	if the oranges are sour
patron meşgulse	if the boss is busy

Words Used in the Reading Passage

tanımak	to know
kilim	rug

ALIŞVERİŞ

SHOPPING

**Berna Hanım Bakırköy'de oturur.
Bakırköy İstanbul'daki en
kalabalık yerlerden biridir.
Alışveriş için birçok dükkân ve
mağaza vardır.**

Berna Hanım lives in Bakırköy. Bakırköy
is one of the most crowded places in
Istanbul. There are a lot of shops
and stores for shopping.

**Berna Hanım otuz iki yaşındadır.
Evlidir. Kocası Tuncer Bey otuz
altı yaşındadır. Onun Sultanah-**

Berna Hanım is thirty two years old.
She is married. Her husband Tuncer
Bey is thirty six years old. He has got

755

met'te bir dükkânı var. Turistlere halı ve kilimler satar. O haftada altı gün çalışır. Pazar günü çalışmaz.

a shop in Sultanahmet. He sells carpets and rugs. He works six days a week. He doesn't work on Sunday.

Berna Hanım ve Tuncer Bey'in iki oğlu var. Oğlanlardan birinin adı Orhan'dır ve yedi yaşındadır. Diğeri üç yaşında ve adı Öznur'dur. Orhan okula gider. O çok akıllı bir öğrencidir.

Berna Hanım and Tuncer Bey have got two sons. One of the boys is called Orhan and he is seven years old. The other one is three years old and his name is Öznur. Orhan goes to school. He is a very clever student.

Berna Hanım ev kadınıdır. Alışverişi sever. Cumartesi günü Bakırköy'de bir pazar vardır. Bu pazarda çeşitli meyve ve sebzeleri bulabilir. Bu sebze ve meyveler manavdaki-lerden daha ucuz ve tazedir.

Berna Hanım is a housewife. She likes shopping. There is a bazaar in Bakırköy on Sunday. She can find various fruits and vegetables in this bazaar. These vegetables and fruits are fresher and cheaper than the ones in the green-grocer's.

Bazen çarşamba günleri süper-markete gider. Kahvaltı için peynir, zeytin, bal, reçel alır. Meyve de alır. Oğlanlar ve kocası meyveyi çok sever.

Sometimes she goes to the supermarket on Wednesday. She buys cheese, olives, honey, jam for breakfast. She also buys fruit. The sons and her husband like fruit very much.

Evlerinin yanında büyük bir kasap vardır. Berna Hanım eti oradan alır. Kasap Berna Hanım'ı tanır. Ona taze et verir. Çok nazik bir adamdır.

There is a large butcher's shop near their house. Berna Hanım buys the meat from there. The butcher knows Berna Hanım. He gives fresh meat to her. He is a very polite man.

Bugün cumartesi. Berna Hanım alış-veriş için pazara gidiyor. Öznur da onunla birlikte geliyor.

Today is Saturday. Berna Hanım is going to the bazaar for shopping. Öznur is also coming together with her.

Questions and Answers to the Reading Passage

Berna Hanım nerede oturur?
Where does Berna Hanım live?

Bakırköy'de oturur.
She lives in Bakırköy.

Bakırköy kalabalık mıdır?
Is Bakırköy crowded?

Evet, kalabalıktır.
Yes, it is.

Berna Hanım kaç yaşındadır?
How old is Berna Hanım?

Otuz iki yaşındadır.
She is thirty two years old.

Evli midir?
Is she married?

Evet, evlidir.
Yes, she is.

Tuncer Bey kaç yaşındadır?
How old is Tuncer Bey?

Otuz altı yaşındadır.
He is thirty six years old.

Onun dükkânı nerededir?
Where is his shop?

Sultanahmet'tedir.
It is in Sultanahmet.

Orada ne satar?
What does he sell there?

Halı ve kilimler satar.
He sells carpets and rugs.

Pazar günü çalışır mı?
Does he work on Sunday?

Hayır, çalışmaz.
No, he doesn't.

Onların kaç tane çocukları var?
How many children have they got?

İki çocukları var.
They have got two children.

Orhan kaç yaşındadır?
How old is Orhan?

Yedi yaşındadır.
He is seven years old.

Berna Hanım ne iş yapıyor?
What is Berna Hanım's job?

Ev kadınıdır.
He is a housewife.

Hangi gün Bakırköy'de pazar vardır?
Which day is there a bazaar in Bakırköy?

Cumartesi günü bir pazar vardır.
There is a bazaar on Saturday.

Manavdaki sebze ve meyveler daha ucuz mudur?
Are the vegetables and fruits in the greengrocer's cheaper?

Hayır, değildir.
No, they aren't.

Çarşamba günleri nereye gider?
Where does she go on Wednesday?

Süpermarkete gider.
She goes to the supermarket.

Kahvaltı için ne alır?
What does she buy for breakfast?

Zeytin, peynir, bal ve reçel alır.
She buys olives, cheese, honey and jam.

Kim meyve sever?
Who likes fruit?

Kocası ve oğlanlar sever.
Her husband and sons do.

Kasap Berna Hanımı tanır mı?	Evet, tanır.
Does the butcher know Berna Hanım?	Yes, he does.

Kim Berna Hanım'la pazara geliyor?	Öznur geliyor.
Who is coming to the bazaar with	Öznur is.
Berna Hanım?	

PRACTICE 76

A

Change into conditional form.

1. **Yaparım.**
2. **Otururlar.**
3. **Gideriz.**
4. **Sayarız.**
5. **Ayrılırsınız.**
6. **Karşılaşırsın.**
7. **Ulaşır.**
8. **Tamir ederim.**
9. **Yakalarsın.**
10. **Kapatırız.**

B

Change into conditional form.

Ex.: **Sen gel.**
    sen gelirsen

1. **annem odamı temizle**
2. **arkadaşım telefon et**
3. **ben parayı al**
4. **biz sinemaya git**
5. **siz evden ayrıl**
6. **kadın bize bak**
7. **öğretmenler soruyu sor**

C

Write out as shown.

Ex.: **(2) odaya gir.**
       İkinci odaya gir.

1. **(3) soruyu yanıtla.**
2. **(4) katta otururlar.**
3. **(5) kapıyı aç.**
4. **(7) gün gelecek.**
5. **(10) mektubu yazacak.**

D

Rewrite using the **-meli, -malı** structure.

1. **Yarın oraya gitmek zorundayım.**
2. **O mektubu yazmak zorunda mı?**
3. **Yukarı çıkmak zorundasın.**
4. **Bu yemeği bitirmek zorundayız.**
5. **Onu beklemek zorunda mısınız?**
6. **Evden erken ayrılmak zorundalar.**
7. **Bu sözcükleri tekrarlamak zorundasın.**
8. **O elbiseyi giymek zorunda.**
9. **Babamla konuşmak zorundayım.**
10. **Bu otelde kalmak zorunda mıyız?**

E

Translate into English.

1. **annem babamla konuşursa**
2. **İkinci soruyu sordu.**
3. **Oraya ne zaman varacağız?**
4. **Evden erken ayrılmak zorundayız.**
5. **bebek ağlarsa**
6. **onunla evlenirsen**
7. **Onunla iki ay önce karşılaştım.**

F

Translate into Turkish.

1. if you understand the lesson
2. Open the third door.
3. Who is the second?
4. if he dances with her
5. They arrived at seven o'clock.
6. I know him, but I don't know his sister.
7. if they use the computer

PRACTICE 76 - ANSWERS

A. 1. yaparsam 2. otururlarsa 3. gidersek 4. sayarsak 5. ayrılırsanız 6. karşılaşırsan 7. ulaşırsa 8. tamir edersem 9. yakalarsan 10. kapatırsak

B. 1. annem odamı temizlerse 2. arkadaşım telefon ederse 3. ben parayı alırsam 4. biz sinemaya gidersek 5. siz evden ayrılırsanız 6. kadın bize bakarsa 7. öğretmenler soruyu sorarlarsa

C. 1. Üçüncü soruyu yanıtla. 2. Dördüncü katta otururlar. 3. Beşinci kapıyı aç. 4. Yedinci gün gelecek. 5. Onuncu mektubu yazacak.

D. 1. Yarın oraya gitmeliyim. 2. O mektubu yazmalı mı? 3. Yukarı çıkmalısın. 4. Bu yemeği bitirmeliyiz. 5. Onu beklemeli misiniz? 6. Evden erken ayrılmalılar. 7. Bu sözcükleri tekrarlamalısın. 8. O elbiseyi giymeli. 9. Babamla konuşmalıyım. 10. Bu otelde kalmalı mıyız?

E. 1. if my mother talks to my father 2. She asked the second question. 3. When will we arrive there? 4. We have to leave home early. 5. if the baby cries 6. if you marry him 7. I met him two months ago.

F. 1. dersi anlarsan 2. Üçüncü kapıyı aç. 3. İkinci kimdir? 4. onunla dans ederse 5. Saat yedide vardılar. 6. Onu tanırım, ama kız kardeşini tanımam. 7. bilgisayarı kullanırlarsa

temel
TÜRKÇE
kursu

DERS
77

VOCABULARY

HARCAMAK

Para harcamayı sever.

TO SPEND

She likes spending money.

ARKA

Arkada küçük bir bahçe var.

BACK

There is a small garden at the back.

DOĞRU

Bu soru doğru mudur?

RIGHT

Is this question right?

YANLIŞ

Sekreter yanlış bir sözcük yazdı.

WRONG

The secretary wrote a wrong word.

UYANDIRMAK

Babanı uyandırma.

TO WAKE (UP)

Don't wake up your father.

ÖLMEK

Amcası iki yıl önce öldü.

TO DIE

Her uncle died two years ago.

761

ASLAN

Bu hayvanat bahçesinde
bir aslan görebilirsiniz.

LION

You can see a lion in this
zoo.

KAPLAN

Resimde büyük bir kaplan
vardı.

TIGER

There was a big tiger in the
picture.

MAYMUN

Maymunlar ağaçlarda yaşarlar.

MONKEY

Monkeys live in trees.

HAYVANAT BAHÇESİ

Hayvanat bahçesinde çeşitli
hayvanları görebilirsiniz.

ZOO

You can see various animals
in a zoo.

CONDITIONALS - Continued

We will look first at negative if-clauses.

(eğer) gidersem
gelirsem
yaparsam

gitmezsem	if I don't go
gelmezsem	if I don't come
yapmazsam	if I don't do
görmezsem	if I don't see
vermezsem	if I don't give
harcamazsam	if I don't spend
oraya gidersem	if I go there
oraya gitmezsem	if I don't go there
onu görmezsem	if I don't see him
parayı vermezsem	if I don't give the money
arabamı satmazsam	if I don't sell my car

onu izlemezsem	if I don't follow him
mektubu yazmazsam	if I don't write the letter
gitmezsen	if you don't go
gelmezsen	if you don't come
yapmazsan	if you don't do
görmezsen	if you don't see
vermezsen	if you don't give
oraya gidersen	if you go there
oraya gitmezsen	if you don't go there
onu görmezsen	if you don't see him
parayı vermezsen	if you don't give the money
arabanı satmazsan	if you don't sell your car
onu izlemezsen	if you don't follow him
mektubu yazmazsan	if you don't write the letter
gitmezse	if she doesn't go
gelmezse	if she doesn't come
yapmazsa	if he doesn't do
görmezse	if she doesn't see
vermezse	if he doesn't give
oraya giderse	if she goes there
oraya gitmezse	if she doesn't go there
parayı harcamazsa	if she doesn't spend the money
arabasını satmazsa	if he doesn't sell his car
onu izlemezse	if she doesn't follow him
mektubu yazmazsa	if he doesn't write the letter
otobüse yetişmezse	if she doesn't catch the bus
gitmezsek	if we don't go
gelmezsek	if we don't come
yapmazsak	if we don't do
görmezsek	if we don't see
vermezsek	if we don't give
oraya gidersek	if we go there
oraya gitmezsek	if we don't go there
parayı harcamazsak	if we don't spend the money
arabamızı satmazsak	if we don't sell our car

onu izlemezsek	if we don't follow him
mektubu yazmazsak	if we don't write the letter
otobüse yetişmezsek	if we don't catch the bus
gitmezseniz	if you don't go
gelmezseniz	if you don't come
yapmazsanız	if you don't do
görmezseniz	if you don't see
vermezseniz	if you don't give
oraya giderseniz	if you go there
oraya gitmezseniz	if you don't go there
parayı harcamazsanız	if you don't spend the money
arabanızı satmazsanız	if you don't sell your car
onu izlemezseniz	if you don't follow him
mektubu yazmazsanız	if you don't write the letter
otobüse yetişmezseniz	if you don't catch the bus
gitmezlerse	if they don't go
gelmezlerse	if they don't come
yapmazlarsa	if they don't do
görmezlerse	if they don't see
vermezlerse	if they don't give
oraya giderlerse	if they go there
oraya gitmezlerse	if they don't go there
parayı harcamazlarsa	if they don't spend the money
arabalarını satmazlarsa	if they don't sell their car
onu izlemezlerse	if they don't follow him
mektubu yazmazlarsa	if they don't write the letter
otobüse yetişmezlerse	if they don't catch the bus
adam bizi beklemezse	if the man doesn't wait for us
çok hızlı araba kullanmazsa	if he doesn't drive very fast
kız her sabah duş almazsa	if the girl doesn't have a shower every morning
arkadaşım her gün ofise gitmezse	if my friend doesn't go to the office every day
öğretmen bize bu dili öğretmezse	if the teacher doesn't teach this language to us
bebek uyumazsa	if the baby doesn't sleep
yağmur yağmazsa	if it doesn't rain
hava güneşli olmazsa	if it isn't sunny
annen geç kalmazsa	if your mother isn't late
patron meşgul değilse	if the boss isn't busy
annem bizi uyandırmazsa	if my mother doesn't wake us up

764

Until now we have seen only the first part, the if-clause, of conditional sentences. The second part, or result-clause is now introduced.

gidersem	if I go
oraya gidersem	if I go there
Onu göreceğim.	I will see him.
Oraya gidersem onu göreceğim.	If I go there I will see him.

The result-clause is often in the future tense, but it may also be formed in the present simple or **-ebilmek** structure.

onu görürsem	if I see him
Parayı vereceğim.	I'll give the money.
Onu görürsem parayı vereceğim.	If I see him I'll give the money.
parayı harcarsam	if I spend the money
Bana kızacak.	She will get angry with me.
Parayı harcarsam bana kızacak.	If I spend the money she will get angry with me.
mektubu yazarsam	if I write the letter
Yarın göndereceğim.	I'll send tomorrow.
Mektubu yazarsam yarın göndereceğim.	If I write the letter I'll send tomorrow.
parayı verirsem	if I give the money
İyi bir hediye alacak.	She'll buy a good present.
Parayı verirsem iyi bir hediye alacak.	If I give the money she'll buy a good present.
telefon edersen	if you telephone
Onunla konuşabilirsin.	You can talk to him.
Telefon edersen onunla konuşabilirsin.	If you telephone you can talk to him.
buraya gelirsen	if you come here
Sana resimleri veririm.	I'll give the pictures to you.
Buraya gelirsen sana resimleri veririm.	If you come here I'll give the pictures to you.
aşağı inersen	if you go downstairs
Adamı göreceksin.	You will see the man.
Aşağı inersen adamı göreceksin.	If you go downstairs you will see the man.
bizi beklerse	if she waits for us
Onunla gidebiliriz.	We can go with her.
Bizi beklerse onunla gidebiliriz.	If she waits for us we can go with her.

bebek uyursa	if the baby sleeps
Filmi seyredeceğim.	I'll watch the film.
Bebek uyursa filmi seyredeceğim.	If the baby sleeps I'll watch the film.
geç kalırsak	if we are late
Siz gidebilirsiniz.	You can go.
Geç kalırsak siz gidebilirsiniz.	If we are late you can go.
oraya erken varırsak	if we arrive there early
Telefon ederiz.	We'll telephone.
Oraya erken varırsak telefon ederiz.	If we arrive there early we'll telephone.
odanızı temizlerseniz	if you clean your room
Anneniz mutlu olacak.	Your mother will be happy.
Odanızı temizlerseniz anneniz mutlu olacak.	If you clean your room your mother will be happy.
geç kalırsanız	if you are late
Patron kızacak.	The boss will be angry.
Geç kalırsanız patron kızacak.	If you are late the boss will be angry.
orada sigara içerlerse	if they smoke there
Babam görecek.	My father will see.
Orada sigara içerlerse babam görecek.	If they smoke there my father will see.
burada beklerlerse	if they wait here
Taksi bulabilirler.	They can find a taxi.
Burada beklerlerse taksi bulabilirler.	If they wait here they can find a taxi.
Hava güneşli olursa parka gideceğiz.	If it is sunny we'll go to the park.
Patron meşgulse sonra gelebilirim.	If the boss is busy I can come later.
Bize bu dili öğretirse iyi bir iş bulabiliriz.	If she teaches this language to us we can find a good job.
Yağmur yağarsa evde kalacağız.	If it rains we will stay at home.
İstersen bizimle gelebilirsin.	If you want you can come with us.
Bir kalem bulursam onu yazacağım.	If I find a pencil I'll write it.
Elbise ucuzsa alacak.	If the dress is cheap he'll buy.
Eğer gelirse bana telefon et.	If she comes telephone me.
Evi temizlerse yorgun olacak.	If she cleans the house she will be tired.
Hırsız onu yakalarsa öldürebilir.	If the thief catches him he might kill.
İsterseniz bu lokantada yiyebiliriz.	If you want we can eat at this restaurant.
Öğleden sonra gelirsen onu bulabilirsin.	If you come in the afternoon you might find him.

Hava yağmurlu olursa pikniğe gitmeyecek.	If it is rainy she won't go for a picnic.
Elbise pahalıysa almayacak.	If the dress is expensive he won't buy.
İstersen şimdi gelme.	If you want, don't come now.
O, toplantıya gelirse ben gitmeyeceğim.	If he comes to the meeting I won't go.
Öğleden sonra gelirsen onu bulamazsın.	If you come in the afternoon you won't find him.
Geç kalırsak bizi beklemez.	If we are late he won't wait for us.
Evlenirse Amerika'ya gitmeyecek.	If she marries she won't go to America.
onu görmezsem	if I don't see him
Parayı vermeyeceğim.	I won't give the money.
Onu görmezsem parayı vermeyeceğim.	If I don't see him I won't give the money.
mektubu yazmazsam	if I don't write the letter
Yarın gönderemem.	I can't send it tomorrow.
Mektubu yazmazsam yarın gönderemem.	If I don't write the letter I can't send it tomorrow.
odayı temizlemezsek	if we don't clean the room
Annem kızacak.	My mother will be angry.
Odayı temizlemezsek annem kızacak.	If we don't clean the room my mother will be angry.
Buraya gelmezsen sana resimleri veremem.	If you don't come here I can't give the pictures to you.
Aşağı inmezse adam gidecek.	If she doesn't go downstairs the man will go.
Bebek uyumazsa filmi seyredemeyiz.	If the baby doesn't sleep we can't watch the film.
Oraya erken varmazsak treni kaçıracağız.	If we don't arrive there early, we will miss the train.
Burada beklemezlerse taksi bulamazlar.	If they don't wait here they won't be able to find a taxi.
Patron meşgul değilse konuşmak istiyorum.	If the boss isn't busy I want to speak.
O dili öğrenmezseniz iyi bir iş bulamazsınız.	If you don't learn that language you can't find a good job.
Yağmur yağmazsa geleceğiz.	If it doesn't rain we will come.
Bir kalem bulmazsan sana verebilirim.	If you don't find a pencil I can give you one.

Elbise ucuz değilse almayacak.	If the dress isn't cheap he won't buy it.
Eğer gelmezsen bana telefon et.	If you don't come, telephone me.
Öğleden sonra gelmezsem parayı vermeyecek.	If I don't come in the afternoon she won't give the money.
Evlenmezse Amerika'ya gidecek.	If he doesn't get married he will go to America.
- Bu akşam bize gelecek misin?	Will you come to us tonight?
- Ofisten erken çıkarsam geleceğim.	If I leave the office early I'll come.
- O arabayı alacak mı?	Will she buy that car?
- Babası biraz para verirse alacak.	If her father gives some money she will buy it.
- Bu çantayı değiştirecek misiniz?	Will you change this bag?
- Bizi dükkâna götürürse değiştireceğiz.	If he takes us to the shop we'll change it.
- Burada çalışırlar mı?	Will they work here?
- İyi maaş verirsek çalışırlar.	If we give a good salary they will work here.

PRACTICE 77

A

Make if-clauses.

Example : kız zengin ...
       kız zenginse

     1. Ahmet orada ...
     2. annen evde yok ...
     3. kız kısa boylu ...
     4. biz evde değil ...
     5. o ders çalış ...
     6. biz evi sat ...
     7. ben o arabaya bin ...
     8. sen erken yatar ...
     9. onlar uçağa bin ...
     10. çocuk uyu ...

B

Change into negative form.

1. otobüse binerse
2. ofisten çıkarsam
3. yorgunsan
4. paran varsa
5. babam bugün erken dönerse
6. otobüse binerseniz
7. ders çalışırlarsa

C

Join the pairs to make conditional sentences, as shown.

Ex.: **Sen git**
   Ben gitmeyeceğim.
   Sen gidersen ben gitmeyeceğim.

1. **Kadın yemek yap**
   Bizimle yemek ye.

2. **Biz iyi bir ev bul**
   Taşınacağız.

3. **Siz bu işi yap**
   Çok mutlu olacağım.

4. **Sen eve erken git**
   Arkadaşını görebilirsin.

5. **Onlar geç yat**
   Geleceğiz.

D

Rewrite using the verb given in the past continuous.

1. **Biz hayvanat bahçesinde (gezmek)**
2. **Onlar çok para (harcamak)**
3. **Kadın pencereleri (kapatmak)**
4. **Kız erkek arkadaşını (düşünmek)**
5. **Teyzem köpeklerden (korkmak)**
6. **Öğrenciler sözcükleri (tekrarlamak)**

E

Translate into English.

1. Onu görürsem söyleyeceğim.
2. Evdeyseniz bu akşam size geleceğiz.
3. Paran varsa bana biraz ver, lütfen.
4. Dün gece lokantada çok para harcadık.
5. Hayvanat bahçesinde bir aslan öldü.
6. Mektubu okumazsanız onu anlayamazsınız.
7. Bu soru doğrudur, diğeri yanlıştır.

F

Translate into Turkish.

1. If you aren't busy we can talk.
2. There is a chair at the back. You can sit.
3. What is there on the fourth floor?
4. If you are ill, don't come here.
5. When did she leave home?
6. If you don't get up early you can't catch the bus.

PRACTICE 77 - ANSWERS

A. 1. Ahmet oradaysa 2. annen evde yoksa 3. kız kısa boyluysa 4. biz evde değilsek 5. o ders çalışırsa 6. biz evi satarsak 7. ben o arabaya binersem 8. sen erken yatarsan 9. onlar uçağa binerlerse 10. çocuk uyursa

B. 1. otobüse binmezse 2. ofisten çıkmazsam 3. yorgun değilsen 4. paran yoksa 5. babam bugün erken dönmezse 6. otobüse binmezseniz 7. ders çalışmazlarsa

C. 1. Kadın yemek yaparsa bizimle yemek ye. 2. İyi bir ev bulursak taşınacağız. 3. Bu işi yaparsanız çok mutlu olacağım. 4. Eve erken gidersen arkadaşını görebilirsin. 5. Geç yatarlarsa geleceğiz.

D. 1. Hayvanat bahçesinde geziyorduk. 2. Çok para harcıyorlardı. 3. Kadın pencereleri kapatıyordu. 4. Kız erkek arkadaşını düşünüyordu. 5. Teyzem köpeklerden korkuyordu. 6. Öğrenciler sözcükleri tekrarlıyordu.

E. 1. If I see him I will say. 2. If you are at home we'll come to your house this evening. 3. If you have got some money, give me some, please. 4. We spent a lot of money at the restaurant last night. 5. A lion died in the zoo. 6. If you don't read the letter you can't understand it. 7. This question is right, the other one is wrong.

F. 1. Meşgul değilsen konuşabiliriz. 2. Arkada bir sandalye var. Oturabilirsin. 3. Dördüncü katta ne var? 4. Hastaysan, buraya gelme. 5. Evden ne zaman ayrıldı? 6. Erken kalkmazsan otobüse yetişemezsin.

temel
TÜRKÇE
kursu

DERS 78

VOCABULARY

BORÇ

DEBT

Serdar Bey hiç borcunu ödemez.

Serdar Bey never pays his debts.

BORÇ VERMEK
Bize borç verebilir misin?

TO LEND
Can you lend us (some money)?

BORÇ ALMAK

TO BORROW (MONEY)

Arkadaşımdan borç almak zorundayım.

I have to borrow money from my friend.

KIYMA

MINCED MEAT

Bir kilo taze kıyma, lütfen.

One kilo of fresh minced meat, please.

PİRZOLA

CHOP, CUTLET

Pirzolayı sevmez.

She doesn't like cutlets.

771

HAVUÇ		**CARROT**
Havuç çocuklar için çok faydalıdır.		Carrots are very useful for children.

APTAL		**STUPID**
Bu kız şundan daha aptaldır.		This girl is more stupid than that one.

BOZULMAK		**TO BREAK DOWN**
Televizyon bozuldu.		The television has broken down.

ÖNCE

Önce (= before) can be used as a preposition. The relevant noun takes the ablative suffix **-dan/-den**, including personal pronouns.

benden önce	before me
senden önce	before you
ondan önce	before him
bizden önce	before us
sizden önce	before you
onlardan önce	before them
kızdan önce	before the girl
işadamından önce	before the businessman
öğretmenden önce	before the teacher
müdürden önce	before the manager
arkadaşından önce	before your friend
teyzemden önce	before my aunt
Ali Bey'den önce	before Ali Bey
lokantadan önce	before the restaurant
filmden önce	before the film
çorbadan önce	before the soup
fabrikadan önce	before the factory
toplantıdan önce	before the meeting
tatilden önce	before the holiday

mektuptan önce	before the letter
çocuktan önce	before the child
polisten önce	before the policeman

Benden önce geldi.	She came before me.
Ondan önce eve varacağız.	We will arrive at home before her.
Senden önce mektubu bitirebilirim.	I can finish the letter before you.
Patronu onlardan önce gördü.	He saw the boss before them.
Müdürden önce fabrikaya geldi.	She came to the factory before the manager.
Öğrenciler öğretmenden önce sınıftan çıktılar.	The students went out of the classroom before the teacher.
Çarşambadan önce gelmez.	She doesn't come before Wednesday.
Hafta sonundan önce burada olmaya-caklar.	They won't be here before the weekend.
Doktordan önce hemşireyi gördün.	You saw the nurse before the doctor.

Filmden önce yemek yiyelim mi?	Shall we eat before the film?
Toplantıdan önce çay içtiniz mi?	Did you drink tea before the meeting?
Tatilden önce parayı almalıyım.	I must take the money before the holiday.
Onu çorbadan önce yiyeceğim.	I will eat it before the soup.
Lokantadan önce nereye gitmek ister-sin?	Where do you want to go before the restaurant?
Mayıs hazirandan öncedir.	May is before June.

Hırsız polisten önce kaçtı.	The thief escaped before the policeman.
Çocuktan önce annesi kapıyı açtı.	His mother opened the door before the child.

If **önce** is used before a verb employed as a noun (gerund), the structure **-me-den/-madan önce** is used.

yat	go to bed
yatmadan önce	before going to bed

sat	sell
satmadan önce	before selling

ver	give
vermeden önce	before giving

gel	come
gelmeden önce	before coming

yaz	write
yazmadan önce	before writing
yakalamadan önce	before catching
evlenmeden önce	before marrying
taşınmadan önce	before moving
varmadan önce	before arriving
ayrılmadan önce	before leaving
yıkamadan önce	before washing
duş almadan önce	before having a shower

Yemek yemeden önce ellerini yıka.	Wash your hands before eating.
Yatmadan önce hep süt içer.	She always drinks milk before going to bed.
Gelmeden önce bana telefon etsin.	Let (tell) him to phone me before coming.
İzmir'e taşınmadan önce İstanbul'da oturuyorduk.	We lived in İstanbul before moving to İzmir.
Duş almadan önce dişlerini fırçaladı.	He brushed his teeth before having a shower.

Önce can be used as conjunctions to make time clauses which give the sequence of events. Notice that the form does not change, regardless of whether the action/event is in the past, present or future. In English the past form is different, the present and future the same.

sen geldin	you came
sen gelmeden önce	before you came
gelmeden önce	before you came
o banyo yaptı	he had a bath
o banyo yapmadan önce	before he had a bath
banyo yapmadan önce	before he had a bath
biz telefon ederiz	we telephone
biz telefon ettik	we telephoned
biz telefon etmeden önce	1. before we telephone
	2. before we telephoned
telefon etmeden önce	1. before we telephone
	2. before we telephoned
Evimi satmadan önce sana telefon edeceğim.	I'll telephone you before I sell my house.

774

Yemek yapmadan önce babana soracağım.	Before I cook I'll ask your father.
Arkadaşına kitabı vermeden önce okudu.	Before he gave the book to his friend he read.
İstanbul'a dönmeden önce seninle konuşacak.	She will talk to you before she returns to Istanbul.
Yatmadan önce bir bardak süt iç.	Drink a glass of milk before you go to bed.
Evden ayrılmadan önce ışığı kapattı.	She turned off the light before she left home.
Evlenmeden önce burada çalışıyordum.	I was working here before I married.
Biz oraya varmadan önce doktor gitti.	The doctor left before we arrived there.
Bulaşıkları yıkamadan önce misafirler geldi.	The guests came before she washed the dishes.
Duş almadan önce postacı geldi.	The postman came before he had a shower.
Arabayı almadan önce ona sormalıyız.	We must ask him before we buy the car.
Parayı harcamadan önce evin kirasını düşün.	Think of the rent of the house before you spend the money.
Karar vermeden önce seninle konuşacağız.	We'll talk to you before we decide.

SONRA

Sonra (= after) functions similarly to önce. As a preposition it is used with nouns (and pronouns) in the ablative case.

benden sonra	after me
senden sonra	after you
ondan sonra	after him
bizden sonra	after us
sizden sonra	after you
onlardan sonra	after them
arkadaşımdan sonra	after my friend
doktordan sonra	after the doctor
annenden sonra	after your mother
işçilerden sonra	after the workers
garsondan sonra	after the waiter

kahvaltıdan sonra	after the breakfast
yemekten sonra	after the meal
otelden sonra	after the hotel
filmden sonra	after the film
toplantıdan sonra	after the meeting
tatilden sonra	after the holiday
pazartesiden sonra	after Monday
ekimden sonra	after October
bu aydan sonra	after this month

Benden sonra geldi.	She came after me.
Ondan sonra eve varacağız.	We will arrive at home after her.
Senden sonra mektubu bitirebilirim.	I can finish the letter after you.
Müdürden sonra fabrikaya geldi.	She came to the factory after the manager.
Öğrenciler öğretmenden sonra sınıftan çıktılar.	The students went out of the classroom after the teacher.

Filmden sonra yemek yiyelim mi?	Shall we eat after the film?
Toplantıdan sonra çay içtiniz mi?	Did you drink tea after the meeting?
Tatilden sonra bizim eve gel.	Come to our house after the holiday.
Onu çorbadan sonra yiyeceğim.	I will eat it after the soup.
Lokantadan sonra nereye gitmek istersin?	Where do you want to go after the restaurant?
Bu aydan sonra parayı alacaklar.	They will take the money after this month.
Ağustostan sonra okullar açıktır.	The schools are open after August.
Kahvaltıdan sonra evi temizledi.	She cleaned the house after the breakfast.
İstanbul'dan sonra nereye gidecek?	Where will he go after Istanbul?

Used to make clauses with verbs acting as nouns (gerunds) the structure is **-d(t)ık-tan/-d(t)ikten/-d(t)uktan/-d(t)ükten sonra**.

yat	go to bed
yattıktan sonra	after going to bed
sat	sell
sattıktan sonra	after selling
ver	give
verdikten sonra	after giving

776

| gel | come |
| geldikten sonra | after coming |

| yaz | write |
| yazdıktan sonra | after writing |

yakaladıktan sonra	after catching
evlendikten sonra	after getting married
taşındıktan sonra	after moving
içtikten sonra	after drinking
oturduktan sonra	after sitting
yürüdükten sonra	after walking
vardıktan sonra	after arriving
ayrıldıktan sonra	after leaving
duş aldıktan sonra	after having a shower

Evlendikten sonra işini değiştirdi.	He changed his job after getting married.
Oturduktan sonra gazete okudu.	He read a newspaper after sitting down.
İki saat yürüdükten sonra yoruldu.	He got tired after walking two hours.
Çocuklar süt içtikten sonra yattılar.	The children went to bed after drinking milk.
Havaalanına vardıktan sonra bilet aldık.	We bought a ticket after arriving at the airport.
Çocukları uyandırdıktan sonra kahvaltıyı hazırladı.	He prepared the breakfast after waking up the children.

Sonra can also be used as a conjunction, in which case the structure used is **-d(t)ıktan/-d(t)ikten/-d(t)uktan/-d(t)ükten sonra**. (Notice that clauses ending with **sonra** lose reference (suffixes) to person and time.)

o harcadı	he spent
o harcadıktan sonra	after he spent
harcadıktan sonra	after he spent

telefon ettim	I phoned
ben telefon ettikten sonra	after I phoned
telefon ettikten sonra	after I phoned

döneriz	we come back
döndük	we came back
döndükten sonra	1. after we come back
	2. after we came back

Evimi sattıktan sonra sana telefon edeceğim.	I'll telephone you after I sell my house.
Yemek yedikten sonra yattılar.	They went to bed after they ate.
İstanbul'a döndükten sonra seninle konuşacak.	She will talk to you after she returns to Istanbul.
Mektubu yazdıktan sonra postaneye gitti.	She went to the post office after she wrote the letter.
Evden ayrıldıktan sonra arkadaşın geldi.	Your friend came after you left home.
Evlendikten sonra burada çalışacağım.	I will work here after I marry.
Biz oraya vardıktan sonra doktor gitti.	The doctor went after we arrived there.
Bulaşıkları yıkadıktan sonra misafirler geldi.	The guests came after she washed the dishes.

PRACTICE 78

A

Put into past continuous.

1. Her gün oraya giderim.
2. O adamları izliyoruz.
3. Ona bir gül verdi.
4. Kamyon geliyor.
5. Garip bir ses duyduk.
6. Bu sokakta oturuyorlar.
7. Bahçede top oynarız.

B

Put into past continuous - question form.

1. Balkonda oturuyoruz.
2. Onun fiyatını biliyorsun.
3. O kitapları topluyor.
4. İlginç bir film seyrediyorsunuz.
5. Onların evine gidiyoruz.
6. Şirkette adamı bekliyor.
7. Hızlı koşuyor.

C

Change into negative form.

1. Satıcı evin önünde duruyordu.
2. Kadının evine gidiyordu.
3. Bavulları taşıyorduk.
4. Akşam için yemek pişiriyordum.
5. Arabanı satıyordun.
6. O resimlere bakıyordunuz.

D

Make sentences as shown using the **-ği zaman** structure.

Ex.: **O geldi.**
   Kitap okuyorduk.
   O geldiği zaman kitap okuyorduk.

1. Biz telefon ettik.
   Annem uyuyordu.

2. Ablam geldi.
   Bahçede oturuyorlardı.

3. Onu gördüm.
   Mektup yazıyordu.

4. Kitabı verdik.
   Ders çalışıyordun.

5. Odaya girdiniz.
   Filmi seyrediyorduk.

E

Translate into English.

1. Polis o adamı izlemiyordu.
2. Siz geldiğiniz zaman evden çıkıyorduk.
3. Babanın kamyonu bizimkinden daha büyüktü.
4. Bize çok garip bir öykü anlattı.

779

5. Ara sıra bizim eve gel.
6. Bu çantanın fiyatını biliyor musun?
7. Geç kalacağız. Çabuk ol.

F

Translate into Turkish.

1. When I saw him I was walking in the street.
2. We see this salesman now and then.
3. Was she smoking?
4. When she came in the worker was using the machine.
5. Do you know the meaning of this word?
6. We weren't telling her the story.
7. She is late. Call her.

PRACTICE 72 - ANSWERS

A. 1. Her gün oraya gidiyordum. 2. O adamları izliyorduk. 3. Ona bir gül veriyordu. 4. Kamyon geliyordu. 5. Garip bir ses duyuyorduk. 6. Bu sokakta oturuyorlardı. 7. Bahçede top oynuyorduk.

B. 1. Balkonda oturuyor muyduk? 2. Onun fiyatını biliyor muydun? 3. O kitapları topluyor muydu? 4. İlginç bir film seyrediyor muydunuz? 5. Onların evine gidiyor muyduk? 6. Şirkette adamı bekliyor muydu? 7. Hızlı koşuyor muydu?

C. 1. Satıcı evin önünde durmuyordu. 2. Kadının evine gitmiyordu. 3. Bavulları taşımıyorduk. 4. Akşam için yemek pişirmiyordum. 5. Arabanı satmıyordun. 6. O resimlere bakmıyordunuz.

D. 1. Biz telefon ettiğimiz zaman annem uyuyordu. 2. Ablam geldiği zaman bahçede oturuyorlardı. 3. Onu gördüğüm zaman mektup yazıyordu. 4. Kitabı verdiğimiz zaman ders çalışıyordun. 5. Odaya girdiğiniz zaman filmi seyrediyorduk.

E. 1. The policeman wasn't following that man. 2. We were going out of the house when you came. 3. Your father's truck was bigger than ours. 4. She told us a very strange story. 5. Come to our house now and then. 6. Do you know the price of this bag? 7. We'll be late. Be quick.

F. 1. Onu gördüğüm zaman caddede yürüyordum. 2. Bu satıcıyı ara sıra görürüz. 3. Sigara içiyor muydu? 4. İçeri girdiği zaman işçi makineyi kullanıyordu. 5. Bu sözcüğün anlamını biliyor musun? 6. Öyküyü ona anlatmıyorduk. 7. Geç kaldı. Ona telefon et.

780

**temel
TÜRKÇE
kursu**

DERS 79

TAMİRCİ		REPAIRMAN
Tamirci geldi mi? Asansör bozuldu.		Has the repairman come? The lift has broken down.

FİKİR		IDEA
Bu konu hakkında fikrin nedir?		What is your idea about this subject?

TARTIŞMAK		TO DISCUSS, TO ARGUE
İçeri girdiğim zaman müdür ve sekreter tartışıyorlardı.		When I came in the manager and the secretary were discussing.

RESEPSİYON		RECEPTION
Anahtarınız resepsiyondadır.		Your key is at the reception.

FATURA		BILL
Elbisenin faturasını aldın mı?		Did you take the bill of the dress?

781

GARAJ

Araba garajda değildir.

GARAGE

The car isn't in the garage.

NOT

Masanın üstünde senin için bir not var.
Senin notunu bilmiyorum.

NOTE; MARK, GRADE

There is a note for you on the table.
I don't know your mark.

MESAJ

Bir mesajınız var mı?

MESSAGE

Have you got a message?

(y)arak, (y)erek

This suffix is used to talk about things happening at the same time. English translations would use the -ing form (as present participle or continuous tense).

televizyon seyretmek	to watch TV
televizyon seyret	watch TV
televizyon seyrederek	watching TV
evde kalmak	to stay at home
evde kal	stay at home
evde kalarak	staying at home
gazete okumak	to read a newspaper
gazete oku	read a newspaper
gazete oyuyarak	reading a newspaper
bira içmek	to drink beer
bira iç	drink beer
bira içerek	drinking beer
telefon etmek	to telephone
telefon et	telephone
telefon ederek	telephoning
müzik dinleyerek	listening to music
sigara içerek	smoking
şarkı söyleyerek	singing

yatarak	lying
konuşarak	speaking
tartışarak	discussing
gülerek	laughing
ağlayarak	crying
mektup yazarak	writing a letter

televizyon seyrederek ...	watching TV
Yemek yiyorlar.	They are eating.
Televizyon seyrederek yemek yiyorlar.	Watching TV they are eating.

The sense of two things happening at the same time could be expressed in English using 'while'.

Bira içerek arkadaşıyla konuştu.	He talked to his friends while drinking beer.
Müzik dinleyerek ders çalışacağız.	We'll study listening to music.
Sigara içerek bekledim.	I waited, smoking.
Yolda yürüyerek konuşuyorlar.	They are speaking while walking in the street.
Kadın dans ederek şarkı söyledi.	The woman sang dancing.
Arkadaşım gülerek bize baktı.	My friend looked at us laughing.
Çocuk ağlayarak süt içti.	The child drank milk crying.
Yatarak televizyon seyreder.	He watches TV lying.
Şarkı söyleyerek duş alır.	She has a shower singing.
Bir bardak şarap içerek onu bekledik.	We waited for her drinking a glass of wine.
Arkadaşımla konuşarak otobüsü bekledim.	I waited for the bus talking to my friend.
Bize öyküyü anlatarak yemek yapıyor.	She is cooking while telling us the story.

(y)ıp, (y)ip, (y)up, (y)üp

This suffix is added to the first verb when two are used to give a sequence of events.

| yat | go to bed |
| yatıp | going to bed, after going to bed |

| kalk | get up |
| kalkıp | getting up, after getting up |

| gel | come |
| gelip | coming, after coming |

783

otur	sit down
oturup	sitting down, after sitting down
yürü	walk
yürüyüp	walking, after walking
bekle	wait
bekleyip	waiting, after waiting
konuşup	speaking, after speaking
temizleyip	cleaning, after cleaning
oturup	sitting, after sitting
tartışıp	discussing, after discussing
borç alıp	borrowing, after borrowing
izleyip	watching, after watching
duş yapıp	having a shower, after having a shower
evlenip	getting married, after getting married
yakalayıp	catching, after catching
yukarı çıkıp	going upstairs, after going upstairs
harcayıp	spending, after spending

bir şişe süt alıp ...	buying a bottle of milk
Geldi.	He came.
Bir şişe süt alıp geldi.	He came back after buying a bottle of milk.
	After buying a bottle of milk he came back.
	He bought a bottle of milk and came back.

In the example above the two actions occurred one after another.

İngilizceyi öğrenip dönecek.	After learning English he will come back.
Öğretmeni bulup konuşacağım.	Finding the teacher I'll speak to him.
Oturup bir fincan kahve içtiler.	They drank a cup of coffee after sitting down.
Kalkıp kahvaltı etti.	After getting up he had breakfast.
Patronla konuşup fabrikadan çıktı.	After speaking to the boss he left the factory.
Evlenip Almanya'ya gidecek.	After getting married he'll go to Germany.
Duş yapıp yemek yedim.	I had a shower and had a meal.
Parayı harcayıp döndünüz.	Spending the money you came back.
Yukarı çıkıp çantanı alacak mısın?	Will you go up and take your bag?

Borç alıp bize verdi.	Borrowing some money he gave it to us.
Oturup konuyu tartıştılar.	They sat down and discussed the matter.
Filmi izleyip yatacağım.	After watching the film I'll go to bed.
Annesiyle konuşup otele gelecek.	He will come back to the hotel after speaking to his mother.
İşadamı tıraş olup ofise gitti.	After shaving the businessman went to the office.
Bir sigara içip evden çıktık.	After smoking we left the house.
Evimi satıp annemle oturacağım.	I'll sell my house and live with my mother.

-(ı/i/u/ü)yorken

The vowel **ı, i, u, ü** as appropriate is used when this suffix is added to verb roots ending in a consonant.

This suffix is used to when one action begins after another has begun but before it finishes. It expresses the idea of an action/event being interrupted. English uses the -ing form with 'when, while' or 'as'.

yüzmek	to swim
yüz	swim
yüzüyorken	while swimming
gelmek	to come
gel	come
geliyorken	while coming
yemek	to eat
ye	eat
yiyorken	while eating
telefon etmek	to telephone
telefon et	telephone
telefon ediyorken	while telephoning
gitmek	to go
git	go
gidiyorken	while going
oturmak	to sit
otur	sit
oturuyorken	while sitting

dinlemek	to listen
dinle	listen
dinliyorken	while listening
beklemek	to wait
bekle	wait
bekliyorken	while waiting

biz uyuyorken	while we are/were sleeping
çocuk ders çalışıyorken	while the child is/was studying
kız ona bakıyorken	while the girl is/was looking at him
o, durakta bekliyorken	while she is/was waiting at the stop
sen orada oturuyorken	while you are/were sitting there
adam otobüse biniyorken	while the man is/was getting on the bus
onlar evden çıkıyorken	while they are/were going out of the house
ben sabahleyin kahvaltı ediyorken	while I am/was having breakfast in the morning
hırsız kaçıyorken	while the thief is/was escaping
sekreter mektubu yazıyorken	while the secretary is/was writing the letter
kız kardeşim cümleleri çeviriyorken	while my sister is/was translating the sentences

biz uyuyorken	while we were sleeping
Telefon çaldı.	The telephone rang.
Biz uyuyorken telefon çaldı.	While we were sleeping the telephone rang.

bahçede oturuyorken	while we were sitting in the garden.
Bizi gördü.	She saw us.
Bahçede oturuyorken bizi gördü.	While we were sitting in the garden she saw us.

Ben telefonda konuşuyorken bana soru sorma.	Don't ask me any questions while I'm talking on the phone.
Müşteriyle konuşuyorken gülümsemelisin.	You must smile while you are speaking to a customer.
Ders çalışıyorken müzik dinleriz.	We listen to music while studying.
Ofise gidiyorken her sabah onu görür.	He sees her every morning while going to the office.
Futbol oynuyorken çok su içmezler.	They don't drink too much water while playing football.
Ankara'ya gidiyorken uçağa bindi.	While she was going to Ankara she got on the plane.
Öğrenci sınıfta sigara içiyorken öğretmen geldi.	While the student was smoking in the classroom the teacher came.

786

Türkçe öğreniyorken bana bu kitabı verdi.	While I was learning Turkish he gave me this book.
Ders çalışıyorken müzik dinledim.	While I was studying I listened to music.
Sekreter mektubu yazıyorken çay içti.	While the secretary was writing the letter she drank tea.
Hırsız kaçıyorken polis onu gördü.	While the thief was escaping the policeman saw him.
Onlar evden çıkıyorken misafir geldi.	While they were going out of the house the guest came.
Adam otobüse biniyorken düştü.	While the man was getting on the bus he fell down.
Ben kahvaltı ediyorken kocam evden çıktı.	While I was having breakfast my husband went out of the house.
Sen telefon ediyorken dinlediler.	While you were telephoning they listened.
Adam anahtarını arıyorken karısı kapıyı açtı.	While the man was looking for his key his wife opened the door.
Tıraş oluyorken yüzünü kesti.	While he was shaving he cut his face.

DIALOGUE

Nuran : Alo! Ben Meral. Erhan Bey'le konuşabilir miyim?

Hello! I'm Meral. Can I speak to Erhan Bey?

Selma : Erhan Bey şimdi burada değil, dışarıda.

Erhan Bey isn't here now, he is out.

Nuran : Ne zaman gelecek?

When will he come?

Selma : Bir saat sonra. Mesajınız var mı?

An hour later. Have you got a message?

Nuran : Evet, yazın lütfen.

Yes, write down please.

* * * *

Nuran : Bu portakallar kaç para?

How much are these oranges?

Manav : Seksen bin lira.

Eighty thousand liras.

Nuran : Tatlı mı?

Are they sweet?

Manav : Evet. Tatlı ve taze.

Yes, sweet and fresh.

Nuran : Üç kilo lütfen. Elmalar kaça?

Three kilos, please. How much are the apples?

Manav : Elli bin lira. Serttir.

Fifty thousand liras. They are hard.

Nuran : İki kilo elma, lütfen. Evde hiç soğan yok ama bu soğanlar çok küçük.	Two kilos of apples, please. We don't have any onions at home, but these ones are very small.
Manav : Dükkânın içindekiler büyüktür.	The ones in the shop are big.
Nuran : Tamam. Dört kilo soğan verin, lütfen. Borcum nedir?	Okay. Give four kilos of onions, please. How much?
Manav : Beş yüz bin lira.	Five hundred thousand liras.

* * * *

Satıcı : Yardım edebilir miyim?	Can I help you?
Nuran : Büyük bir diş fırçası istiyorum.	I want a big toothbrush.
Satıcı : Sert mi, yumuşak mı, yoksa orta mı olsun?	Hard, soft or medium?
Nuran : Sert, lütfen.	Hard, please.
Satıcı : Hangi renk istersiniz?	What colour would you like?
Nuran : Hangi renkleriniz var?	What colours have you got?
Satıcı : Yeşil, mavi ve kırmızı var.	We've got green, blue and red.
Nuran : Kırmızı, lütfen. Kaç para?	Red one, please. How much?
Satıcı : İki yüz bin lira.	Two hundred thousand liras.
Nuran : Tamam, alacağım.	Okay, I'll buy.

PRACTICE 79

A

Fill the gaps with **-arak, -erek**.

1. **Konuş ...... yürüyorlar.**
2. **Yemek ye ...... gazete okurum.**
3. **Ders çalış ...... onu bekliyoruz.**
4. **Bira iç ...... yemeğini yedi.**
5. **Müzik dinle ...... uyudu.**
6. **Onu izle ...... yürüdük.**

7. Toplantıda tartış ...... karar verdiler.

8. Bize kız ...... odadan çıktı.

B

Fill the gaps with -ıp, -ip, -up, -üp.

1. Doktor kahvaltı et ...... hastaneye gidecek.

2. Sabah erken kalk ...... İngilizce çalışır.

3. Otobüse bin ...... oraya gidecek.

4. Havuzda yüz ...... yemek yedik.

5. Öğretmeni bul ...... konuşacağız.

6. Yemek yap ...... onları bekledi.

7. Bize gül ...... gitti.

8. Adamı öldür ...... kaçtı.

C

Fill the gaps with yorken.

1. Televizyon seyret ...... babası geldi.

2. Ders çalış ...... müzik dinleriz.

3. İlacı iç ...... doktor geldi.

4. Onu bekle ...... tren gitti.

5. Bebek ağla ...... annesi geldi.

6. Bizi takip et ...... onu gördük.

7. Ders çalış ...... ışığı yakar.

8. Sokakta gez ...... para buldu.

D

Fill the gaps with -dan/-den önce or -madan/-meden önce.

1. Ev ...... oraya gidecek.

2. Sen ...... o geldi.

3. Eve taşın ...... temizlediler.

4. Evlen ...... nerede çalışıyordun?

5. Kahve ...... yemek yiyelim.

6. Eve dön ...... onu ziyaret ettim.

7. Bu işi yap ...... babana sor.

8. Ona borç ver ...... düşünmelisin.

E

Translate into English.

1. Biz odada tartışıyorken annem geldi.
2. Anahtarınızı resepsiyondan alabilirsiniz.
3. Parayı sayıyorken onu gördüm.
4. Tamirci radyoyu tamir ediyorken onu seyrettim.
5. Ziyaretçiler odada bekliyorken doktor geldi.
6. Dişlerini fırçaladıktan sonra yattı.
7. Bu konu hakkındaki fikrini söyledin mi?
8. Benim için mesaj var mı?

F

Translate into Turkish.

1. My son's marks are very high.
2. Before you leave home telephone me.
3. You can go after you pay the bill.
4. While he was carrying the suitcases we helped him.
5. While I was showing the photographs my father came.
6. While he was smoking his mother saw.
7. Take the car from the garage.
8. Someone is waiting for you at the reception.

PRACTICE 79 - ANSWERS

A. 1. konuşarak 2. yiyerek 3. çalışarak 4. içerek 5. dinleyerek 6. izleyerek 7. tartışarak
8. kızarak

B. 1. edip 2. kalkıp 3. binip 4. yüzüp 5. bulup 6. yapıp 7. gülüp 8. öldürüp

C. 1. seyrediyorken 2. çalışıyorken 3. içiyorken 4. bekliyorken 5. ağlıyorken 6.
ediyorken 7. çalışıyorken 8. geziyorken

D. 1. den önce 2. den önce 3. madan önce 4. meden önce 5. den önce 6. meden önce
7. madan önce 8. meden önce

E. 1. While we were discussing my mother came. 2. You can take your key from the
reception. 3. I saw him while I was counting the money. 4. While the repairman was
repairing the radio I watched him. 5. While the visitors were waiting in the room the doctor
came. 6. He went to bed after he brushed his teeth. 7. Did you say your idea about this
subject? 8. Is there a message for me?

F. 1. Oğlumun notları çok yüksektir. 2. Evden ayrılmadan önce bana telefon et. 3.
Faturayı ödedikten sonra gidebilirsin. 4. Bavulları taşıyorken ona yardım ettik. 5. Ben
fotoğrafları gösteriyorken babam geldi. 6. Sigara içiyorken annesi gördü. 7. Arabayı
garajdan al. 8. Birisi sizi resepsiyonda bekliyor.

temel
TÜRKÇE
kursu

DERS 80

VOCABULARY

KAZA		ACCIDENT
Kazayı gördün mü?		Did you see the accident?

OLAY		EVENT
Bu olayı gazeteden okudum.		I read about this event in the newspaper.

LASTİK		TYRE
Arabanın lastiklerini değiştireceğim.		I'll change the tyres of the car.

BENZİN		PETROL
Biraz benzinimiz var.		We have got some petrol.

TUZLUK		SALT CELLAR
Tuzluğu verebilir misin?		Can you give the salt cellar?

GÖL		LAKE
Evin penceresinden gölü görebilirim.		I can see the lake from the window of the house.

791

GELİR  INCOME

Kocasının geliri nedir?   What is her husband's
                                           income?

We looked at quite a few subjects in the last lessons. In this lesson we will review
them.

The Past Continuous Tense

This is used to talk about continuous actions in the past.

Çocuk ağlıyordu.	The child was crying.
Adamlar tartışıyordu.	The men were discussing.
Arkadaşlarım yürüyordu.	My friends were walking.
İşçi patronla konuşuyordu.	The worker was talking to the boss.
Resime bakıyordunuz.	You were looking at the picture.
Salonda oturuyorduk.	We were sitting in the hall.
Bir film seyrediyorlardı.	They were watching a film.
Dişlerini fırçalıyor muydu?	Was he brushing his teeth?
Faturayı ödüyor muydun?	Were you paying the bill?
Şarkı söylüyor muydunuz?	Were you singing?
Evden çıkıyorlar mıydı?	Were they going out of the house?
Ona Fransızca öğretiyor muydu?	Was she teaching French to him?
Yağmur yağıyor muydu?	Was it raining?
Durakta beklemiyordum.	I wasn't waiting at the stop.
Fotoğraflar çekmiyordu.	He wasn't taking photographs.
Bahçede oturmuyorlardı.	They weren't sitting in the garden.
Parayı harcamıyorduk.	We weren't spending the money.
İşçi patronla konuşmuyordu.	The worker wasn't talking to the boss.
Babasına yardım etmiyordu.	He wasn't helping his father.

The past continuous is typically used in sentences with two clauses, the other in
past simple form.

Ben sesi duyduğum zaman kızım uyuyordu.	When I heard the noise my daughter was sleeping.
Kapıyı açtığı zaman satıcı gidiyordu.	When she opened the door the salesman was going.

Onu bulduğumuz zaman bizi bekliyordu.	When we found him he was waiting for us.
Telefon ettiğin zaman uyuyorduk.	When you telephoned we were sleeping.
Geldiğin zaman televizyon izliyorlardı.	When you came they were watching TV.
Onları gördüğümüz zaman balkonda oturuyorlardı.	When we saw them they were sitting on the balcony.

Gerunds, Present Participles

-Mayı, -meyi is added to make gerunds which are the objects of sentences (-ma/-me + (y)ı/i). (Notice in the examples below with **başlamak** which uses the directional suffix that the ing-form becomes -**maya**/-**meye**).

oku
okumayı

iç
içmeyi

Adam sigara içmeyi sever.	The man likes smoking.
Orada oturmayı severiz.	We like sitting there.
İngilizce çalışmayı sevmeyiz.	We don't like studying English.
Bizi beklemeyi sevmez.	He doesn't like waiting for us.
Kadın ütü yapmayı sever mi?	Does the woman like ironing?
Yüzmeyi sever mi?	Does she like swimming?

oku
okumaya

iç
içmeye

Okumaya başladım.	I began reading.
Mektubu yazmaya başladı.	She began writing the letter.
Yemek yemeye başladık.	We began eating.
Hikâyeyi anlatmaya başladın mı?	Did you begin telling the story?
Kitabı okumaya başlamadım.	I didn't begin reading the book.

-Mek Zorunda Olmak

This is added to the verb root to express obligation.

Çorbayı içmek zorundayım.	I have to drink the soup.
Orada beklemek zorundasın.	You have to wait there.

Bu mektubu çevirmek zorundadır.	He has to translate this letter.
Onu takip etmek zorundasınız.	You have to follow him.

Bu yemeği yemek zorunda mıyız?	Do we have to eat this food?
Oraya uçakla gitmek zorundalar mı?	Do they have to go there by plane?
Kapıyı kapatmak zorunda mısın?	Do you have to shut the door?

Parayı vermek zorunda değilsin.	You don't have to pay the money.
Hafta sonu gitmek zorunda değilsiniz.	You don't have to go at the weekend.
Bu yatakta uyumak zorunda değiliz.	We don't have to sleep in this bed.

Ordinal Numbers

These are made by adding **-(ı)ncı, -(i)nci, -(u)ncu, -(ü)ncü** to cardinal numbers.

bir	one
birinci	first
iki	two
ikinci	second
dört	four
dördüncü	fourth

birinci kat	the first floor
üçüncü ev	the third house
onuncu yıl	the tenth year

Müdür ikinci odadadır.	The manager is in the second room.
Altıncı soruyu yanıtla.	Answer the sixth question.

The expression **Bugün ayın kaçı?** is used to ask the date.

Bugün ayın kaçıdır?	What is the date today?

Bugün ayın biridir.	It is the first.
ikisidir.	second.
üçüdür.	third.
dördüdür.	fourth.
yedisidir.	seventh.
on altısıdır.	sixteenth.
yirmi beşidir.	twenty fifth.
otuz biridir.	thirty first.

Ağustosun dördüdür.	It is the fourth of August.
Kasımın altısıdır.	It is the sixth of November.
Ayın dokuzunda burada olacak.	She will be here on the ninth (of the month).
Nisanın birinde telefon etti.	He phoned on the first of April.

Conditional Sentences

These are formed with an if-clause giving the condition, and a result-clause saying that will happen (or happens generally) if the condition is met.

aşağı inersen	if you go downstairs
Adamı göreceksin.	You will see the man.
Aşağı inersen adamı göreceksin.	If you go downstairs you will see the man.
Onu görürsem parayı vereceğim.	If I see him, I'll give the money.
Geç kalırsak siz gidebilirsiniz.	If we are late you can go.
Hava güneşli olursa parka gideceğiz.	If it is sunny we'll go to the park.
İstersen bizimle gelebilirsin.	If you want you can come with us.
Hırsız onu yakalarsa öldürebilir.	If the thief catches him he can kill.
Elbise ucuzsa alacak.	If the dress is cheap he'll buy.
Öğleden sonra gelirsen onu bulabilirsin.	If you come in the afternoon you can find him.
Evlenirse Amerikaya gitmeyecek.	If she marries she won't go to America.
Elbise pahalıysa almayacak.	If the dress is expensive he won't buy.
Odayı temizlemezsek annem kızacak.	If we don't clean the room my mother will be angry.
Patron meşgul değilse onunla konuş-mak istiyorum.	If the boss isn't busy I want to speak to him.
Yağmur yağmazsa geleceğiz.	If it doesn't rain we'll come.

ÖNCE

A. As an Adverb

(pro)noun + -dan/-den önce

benden önce	before me
ondan önce	before him
müdürden önce	before the manager
tatilden önce	before the holiday

Müdürden önce fabrikaya geldi.	She came to the factory before the manager.
Doktordan önce hemşireyi gördün.	You saw the nurse before the doctor.
Filmden önce yemek yiyelim mi?	Shall we eat before the film?
Hırsız polisten önce kaçtı.	The thief escaped before the policeman.

verb + -madan/-meden önce

yat	go to bed
yatmadan önce	before going to bed
evlen	get married
evlenmeden önce	before getting married

Yatmadan önce bir bardak süt iç.	Drink a glass of milk before going to bed.
Evlenmeden önce burada çalışıyordum.	I was working here before getting married.

B. As a Conjunction

clause + -meden/-madan önce

Karar vermeden önce seninle konuşacağız.	We'll talk to you before we decide.
Bileti almadan önce büroya gittim.	I went to the office before I bought the ticket.

SONRA

A. As an Adverb

(pro)noun + -dan/-den sonra

benden sonra	after me
sizden sonra	after you
otelden sonra	after the hotel
bu aydan sonra	after this month

Senden sonra mektubu bitirebilirim.	I can finish the letter after you.
Tatilden sonra bizim eve gel.	Come to our house after the holiday.
Lokantadan sonra nereye gitmek istersin?	Where do you want to go after the restaurant?

verb + -d(t)ıktan sonra

yat	go to bed
yattıktan sonra	after going to bed
gel	come
geldikten sonra	after coming

Mektubu yazdıktan sonra postaneye gitti.
She went to the post office after writing the letter.

Bu kitabı okuduktan sonra bana ver.
After reading this book, give it to me.

B. As a Conjunction

clause + -d(t)ıktan sonra

Karar verdikten sonra konuşacağız.   We'll talk to you after we decide.

Evlendikten sonra burada çalışacağım. I'll work here after I get married.

PARTICIPLES

1. (y)arak, (y)erek

This is used for actions occurring at the same time.

televizyon seyrederek	watching TV
gazete okuyarak	reading a newspaper
televizyon seyrederek	watching TV
Yemek yiyorlar.	They are eating.
Televizyon seyrederek yemek yiyorlar.	Watching TV they are eating.

Arkadaşım gülerek bana baktı.	Smiling, my friend looked at me.
Sahilde yürüyerek konuştular.	They spoke walking along the beach.
Şarkı söyleyerek duş alır.	She has a shower, singing.

2. (y)ıp, (y)ip, (y)up, (y)üp

This is used when one action starts after another finishes.

bekle	wait
bekleyip	waiting, after waiting

konuşup	speaking, after speaking
izleyip	watching, after watching
harcayıp	spending, after spending

Evlenip Almanya'ya gidecek.	After getting married, he will go to Germany.
Kalkıp kahvaltı etti.	She got up and had breakfast.
Evimi satıp annemle oturacağım.	After selling my house I'll live with my mother.

3. (ı/i/u/ü/)yorken

This is used when one action begins after another has started but before it finishes.

yüz	swim
yüzüyorken	while swimming
ye	eat
yiyorken	while eating

biz uyuyorken	while we were sleeping
Telefon çaldı.	The telephone rang.
Biz uyuyorken telefon çaldı.	While we were sleeping the telephone rang.
Hırsız kaçıyorken polis onu gördü.	While the thief was escaping the policeman saw him.
Onlar evden çıkıyorken misafir geldi.	While they were going out of the house the guest came.
Tıraş oluyorken yüzünü keser.	While he is shaving he cuts his face.

A

Put into negative form.

1. kazayı görürse
2. benzinimiz varsa
3. onunla tartışırsan
4. faturayı ödersem
5. adam meşgulse
6. otobüse yetişirseniz.

7. ondan borç alırsak
8. onu uyandırırlarsa

B

Put into question and negative forms.

1. Adam lastiği tamir ediyordu.
2. Hayvanat bahçesinde geziyorduk.
3. Bana telefon ediyordun.
4. Onu görmek için aşağı iniyordum.
5. O geliyorken biz evden çıkıyorduk.
6. Bizi izliyorlardı.
7. Doktor adamın bacağına bakıyordu.

C

Fill the gaps with **yorken**.

1. Resepsiyondan anahtarı al ...... onu gördüm.
2. Yemek ye ...... arkadaşım geldi.
3. Onu eve götür ...... bir kaza gördü.
4. İşçiler tartış ...... patron içeri girdi.
5. Televizyonu seyret ...... bozuldu.

D

Fill the gaps with **-ıp, -ip, -up, -üp**.

1. Filmi seyret ...... yattılar.
2. Evlen ...... bu şehirden ayrıldı.
3. Bize kız ...... evden çıktınız.
4. Çantaları taşı ...... oturduk.
5. Telefon et ...... bekledim.

E

Rewrite as shown.

Ex.: **Bugün ayın (1)**
     Bugün ayın biridir.

1. Kasımın (10) gelecek.
2. Ayın (6) nerede olacaksın?
3. Eylülün (14) eve dönecek.

799

4. **Ayın (3) neredeydin?**
5. **Martın (9) parayı verdik.**

F

Translate into English.

1. **Kazadan sonra onu görmedim.**
2. **Yarın gelirse burada olmayacağız.**
3. **Kahveyi içiyorken olayı anlattı.**
4. **Onlar tartıştığı zaman biz uyuyorduk.**
5. **Borç aldıktan sonra faturayı ödedim.**

G

Translate into Turkish.

1. Before he went out of the hotel he gave the key.
2. While we were writing the questions the teacher came in.
3. She lives on the third floor.
4. If you don't give that money to us we can't pay the bill.
5. He closed his shop in May.

PRACTICE 80 - ANSWERS

A. 1. kazayı görmezse 2. benzinimiz yoksa 3. onunla tartışmazsan 4. faturayı ödemez-sem 5. adam meşgul değilse 6. otobüse yetişmezseniz 7. ondan borç almazsak 8. onu uyandırmazlarsa

B. 1. Adam lastiği tamir ediyor muydu? Adam lastiği tamir etmiyordu. 2. Hayvanat bah-çesinde geziyor muyduk? Hayvanat bahçesinde gezmiyorduk. 3. Bana telefon ediyor muydun? Bana telefon etmiyordun. 4. Onu görmek için aşağı iniyor muydum? Onu gör-mek için aşağı inmiyordum. 5. O geliyorken biz evden çıkıyor muyduk? O geliyorken biz evden çıkmıyorduk. 6. Bizi izliyorlar mıydı? Bizi izlemiyorlardı. 7. Doktor adamın ba-cağına bakıyor muydu? Doktor adamın bacağına bakmıyordu.

C. 1. yiyorken 2. iyorken 3. üyorken 4. ıyorken 5. seyrediyorken

D. 1. seyredip 2. evlenip 3. kızıp 4. taşıyıp 5. edip

E. 1. Kasımın onunda gelecek. 2. Ayın altısında nerede olacaksın? 3. Eylülün on dördün-de eve dönecek. 4. Ayın üçünde neredeydin? 5. Martın dokuzunda parayı verdik.

F. 1. I didn't see him after the accident. 2. If she comes tomorrow we won't be here. 3. Whi-le he was drinking the coffee he told the event. 4. When they discussed we were sleeping. 5. After I borrowed I paid the bill.

G. 1. Otelden çıkmadan önce anahtarı verdi. 2. Biz soruları yazıyorken öğretmen içeri girdi. 3. Üçüncü katta yaşar. 4. (Eğer) o parayı bize vermezsen faturayı ödeyemeyiz. 5. Dükkânını mayısta kapattı.

t e m e l
T Ü R K Ç E
k u r s u

DERS
81

VOCABULARY

ISMARLAMAK

Bir şişe beyaz şarap
ısmarladık.

TO ORDER

We ordered a bottle of white
wine.

VAZGEÇMEK

O fikirden vazgeçtik.

TO GIVE UP

We gave up that idea.

HER ŞEY

Her şeyi onun için aldılar.

EVERYTHING

They bought everything for
her.

HERKES

Dün akşam herkes evdeydi.

EVERYBODY

Last night everybody was
at home.

HİÇ KİMSE

Buraya hiç kimse gelmedi.

NOBODY, NO ONE

Nobody came here.

HİÇBİR ŞEY O dükkândan hiçbir şey almayacak.		NOTHING She will buy nothing from that shop.
SAYFA Bu sayfayı oku.		PAGE Read this page.
TEKLİF Teklifinizi bilmek isterim.		OFFER, SUGGESTION I want to know your suggestion.
KABUL ETMEK Teklifi kabul etti mi?		TO ACCEPT Did he accept the offer?
UĞRAMAK Arkadaşının evine uğradın mı?		TO CALL AT Did you call at your friend's house?

VAZGEÇMEK

When used with a noun (to indicate the thing being given up) the noun takes the ablative case.

(-den) vazgeçmek	**to give up**
Vazgeçtim.	I gave up.
Vazgeçtin.	You gave up.
Vazgeçtik.	We gave up.
Ondan vazgeçtik.	We gave it up.
Bu fikirden vazgeçti.	She gave up this idea.
Kahveden vazgeçti.	He gave up the coffee.
Kahve içmekten vazgeçti.	She gave up drinking coffee.
Oraya gitmekten vazgeçtim.	I gave up going there.
Onunla oturmaktan vazgeçtik.	We gave up sitting with him.

Bu otelde kalmaktan vazgeçtiler.	They gave up staying at that hotel.
O fabrikada çalışmaktan vazgeçtiniz.	You gave up working in that factory.
Bu mektubu göndermekten vazgeçebilir.	He can give up sending this letter.
Evi temizlemekten vazgeçti.	She gave up cleaning the house.
Yemek yemekten vazgeçtik.	We gave up eating.
Onunla oturmaktan vazgeçtiniz mi?	Did you give up sitting with him?
Bize borç vermekten vazgeçti mi?	Did she give up lending us?
Otobüse binmekten vazgeçtin mi?	Did you give up getting on the bus?
O fabrikada çalışmaktan vazgeçmedim.	I didn't give up working in that factory.
Onunla oturmaktan vazgeçmedi.	She didn't give up sitting with him.
O kızla evlenmekten vazgeçmedi.	He didn't give up marrying that girl.

HİÇ, HİÇ KİMSE, HİÇBİR ŞEY / NO, NOBODY, NOTHING

We have seen **hiç** previously.

Mutfakta biraz şeker var.	There is some sugar in the kitchen.
Mutfakta hiç şeker yok.	There isn't any sugar in the kitchen.
Birkaç kitabı var.	She has got some books.
Hiç kitabı yok.	She hasn't got any books.
Biraz benzinimiz var.	We have got some petrol.
Hiç benzinimiz yok.	We haven't got any petrol.
Çantada birkaç kalem var.	There are some pencils in the bag.
Çantada hiç kalem yok.	There aren't any pencils in the bag.

The sentence **Bardakta hiç su yok.** can be translated into English in two ways.

> There isn't any water in the glass.
> There is no water in the glass.

In Turkish, unlike English, when **hiç** is used, the verb must be in the negative form.

Hiç param yok.	I have got no money.
Hiç arkadaşı yok.	She has got no friends.
Bahçede hiç ağaç yok.	There are no trees in the garden.
Fabrikada hiç işçi yok.	There are no workers in the factory.
Caddede hiç otobüs yok.	There are no buses in the street.

Hiç film izlemedik.	We watched no films.
Ali hiç bira içmedi.	Ali drank no beer.
Ondan hiç para almadılar.	They took no money from him.
Kadın hiç yeni elbise almadı.	The woman bought no new dresses.
Orada hiç doktor görmedim.	I saw no doctors there.
Bize hiç su vermediniz.	You gave no water to us.

We have previously looked at **birisi** and **bir şey**.

Orada birisi var.	There is somebody there.
Bahçede birisi vardı.	There was somebody in the garden.
Salonda birisi var.	There is somebody in the hall.

Orada birisini gördüm.	I saw somebody there.
Polis birisini izliyordu.	The policeman was following somebody.
Parayı birisine verdik.	We gave the money to somebody.

Masada bir şey vardı.	There was something on the table.
Bahçede bir şey var.	There is something in the garden.

Orada bir şey gördüm.	I saw something there.
Mutfakta bir şey yediler.	They ate something in the kitchen.
Bize bir şey verecek.	She will give something to us.

Like **hiç**, **hiç kimse** and **hiçbir şey** are always used in sentences with the verb in negative form.

Bahçede hiç kimse yok.	There is nobody in the garden.
Salonda hiç kimse yoktu.	There was nobody in the hall.
Orada hiç kimse yok.	There is nobody there.
Dün gece evde hiç kimse yoktu.	There was nobody at home last night.

Orada hiç kimse görmedim.	I saw nobody there.
Hiç kimseye bakmadı.	She looked at nobody.
Hiç kimseyle konuşmak istemiyor.	He wants to talk to nobody.
Hiç kimse durakta beklemedi.	Nobody waited at the stop.
Evde hiç kimse kalmayacak.	Nobody will stay at home.
Hiç kimse bunu yapamaz.	Nobody can do it.
Hiç kimse beni takip etmedi.	Nobody followed me.
Hiç kimse bira içmez.	Nobody drinks beer.
Hiç kimse buraya gelmedi.	Nobody came here.

Masada hiçbir şey yok.	There is nothing on the table.
Yatak odasında hiçbir şey yoktu.	There was nothing in the bedroom.
Bizim için hiçbir şey yok.	There is nothing for us.
Odamda hiçbir şey yoktu.	There was nothing in my room.

Bugün hiçbir şey almadım.	I bought nothing today.
Burada hiçbir şey öğrenmedik.	We learnt nothing here.
Hiçbir şey almayacaklar.	They will buy nothing.
Bahçede hiçbir şey görmedi.	He saw nothing in the garden.
Dün hiçbir şey yemediniz.	You ate nothing yesterday.
Ona hiçbir şey vermeyecek.	He will give nothing to her.
Hiçbir şey anlayamazlar.	They can understand nothing.
Akşam yemeği için hiçbir şey hazırlamayacak.	She will prepare nothing for dinner.
Hiçbir şey satmadık.	We sold nothing.

HERKES, HER ŞEY / EVERYBODY, EVERYTHING

As in English, these expressions are used in the singular despite referring to many people/things.

Herkes evdedir.	Everybody is at home.
Herkes oradadır.	Everybody is there.
Herkes Ayşe'nin evindedir.	Everybody is in Ayşe's house.
Herkes hastaydı.	Everybody was ill.
Herkes öğretmendi.	Everybody was a teacher.
Herkes orada değildir.	Everybody isn't there.
Herkes meşgul değildir.	Everybody isn't busy.
Herkes ofiste değildi.	Everybody wasn't in the office
Herkes doktor değildi.	Everybody wasn't a doctor.
Herkes üzgün müdür?	Is everybody sad?
Oradaki herkes zengin midir?	Is everybody there rich?
Herkes evde miydi?	Was everybody at home?
Herkes yorgun muydu?	Was everybody tired?
Herkes gitti.	Everybody went.
Herkes bize bakıyor.	Everybody is looking at us.
Herkes toplantıya gelecek.	Everybody will come to the meeting.
Herkes durakta bekliyordu.	Everybody was waiting at the stop.
Herkes onu yapabilir.	Everybody can do it.
Herkes bu soruyu yanıtlamalı.	Everybody must answer this question.
Onu herkese anlattın mı?	Did you tell it to everybody?
Herkes toplantıya gelecek mi?	Will everybody come to the meeting?
Herkes oturuyor mu?	Is everybody sitting?
Herkes gitmedi.	Everybody didn't go.
Herkes bizi beklemedi.	Everybody didn't wait for us.
Herkes onu kabul etmeyecek.	Everybody won't accept it.

Her şey oradadır.	Everything is there.
Her şey senin odandadır.	Everything is in your room.
Her şey tazedir.	Everything is fresh.
Her şey yenidir.	Everything is new.
Her şey arabada değildir.	Everything isn't in the car.
Her şey eski değildir.	Everything isn't old.
Her şey evde değildir.	Everything isn't at home.
Her şey bayat mıdır?	Is everything stale?
Evdeki her şey yeni midir?	Is everything in the house new?
Her şey odada mıdır?	Is everything in the room?
Her şeyi yemezler.	They don't eat everything.
Her şeyi ona anlattı.	He told her everything.
Her şeyi aldık.	We took everything.
Her şeyi satabiliriz.	We can sell everything.
Her şeyi görmediler.	They didn't see everything.
Her şeyi ona vermeyeceğiz.	We won't give him everything.
Her şeyi anlatmamalı.	He mustn't tell everything.
Her şeyi aldın mı?	Did you take everything?
Her şeyi biliyor mu?	Does she know everything?
Her şeye bakacak mısınız?	Will you look at everything?

NEGATIVE QUESTIONS

We have looked at various tenses in negative and question forms. Now we will look at them in negative question form.

O bir doktordur.	He is a doctor.
O bir doktor değildir.	He isn't a doctor.
O bir doktor değil midir?	Isn't he a doctor?

As you can see from the above examples, negative questions are made by inserting the question marker into negative sentences.

Arkadaşım bugün evdedir.	My friend is at home today.
Arkadaşım bugün evde değildir.	My friend isn't at home today.
Arkadaşım bugün evde değil midir?	Isn't my friend at home today?

Bu kız hastadır.	This girl is ill.
Bu kız hasta değildir.	This girl isn't ill.
Bu kız hasta değil midir?	Isn't this girl ill?

806

Dün buradaydı.	She was here yesterday.
Dün burada değildi.	She wasn't here yesterday.
Dün burada değil miydi?	Wasn't she here yesterday?
Arabanın içindeydi.	He was in the car.
Arabanın içinde değildi.	He wasn't in the car.
Arabanın içinde değil miydi?	Wasn't he in the car?
Hırsızı izliyorlar.	They are following the thief.
Hırsızı izlemiyorlar.	They aren't following the thief.
Hırsızı izlemiyorlar mı?	Aren't they following the thief?
Seni evde bekliyor.	She is waiting for you at home.
Seni evde beklemiyor.	She isn't waiting for you at home.
Seni evde beklemiyor mu?	Isn't she waiting for you at home?
Kadın ve kocası tartışıyorlar.	The woman and her husband are arguing.
Kadın ve kocası tartışmıyorlar.	The woman and her husband aren't arguing.
Kadın ve kocası tartışmıyorlar mı?	Aren't the woman and her husband arguing?
Her gün oraya gider.	She goes there every day.
Her gün oraya gitmez.	She doesn't go there every day.
Her gün oraya gitmez mi?	Doesn't she go there every day?
Bu dili öğrenirsin.	You learn this language.
Bu dili öğrenmezsin.	You don't learn this language.
Bu dili öğrenmez misin?	Don't you learn this language?
Her sabah onu uyandırırız.	We wake him up every morning.
Her sabah onu uyandırmayız.	We don't wake him up every morning.
Her sabah onu uyandırmaz mıyız?	Don't we wake him up every morning?
Kapıyı kapattı.	She closed the door.
Kapıyı kapatmadı.	She didn't close the door.
Kapıyı kapatmadı mı?	Didn't she close the door?
Ağustosta evlendiler.	They married in August.
Ağustosta evlenmediler.	They didn't marry in August.
Ağustosta evlenmediler mi?	Didn't they marry in August?
O filmi seyrettik.	We watched that film.
O filmi seyretmedik.	We didn't watch that film.
O filmi seyretmedik mi?	Didn't we watch that film?
Yeni bir araba alacak.	She will buy a new car.
Yeni bir araba almayacak.	She won't buy a new car.
Yeni bir araba almayacak mı?	Won't she buy a new car?

Parayı harcayacaksın.	You will spend the money.
Parayı harcamayacaksın.	You won't spend the money.
Parayı harcamayacak mısın?	Won't you spend the money?
Yarın evden ayrılacaklar.	They will leave home tomorrow.
Yarın evden ayrılmayacaklar.	They won't leave home tomorrow.
Yarın evden ayrılmayacaklar mı?	Won't they leave home tomorrow?
Gazeteyi okuyordu.	He was reading the newspaper.
Gazeteyi okumuyordu.	He wasn't reading the newspaper.
Gazeteyi okumuyor muydu?	Wasn't he reading the newspaper?
Bebek ağlıyordu.	The baby was crying.
Bebek ağlamıyordu.	The baby wasn't crying.
Bebek ağlamıyor muydu?	Wasn't the baby crying?
Mektupları yazıyordunuz.	You were writing the letters.
Mektupları yazmıyordunuz.	You weren't writing the letters.
Mektupları yazmıyor muydunuz?	Weren't you writing the letters?
Yerde bir halı var.	There is a carpet on the floor.
Yerde bir halı yok.	There isn't a carpet on the floor.
Yerde bir halı yok mu?	Isn't there a carpet on the floor?
Bahçede bir adam vardı.	There was a man in the garden.
Bahçede bir adam yoktu.	There wasn't a man in the garden.
Bahçede bir adam yok muydu?	Wasn't there a man in the garden?
Eski bir evimiz var.	We have got an old house.
Eski bir evimiz yok.	We haven't got an old house.
Eski bir evimiz yok mu?	Haven't we got an old house?
O havuzda yüzebilir.	She can swim in that pool.
O havuzda yüzemez.	She can't swim in that pool.
O havuzda yüzemez mi?	Can't she swim in that pool?
Erken kalkabilirler.	They can get up early.
Erken kalkamazlar.	They can't get up early.
Erken kalkamazlar mı?	Can't they get up early?
Bu olayı anlatabilirsin.	You can tell this event.
Bu olayı anlatamazsın.	You can't tell this event.
Bu olayı anlatamaz mısın?	Can't you tell this event?
O otobüse binmeli.	She must get on that bus.
O otobüse binmemeli.	She mustn't get on that bus.
O otobüse binmemeli mi?	Mustn't she get on that bus?
O soruya cevap vermeliyiz.	We must answer that question.
O soruya cevap vermemeliyiz.	We mustn't answer that question.
O soruya cevap vermemeli miyiz?	Mustn't we answer that question?

A

Fill the gaps with **birisi, bir şey, hiç kimse, hiçbir şey**.

1. ...... bekliyoruz.
2. Orada ...... görmediler.
3. Bugün onlar için ...... yapacak mısın?
4. Dün bize ...... gelmedi.
5. Oradan ...... almayacak.
6. Evde ...... var mıydı?
7. ...... içelim.
8. ...... yemedik.

B

Change into negative question form.

1. Orada birisi var.
2. Kız kardeşi bir doktordu.
3. Pikniğe gidiyoruz.
4. İşi bugün bitirecek.
5. Dün bu evden ayrıldılar.
6. O evde oturuyorduk.
7. Her gün ona telefon edersin.
8. Evinizi satmalısınız.
9. Bunu tamir edebilirim.
10. İki çocuğu var.

C

Fill the gaps with **herkes** or **her şey**.

1. ...... onu görecek.
2. ...... o yapıyor.
3. Onlar ...... sattı.
4. ...... bize bakıyor.
5. ...... bize verdi.

D

Fill the gaps with **-arak, -erek**.

1. Yemeği konuş...... yediler.
2. Müzik dinle...... konuşuyorlar.

3. Gül...... bize baktı.
4. Ağla...... olayı anlattılar.
5. Şarkı söyle...... duş aldı.

E

Translate into English.

1. Ne ısmarladınız?
2. Her şey çok kötüydü.
3. O mağazadan hiçbir şey almadık.
4. Sizin teklifiniz nedir?
5. Patron fabrikaya gelmiyor mu?
6. Hırsızı yakalamadılar mı?
7. Hiç kimseyi görmek istemiyor.

F

Translate into Turkish.

1. Won't you repeat the sentences?
2. Can't he repair the radio?
3. There was nobody at home last night.
4. They ate nothing.
5. Read this page.
6. Hasn't she got a blue skirt?
7. We'll tell him everything.

PRACTICE 81 - ANSWERS

A. 1. Birisini/bir şey 2. hiç kimse/hiçbir şey 3. bir şey 4. hiç kimse 5. bir şey 6. birisi/bir şey 7. bir şey 8. hiçbir şey

B. 1. Orada birisi yok mu? 2. Kız kardeşi bir doktor değil miydi? 3. Pikniğe gitmiyor muyuz? 4. İşi bugün bitirmeyecek mi? 5. Dün bu evden ayrılmadılar mı? 6. O evde oturmuyor muyduk? 7. Her gün ona telefon etmez misin? 8. Evinizi satmamalı mısınız? 9. Bunu tamir edemez miyim? 10. İki çocuğu yok mu?

C. 1. herkes 2. her şeyi 3. her şeyi 4. herkes 5. her şeyi

D. 1. arak 2. yerek 3. erek 4. yarak 5. yerek

E. 1. What did you order? 2. Everything was very bad. 3. We bought nothing from that store. 4. What is your suggestion? 5. Isn't the boss coming to the factory? 6. Didn't they catch the thief? 7. She wanted to see nobody.

F. 1. Cümleleri tekrarlamayacak mısın? 2. Radyoyu tamir edemez mi? 3. Dün gece evde hiç kimse yoktu. 4. Hiçbir şey yemediler. 5. Bu sayfayı oku. 6. Mavi bir eteği yok mu? 7. Ona her şeyi anlatacağız.

temel
TÜRKÇE
kursu

DERS 82

VOCABULARY

TEKLİF ETMEK		TO SUGGEST, TO OFFER
Ne teklif ettiler?		What did they suggest?

DÖVMEK		TO BEAT
Çocuğu dövme.		Don't beat the child.

İTHAL ETMEK	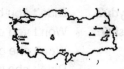	TO IMPORT
Türkiye Almanya'dan ne ithal eder?		What does Türkiye import from Germany?

İHRAÇ ETMEK		TO EXPORT
Onu Avrupa'ya ihraç edecekler.		They will export it to Europe.

ALTIN		GOLD
Karısı için altın bir yüzük aldı.		He bought a gold ring for his wife.

GÜMÜŞ		SILVER
Gümüş bir kolye ister misiniz?		Do you want a silver necklace?

BAKIR

Turistler bakır tepsiler aldılar.

COPPER

The tourists bought copper trays.

PLAN

Tatil için planın nedir?

PLAN

What is your plan for the holiday?

NEGATIVE QUESTIONS

Here are some more examples of negative questions using the different tenses/ structures we have looked at.

Fotoğraf çekmiyor musunuz?	Aren't you taking photographs?
Sekreter ofise gelmedi mi?	Didn't the secretary come to the office?
Bu adam sizin doktorunuz değil midir?	Isn't this man your doctor?
Karısı mutlu değil miydi?	Wasn't his wife happy?
Evde televizyon yok mu?	Isn't there a television at home?
Senin bir kız kardeşin yok muydu?	Didn't you have a sister?
Oraya bizimle gelmeyecek misin?	Won't you come there with us?
Parayı bize vermeyecek mi?	Won't she give the money to us?
Borç vermedi mi?	Didn't she lend money?
Geçen yıl evlenmediler mi?	Didn't they get married last year?
Onu gördüğün zaman koşmuyor muydu?	Wasn't he running when you saw him?
Duş almıyor mu?	Isn't she having a shower?
Bu teklifi kabul etmez misiniz?	Don't you accept this suggestion?
Kadın her akşam süt içmez mi?	Doesn't the woman drink milk every evening?
Bu elbiseyi almamalı mıyım?	Mustn't I buy this dress?
Adam bu bavulu taşıyamaz mı?	Can't the man carry this suitcase?
Dün hava yağmurlu değil miydi?	Wasn't it rainy yesterday?
Bu caddede bir dükkânınız yok mu?	Haven't you got a shop in this street?
Amcası zengin değil midir?	Isn't her uncle rich?
O odada sigara içmemeli misin?	Mustn't you smoke in that room?

KENDİ

With the English equivalent of 'self', **kendi** is used to make reflexive pronouns by adding personal suffixes.

kendi	self
ben	I
kendim	myself
sen	you
kendin	yourself
o	he/she
kendi	himself/herself
biz	we
kendimiz	ourselves
siz	you
kendiniz	yourselves
onlar	they
kendileri	themselves

Bavulu taşıdım.	I carried the suitcase.
Bavulu kendim taşıdım.	I carried the suitcase myself.
Evi temizleyeceğim.	I'll clean the house.
Evi kendim temizleyeceğim.	I'll clean the house myself.
Oraya git.	Go there.
Oraya kendin git.	Go there yourself.
Bu soruyu yapabilirsin.	You can do this question.
Bu soruyu kendin yapabilirsin.	You can do this question yourself.
Hırsızı yakaladı.	She caught the thief.
Hırsızı kendi yakaladı.	She caught the thief herself.
Çocuk yemeğini yiyor.	The child is eating his food.
Çocuk yemeğini kendi yiyor.	The child is eating his food himself.

Bu evde kalacağız.	We'll stay in this house.
Bu evde kendimiz kalacağız.	We'll stay in this house ourselves.
Portakalları yedik.	We ate the oranges.
Portakalları kendimiz yedik.	We ate the oranges ourselves.
Oraya gidemezsiniz.	You can't go there.
Oraya kendiniz gidemezsiniz.	You can't go there yourselves.
Eve dönün.	Go back home.
Eve kendiniz dönün.	Go back home yourselves.
Onu istediler.	They wanted it.
Onu kendileri istediler.	They wanted it themselves.
Onu kabul ettiler.	They accepted it.
Onu kendileri kabul ettiler.	They accepted it themselves.
Bu odayı kendin temizleyebilir misin?	Can you clean this room yourself?
Mektubu kendi yazdı.	He wrote the letter himself.
Onu kendim yaptım.	I did it myself.
Yemeği kendi yaptı.	She cooked herself.
Ütüyü kendimiz kullanacağız.	We'll use the iron ourselves.
Bu olayı kendiniz anlatacaksınız.	You'll tell this event yourselves.
Otobüse kendileri binemezler.	They can't get on the bus themselves.
Bu odada kendin kalmalısın.	You must stay in this room yourself.
Eve kendim döndüm.	I came back home myself.
Radyoyu kendimiz tamir edeceğiz.	We'll repair the radio ourselves.
Evi kendiniz satabilirsiniz.	You can sell the house yourselves.

Used as shown below, **kendi** can be used to express the idea of doing something alone, without help.

kendi	self
ben	I
kendi kendime	by myself
sen	you
kendi kendine	by yourself
o	he/she
kendi kendine	by himself/herself
biz	we
kendi kendimize	by ourselves

siz	you
kendi kendinize	by yourselves
onlar	they
kendi kendilerine	by themselves

Japonca öğrendim.	I learnt Japanese.
Kendi kendime Japonca öğrendim.	I learnt Japanese by myself.
Bahçede oturuyorum.	I am sitting in the garden.
Bahçede kendi kendime oturuyorum.	I am sitting in the garden by myself.
Ankara'ya gideceksin.	You'll go to Ankara.
Ankara'ya kendi kendine gideceksin.	You'll go to Ankara by yourself.
Odada otur.	Sit in the room.
Odada kendi kendine otur.	Sit in the room by yourself.
Bir şişe şarap içti.	He drank a bottle of wine.
Kendi kendine bir şişe şarap içti.	He drank a bottle of wine by himself.
Oraya gidemez.	She can't go there.
Oraya kendi kendine gidemez.	She can't go there by herself.
Evi temizleyemeyiz.	We can't clean the house.
Evi kendi kendimize temizleyemeyiz.	We can't clean the house by ourselves.
Soruları yanıtladık.	We answered the questions.
Soruları kendi kendimize yanıtladık.	We answered the questions by ourselves.
Onu tamir edebilir misiniz?	Can you repair it?
Onu kendi kendinize tamir edebilir misiniz?	Can you repair it by yourselves?
Ders çalıştınız mı?	Did you study?
Kendi kendinize ders çalıştınız mı?	Did you study by yourselves?
O muzları yediler.	They ate those bananas.
O muzları kendi kendilerine yediler.	They ate those bananas by themselves.
Bu dili öğrenecekler.	They'll learn this language.
Bu dili kendi kendilerine öğrenecekler.	They'll learn this language by themselves.
Odada kendi kendine oturdu.	He sat in the room by himself.
Kendi kendilerine caddede yürüyorlar.	They're walking in the street by themselves.

İzmir'e kendi kendimize gittik.	We went to Izmir by ourselves.
Mektubu kendi kendine çevir.	Translate the letter by yourself.
Ödevimi kendi kendime bitirmeliyim.	I must finish my homework by myself.
Niçin kendi kendinize oturuyorsunuz?	Why are you sitting by yourselves?
Kadın filmi kendi kendine izledi.	The woman watched the film by herself.
Burada kendi kendime beklemeliyim.	I must wait here by myself.
Bulaşıkları kendi kendimize yıkadık.	We washed the dirty plates by ourselves.

Words Used in the Reading Passage

lunapark	Luna Park, amusement park
eğlenmek	to have fun, to have a good time
özlemek	to miss, to long for
Görüşürüz.	See you.

BİR MEKTUP

Sevgili Nesrin

Sana bu mektubu Samsun'dan yazı-
yorum. Buraya iki gün önce geldik.
Büyük Samsun Oteli'nde kalıyoruz.
Çok güzel ve rahat bir otel.

Samsundan önce Erzurum, Gümüş-
hane, Trabzon ve Giresun'a gittik.
Bu şehirlerde çok iyi çalıştık ama
Gümüşhane ve Erzurum çok soğuktu.
Erzurum'da kar yağıyordu. Kar
yağıyorken biz çalıştık. Bakkal
ve marketlere malları verdik. Bu
şehirlerin değişik yiyeceklerini yedik.

A LETTER

Dear Nesrin

I'm writing this letter to you from Sam-
sun. We came here two days ago. We are
staying at Büyük Samsun Hotel. It is a
very beautiful and comfortable hotel.

We went to Erzurum, Gümüşhane, Trab-
zon and Giresun before Samsun. We
worked in these cities very well but Gü-
müşhane and Erzurum were very cold. It
was snowing in Erzurum. While it was
snowing we worked. We gave the goods
to the grocers and the supermarkets.
We ate various foods of these cities.

Samsun'da hava daha sıcak. Dün güneşliydi. Bugün yağmur yağıyor ama soğuk değil. İşimizi öğleden sonra bitiriyoruz. Sonra şehirdeki ilginç yerlere gidiyoruz. Dün bir müzeye gittik. Otele gidiyorken bir lunapark gördük. Orada eğlendik.	It is warmer in Samsun. It was sunny yesterday. It is raining today but it isn't cold. We finish our work in the afternoon. Later we go to interesting places in the city. We went to a museum yesterday. While we were going to the hotel we saw an amusement park. We had a good time there.
Yağmur durdu. Bir süpermarkete gidiyorken güzel bir park gördüm. Daha sonra kendi kendime oraya gideceğim.	It stopped raining. I saw a nice park while I was going to a supermarket I'll go there later by myself.
Yarın Samsun'dan ayrılacağız. Son şehir Ankara olacak. Ankara'dan sonra İstanbul'a döneceğiz.	We'll leave Samsun tomorrow. The last city will be Ankara. We'll return to Istanbul after Ankara.
Seni ve diğer arkadaşları özledim. Görüşürüz.	I miss you and the other friends. See you.
Aynur	Aynur

Questions and Answers to the Reading Passage

Nesrin mektubu nereden yazıyor?
Where is Nesrin writing the letter from?

Samsun'dan yazıyor.
She is writing it from Samsun.

Samsun'a ne zaman geldiler?
When did they come to Samsun?

İki gün önce geldiler.
They came two days ago.

Samsun'da nerede kalıyorlar?
Where are they staying at in Samsun?

Büyük Samsun Oteli'nde kalıyorlar.
They arey staying at Büyük Samsun Hotel.

Samsun'dan önce hangi şehirlere gittiler?
Which cities did they go before Samsun?

Erzurum, Gümüşhane, Trabzon ve Giresun'a gittiler.
They went to Erzurum, Gümüşhane, Trabzon and Giresun.

Erzurum soğuk muydu?
Was Erzurum cold?

Evet, soğuktu.
Yes, it was.

817

Malları nereye verdiler? Where did they give the goods?	**Bakkal ve süpermarketlere verdiler.** They gave them to grocers and supermarkets.
Samsun'da hava nasıldır? How is the weather in Samsun?	**Sıcaktır.** It is warm.
İşi ne zaman bitirirler? When do they finish the work?	**Öğleden sonra bitirirler.** They finish in the afternoon.
İşten sonra ne yaparlar? What do they do after the work?	**Şehirdeki ilginç yerlere giderler.** They go to interesting places in the city.
Dün nereye gittiler? Where did they go yesterday?	**Bir müze ve lunaparka gittiler.** They went to a museum and an amusement park.
Nesrin kendi kendine nereye gidecek? Where will Nesrin go by herself?	**Bir parka gidecek.** She will go to a park.
Samsun'dan sonra nereye gidecekler? Where will they go after Samsun?	**Ankara'ya gidecekler.** They'll go to Ankara.

PRACTICE 82

A

Change into question form.

1. Babası oğlunu dövdü.
2. Her hafta pazarda karşılaşırız.
3. Gelecek ay bu evden taşınacağız.
4. Bu odada bir şey var.
5. Şimdi otelden ayrılıyorlar.
6. Bu fikirden vazgeçmelisiniz.
7. Bu malı ithal edebilirsin.
8. Telefon ettikleri zaman uyuyordu.

B

Change into negative form.

1. Geç kaldılar.
2. Çok para harcayacak.

818

3. Teklifi kabul ettin.
4. Lunaparkta eğleniyoruz.
5. Turistler bakır tepsiler alacaklar.
6. Sık sık karısını döver.
7. Onu uyandırmalısınız.
8. Işığı yaktım.

C

Rewrite using **kendi** and the personal suffix indicated.

Ex.: **Bu soruyu (ben) yaptım.**
     Bu soruyu kendim yaptım.

1. **O evde (sen) oturacaksın.**
2. **Arabayı (biz) süreceğiz.**
3. **Televizyonu (o) tamir etti.**
4. **Bu parkta (siz) yürüyebilirsiniz.**
5. **Çantayı (onlar) bulabilirler.**
6. **Pencereleri (ben) kapatacağım.**

D

Rewrite as shown in the example.

Ex.: **Bu soruyu (ben) yaptım.**
     Bu soruyu kendi kendime yaptım.

1. **Evde (biz) onu bekledik.**
2. **Okuldan (sen) dön.**
3. **Orada (o) ne yapıyor?**
4. **Bir şişe viskiyi (onlar) bitirdiler.**
5. **Bilgisayarı (ben) kullanacağım.**
6. **Sorulara (siz) cevap vermelisiniz.**

E

Translate into English.

1. **Çocuk havuzda kendi kendine yüzdü.**
2. **Karısını çok özledi.**
3. **Onun bu konu hakkındaki planlarını biliyor musun?**
4. **Polis hırsızı kendi kendine yakaladı.**
5. **Bu ülke ne ihraç eder?**

6. **Bahçede hiç kimseyi görmedik.**
7. **Herkes bize bakıyor.**

F

Translate into Turkish.

1. She came here herself.
2. The woman cleaned the house by herself.
3. We gave nothing to him.
4. Do you want a silver bracelet?
5. This man is very bad. I want to beat him.
6. They talked to the manager by themselves.
7. I can walk in the street at night by myself.

PRACTICE 82 - ANSWERS

A. 1. Babası oğlunu dövdü mü? 2. Her hafta pazarda karşılaşır mıyız? 3. Gelecek ay bu evden taşınacak mıyız? 4. Bu odada bir şey var mı? 5. Şimdi otelden ayrılıyorlar mı? 6. Bu fikirden vazgeçmeli misiniz? 7. Bu malı ithal edebilir misin? 8. Telefon ettikleri zaman uyuyor muydu?

B. 1. Geç kalmadılar mı? 2. Çok para harcamayacak mı? 3. Teklifi kabul etmedin mi? 4. Lunaparkta eğlenmiyor muyuz? 5. Turistler bakır tepsiler almayacaklar mı? 6. Sık sık karısını dövmez mi? 7. Onu uyandırmamalı mısınız? 8. Işığı yakmadım mı?

C. 1. O evde kendin oturacaksın. 2. Arabayı kendimiz süreceğiz. 3. Televizyonu kendi tamir etti. 4. Bu parkta kendiniz yürüyebilirsiniz. 5. Çantayı kendileri bulabilirler. 6. Pencereleri kendim kapatacağım.

D. 1. Evde kendi kendimize onu bekledik. 2. Okuldan kendi kendine dön. 3. Orada kendi kendine ne yapıyor? 4. Bir şişe viskiyi kendi kendilerine bitirdiler. 5. Bilgisayarı kendi kendime kullanacağım. 6. Sorulara kendi kendinize cevap vermelisiniz.

E. 1. The child swam in the pool by himself. 2. He missed his wife very much. 3. Do you know his plans about this subject? 4. The policeman caught the thief by himself. 5. What does this country export? 6. We saw nobody in the garden. 7. Everybody is looking at us.

F. 1. Buraya kendi geldi. 2. Kadın evi kendi kendine temizledi. 3. Ona hiçbir şey vermedik. 4. Gümüş bir bilezik ister misin? 5. Bu adam çok kötüdür. Onu dövmek istiyorum. 6. Müdürle kendi kendilerine konuştular. 7. Geceleyin caddede kendi kendime yürüyebilirim.

temel
TÜRKÇE
kursu

DERS 83

VOCABULARY

DİKMEK

Elbisesini dikeceğim.

TO SEW

I'll sew her dress.

ARASINDA

Ağaçların arasında bir adam vardı.

BETWEEN, AMONG

There was a man among the trees.

OLDUKÇA

Bu çanta oldukça eskidir. Yenisini alacağız.

RATHER

This bag is rather old. We'll buy a new one.

ÖKSÜRMEK

Öksürüyorsun. Hasta mısın?

TO COUGH

You are coughing. Are you ill?

UYANMAK

Saat sekizde uyanır.

TO WAKE

She wakes at eight o'clock.

DERİN

Derin suda yüzemez.

DEEP

She can't swim in deep water.

821

DOĞMAK		TO BE BORN
Mayısta doğdu.		She was born in May.

BAŞARILI		SUCCESSFUL
Babası başarılı bir avukattı.		Her father was a successful lawyer.

PARTICIPLES AS ADJECTIVES

When the suffix **-(y)an, -(y)en** is added to verbs they act like adjectives.

koş	run
koş - an	running
ver	give
ver - en	giving
gel	come
gel - en	coming
sat	sell
sat - an	selling
oku	read
oku - yan	reading
ağla	cry
ağla - yan	crying
iç	drink
içen	drinking
ye	eat
yiyen	eating
telefon et	telephone
telefon eden	telephoning
harca	spend
harcayan	spending
bekle	wait
bekleyen	waiting

ağlayan bebek	the crying baby (the baby crying)

In the example above **(y)an** is added to **ağla** to make an adjective describing **bebek**.

bahçede oturan kız	the girl sitting in the garden
telefon eden adam	the telephoning man
durakta bekleyen insanlar	the people waiting at the stop
bira içen kadın	the woman drinking beer
koşan çocuk	the running child
gelen doktor	the coming doctor
okuyan öğretmen	the reading teacher
para veren patron	the boss giving money
ağacın altında uyuyan adam	the man sleeping under the tree
bu otelde kalan arkadaşım	my friend staying at this hotel
parkta oynayan çocuklar	the children playing in the park
hırsızı yakalayan polis	the policeman catching the thief
mektubu yazan sekreter	the secretary writing the letter
elbiseyi diken kadın	the woman sewing the dress
öksüren hasta	the coughing patient

Bahçede oturan kızı gördün mü?	Did you see the girl sitting in the garden?
Hastaneye gelen doktoru tanıyorum.	I know the doctor coming to the hospital.
Ağacın altında uyuyan adam babamdır.	The man sleeping under the tree is my father.
Elbiseyi diken kadına parayı verdik.	We gave the money to the woman sewing the dress.
Koşan çocuk düştü.	The running child fell.
Kitap okuyan öğretmen bizimkidir.	The teacher reading a book is ours.
Mektubu yazan sekreter şu odadadır.	The secretary writing the letter is in that room.
Öksüren hastayı doktor görecek.	The doctor will see the coughing patient.
Hırsızı yakalayan polis geldi.	The policeman catching the thief came.
Durakta bekleyen insanlar otobüse binecek.	The people waiting at the stop will get on the bus.
Bira içen kadın teyzemdir.	The woman drinking beer is my aunt.
Telefon eden adam avukatındı.	The telephoning man was your lawyer.
Kendi kendine evi temizleyen kadın çok yorgundu.	The woman cleaning the house by herself was very tired.
Hızlı araba süren adamı polis gördü.	The policeman saw the man driving fast.
İngilizce öğrenen kız İngiltere'ye gidecek.	The girl learning English will go to England.
Faturayı ödeyen kadın kimdi?	Who was the woman paying the bill?
Trene koşan iki adam vardı.	There were two men running to the train.
Teklifi kabul eden müdürle konuşacağız.	We'll talk to the manager accepting the suggestion.
Odada gülen kızları tanıyor musun?	Do you know the girls laughing in the room?

| Şarkı söyleyen kadını dinledik. | We listened to the singing woman. |
| Onun adını hatırlayan adam Ahmet'ti. | The man remembering her name was Ahmet. |

DOĞMAK / TO BE BORN

Like the English 'was/were born', this verb is usually used in the past.

Burada doğdu.	He was born here.
Ne zaman doğdun?	When were you born?
Üç yıl önce doğdu.	He was born three years ago.
Nerede doğdunuz?	Where were you born?
Sumru mayısın yirmi üçünde doğdu.	Sumru was born on the twenty third of May.

It is also used in the future.

| Onların bebeği gelecek ay doğacak. | Their baby will be born next month. |
| Bebek ne zaman doğacak? | When will the baby be born? |

KADAR / TO, UNTIL

A. As a Preposition

When **kadar** is used as a preposition, the relevant noun takes the directional suffix -(y)a, -(y)e (and pronouns take the dative form).

ben	I
bana kadar	to me (to my house)
sen	you
sana kadar	to you (to your house)
o	he, she
ona kadar	to him/her (to his/her house)
biz	we
bize kadar	to us (to our house)
siz	you
size kadar	to you (to your house)
onlar	they
onlara kadar	to them (to their house)
Ankara'ya kadar	to Ankara
uçağa kadar	to the aeroplane
eve kadar	to the house
okula kadar	to the school
ağaca kadar	to the tree

gelecek aya kadar	until next month
şubata kadar	until February
akşama kadar	until the evening
sabaha kadar	until the morning

Kadar can be used for both time and place. Used for time, the English equivalent is 'until' or 'by'; used for place, **kadar** translates as 'to'.

| **Bize kadar gel.** | Come to us/ Come to our house. |

In the above sentence, **kadar** is used for place. **Bize kadar gel** meaning 'come to where we are'.

Onlara kadar gitti.	They went to them. (They went to their house.)
Ankara'ya kadar seninle gelecek.	She will come with you to Ankara.
Onu ofise kadar götürdü.	He took her to the office.
Otele kadar seninle geleyim mi?	Shall I come with you to the hotel?
Denize kadar koştu.	He ran to the sea.
Parka kadar yürüdüler.	They walked to the park.
O adamı evine kadar izledik.	We followed that man to his house.

Sabaha kadar ders çalıştı.	She studied until the morning.
Akşama kadar evde kaldık.	We stayed at home until the evening.
Gelecek haftaya kadar karar vereceğim.	I'll decide by next week.
Mayısa kadar bu evde kalacağız.	We'll stay at this house until May.

Kadar can also be used with verbs, in which case the verb root takes the suffix **-(y)ana/-(y)ene**.

yap	do
yapana kadar	until doing
git	go
gidene kadar	until going
kalk	get up
kalkana kadar	until getting up
uyan	wake
uyanana kadar	until waking
ısmarla	order
ısmarlayana kadar	until ordering
kaç	escape
kaçana kadar	until escaping
dinle	listen
dinleyene kadar	until listening

ye	eat
yiyene kadar	until eating
telefon et	telephone
telefon edene kadar	until telephoning

Bürodan ayrılana kadar sıkı çalışacağım.	I'll work hard until leaving the office.
Ödevimi yapmayı bitirene kadar televizyon izlemeyeceğim.	I won't watch TV until finishing doing my homework.

B. As a Conjunction

The form **-(y)ana kadar, -(y)ene kadar** is used to make a conjunction. This form refers to time and the personal suffix not used (this is found with the verb in the other clause of the conjunction).

çıktım	I went out
çıkana kadar	until I went out
çıktı	he went out
çıkana kadar	until he went out
çıkar	he goes
çıkana kadar	until he goes
çıkarız	we go out
çıkana kadar	until we go out

Evi satana kadar orada oturacağız.	We'll live there until we sell the house.
Onu bulana kadar yürüdüler.	They walked until they found him.
Arkadaşımı görene kadar bekleyeceğim.	I'll wait until I see my friend.
Her akşam yatana kadar televizyon seyrederler.	They watch TV until they go to bed every evening.
Yemek yiyene kadar konuşmayacağız.	We won't speak until we eat the food.
Annem gelene kadar orada bekledim.	I waited there until my mother came.
Uyanana kadar burada otur.	Sit here until she wakes up.
O gidene kadar sizin eve gelmeyecek.	He won't come to your house until she goes.
Telefon edene kadar bir şey anlatma.	Don't tell anything until she telephones.
Bu dili öğrenene kadar o ülkede kaldı.	She stayed at that country until she learned this language.
Karar verene kadar bir şey yapma.	Don't do anything until you decide.
Çocuk uyuyana kadar odada kal.	Stay in the room until the child sleeps.
Kız evden çıkana kadar arabadaydı.	He was in the car until the girl went out of the house.

-DEN ...... -E KADAR

The structure **-den/-dan ... -(y)e/-(y)a kadar** is used meaning 'from ... to...'.

pazartesiden cumaya kadar	from Monday to Friday
saat ikiden beşe kadar	from two o'clock to five o'clock
Ankara'dan İstanbul'a kadar	from Ankara to İstanbul
bizim evden sizin fabrikaya kadar	from our house to your factory
hazirandan eylüle kadar	from June to September
evden okula kadar	from the house to the school
lokantadan otobüs durağına kadar	from the restaurant to the bus station
bu mağazadan caddeye kadar	from this store to the street

Pazartesiden cumaya kadar çalıştılar.	They worked from Monday to Friday.
Müdür saat ikiden beşe kadar odasındaydı.	The manager was in his room from two o'clock to five o'clock.
Ankara'dan İstanbul'a kadar o adamla geldi.	She came with that man from Ankara to İstanbul.
Bizim evden sizin fabrikaya kadar yürüyeceğiz.	We'll walk from our house to your factory.
Hazirandan eylüle kadar Antalya'da kalacaklar.	They'll stay in Antalya from June to September.
Evden okula kadar koştun mu?	Did you run from the house to school?
Lokantadan otobüs durağına kadar taksiyle geldim.	I came by taxi from the restaurant to the bus stop.
Bu mağazadan caddeye kadar yürüyebilirsin.	You can walk from this store to the street.
Evden parka kadar iki arkadaşını gördü.	He saw two of his friends from the house to the park.

-madan, -meden

We have seen the structure **-madan/-meden önce**.

Biz oraya varmadan önce evden çıktı.	He went out of the house before we arrived there.
Eve dönmeden önce seninle konuşacağım.	I'll talk to you before I return home.
Eti yemeden önce çorbayı içti.	She drank the soup before she ate the meat.

-Madan/-meden can also be used to make the negative of the present participle.

para vermek	to pay
para vermeden	without paying

827

çalışmak	to work
çalışmadan önce	without working

Bana sormadan onu aldı.	She took it without asking me.
Bakmadan onu tanıdı.	He knew her without looking.
Bebeği uyandırmadan içeri girdim.	I came in without waking up the baby.
Pencereyi kapatmadan uyudu.	She slept without closing the window.
Ders çalışmadan okula gitti.	He went to school without studying.
Odayı temizlemeden oturabilir.	She can sit without cleaning the room.
Gülmeden konuş.	Speak without laughing.
Olayı ağlamadan anlattık.	We told the event without crying.
Bu portakalı yıkamadan yeme.	Don't eat this orange without washing.
Şemsiyesini almadan evden çıktı.	She left home without taking her umbrella.

PRACTICE 83

A

Rewrite as shown.

Ex.: **parkta (uyumak) adam**
      parkta uyuyan adam

1. evde (beklemek) kadın
2. muzu (yemek) çocuk
3. birayı (içmek) adam
4. bize telefon (etmek) işçi
5. onu (izlemek) polis
6. geçen ay (doğmak) bebek
7. (öksürmek) hasta
8. hırsızı (yakalamak) adam
9. şarabı (ısmarlamak) mühendis
10. faturayı (ödemek) arkadaş

B

Fill the gaps with **-(y)a/e kadar** or **-(y)ana/ene kadar**.

1. Akşam...... bu işi bitir.
2. Yat...... televizyon seyretti.
3. Ekim...... o evde kalacak.
4. Ben gel....... evden çıkma.
5. Telefon et...... bekledik.
6. Annesi evden çık...... oturdu.
7. Tren nere...... gidiyor?
8. İşi bitir...... odadan çıkmadı.

C

Fill the gaps as shown.

Ex.: **Pazartesi...... çarşamba...... çalıştık.**
Pazartesiden çarşambaya kadar çalıştık.

1. **Ev...... otobüs durağı...... koştu.**
2. **Saat bir...... beş...... neredeydin?**
3. **Ofis...... havaalanı...... taksiyle gitti.**
4. **Fabrika...... ev...... iki otobüse bindik.**
5. **Bizi hastane...... ora...... götürdüler.**
6. **Çantaları bizim ev...... dükkân...... taşı.**
7. **Haziran...... eylül...... kadar okullar kapalıdır.**

D

Rewrite using the information given.

Example : **Soruları (ben) yaptım.**
Soruları kendim yaptım.

1. **Tabakları (o) yıkadı.**
2. **Patronla (biz) konuştuk.**
3. **Bu elbiseyi (sen) dikmelisin.**
4. **Şarabı (onlar) ısmarladılar.**
5. **Arabayı (siz) sattınız.**
6. **Ona (ben) telefon edebilirim.**
7. **Mektubu (o) tercüme edecek.**

E

Change into negative question form.

1. **Her gün bizim eve gelebilirsin.**
2. **Kadın elbiseyi dikecek.**
3. **Haziranda evlendiler.**
4. **Her sabah erken uyanırsınız.**
5. **O teklifi kabul ettik.**
6. **Bu oda geniştir.**
7. **İki kız kardeşi var.**

F

Translate into English.

1. **Bize bakan adamı gördün mü?**
2. **Bu dili öğreten öğretmeni tanırım.**
3. **Kızın ne zaman doğdu?**

4. Onların evi oldukça eskiydi.
5. Başarılı bir işadamı olmak ister misin?
6. Saat kaçta uyanırsın?
7. Akşama kadar kitabı okudu.

G

Translate into Turkish.

1. Tell it without crying.
2. He didn't work from May to July.
3. Until your father comes we won't eat the food.
4. Do you know the man paying the bill?
5. He ate it without washing.
6. The secretary translating the letter went.
7. She sat between her mother and father.

PRACTICE 83 - ANSWERS

A. 1. evde bekleyen kadın 2. muzu yiyen çocuk 3. birayı içen adam 4. bize telefon eden işçi 5. onu izleyen polis 6. geçen ay doğan bebek 7. öksüren hasta 8. hırsızı yakalayan adam 9. şarabı ısmarlayan mühendis 10. faturayı ödeyen arkadaş

B. 1. akşama kadar 2. yatana kadar 3. ekime kadar 4. gelene kadar 5. telefon edene kadar 6. çıkana kadar 7. nereye kadar 8. işi bitirene kadar

C. 1. Evden otobüs durağına koştu. 2. Saat birden beşe kadar neredeydin? 3. Ofisten havaalanına kadar taksiyle gitti. 4. Fabrikadan eve kadar iki otobüse bindik. 5. Bizi hastaneden oraya götürdüler. 6. Çantaları bizim evden dükkâna taşı. 7. Hazirandan eylüle kadar okullar kapalıdır.

D. 1. Tabakları kendisi yıkadı. 2. Patronla kendimiz konuştuk. 3. Bu elbiseyi kendin dikmelisin. 4. Şarabı kendileri ısmarladılar. 5. Arabayı kendiniz sattınız. 6. Ona kendim telefon edebilirim. 7. Mektubu kendisi tercüme edecek.

E. 1. Her gün bizim eve gelemez misin? 2. Kadın elbiseyi dikmeyecek mi? 3. Haziranda evlenmediler mi? 4. Her sabah erken uyanmaz mısınız? 5. O teklifi kabul etmedik mi? 6. Bu oda geniş değil midir? 7. İki kız kardeşi yok mu?

F. 1. Did you see the man looking at us? 2. I know the teacher teaching this language. 3. When was your daughter born? 4. Their house was rather old. 5. Do you want to be a successful businessman? 6. What time do you wake? 7. He read the book until the evening.

G. 1. Onu ağlamadan anlat. 2. Mayıstan temmuza kadar çalışmadı. 3. Baban gelene kadar yemek yemeyeceğiz. 4. Faturayı ödeyen adamı tanır mısın? 5. Onu yıkamadan yedi. 6. Mektubu çeviren sekreter gitti. 7. Annesiyle babası arasında oturdu.

temel
TÜRKÇE
kursu

DERS 84

VOCABULARY

KAVGA ETMEK

Arkadaşlarınla kavga etmemelisin.

TO QUARREL; TO FIGHT

You mustn't fight with your friends.

ÖBÜR GÜN

Patron öbür gün gelebilir.

THE OTHER DAY

The boss can come the other day.

EVVELSİ GÜN

Evvelsi gün onu caddede gördüm.

THE DAY BEFORE YES-TERDAY

I saw him in the street the day before yesterday.

TABANCA

Hırsızın tabancası var mıydı?

PISTOL

Had the thief got a pistol?

BİTMEK

Film ne zaman bitti?

TO FINISH, TO END

When did the film finish?

DAKTİLO

Mektupları daktiloyla yazdı.

TYPEWRITER

He wrote the letters by the typewriter.

831

FENA

Dün fenaydı; bu yüzden ofise gitmedi.

BAD

She was bad, so she didn't go to the office.

-İ İSTEMEK

This structure is used to talk about wanting or asking someone to do something.

Ben

In the first person singular the suffix added to verb root is **-mamı, -memi**.

yap
yapmamı

sat
satmamı

yaz
yazmamı

al
almamı

gel
gelmemi

telefon et
telefon etmemi

temizle
temizlememi

öğren
öğrenmemi

Oraya gelmemi istedi.	He wanted me to come there.
Durakta beklememi isteyecek.	She will want me to wait at the stop.
Annem odamı temizlememi istedi.	My mother wanted me to clean my room.
Arkadaşıma telefon etmemi istedin.	You wanted me to telephone my friend.
Oğlum her gün ona oyuncak almamı ister.	My son wants me to buy a toy for him every day.
Evimi satmamı isteme.	Don't want me to sell my house.
Müdür mektubu yazmamı isteyecek.	The manager will want me to write the letter.

832

Bu dili öğrenmemi istemediniz.	You didn't want me to learn this language.
Bu parayı ona vermemi istedi mi?	Did he want me to give this money to him?
Onunla sinemaya gitmemi istemediler.	They didn't want me to go to the cinema with him.
Cümleleri çevirmemi istedi.	He wanted me to translate the sentences.
Öğretmenle konuşmamı istememeli.	He mustn't want me to talk to the teacher.
Bu konu hakkında düşünmemi istedi.	She wanted me to think of this subject.

Sen

For the second person singular, use the suffix **-manı, -meni**.

yap
yapmanı

sat
satmanı

yaz
yazmanı

al
almanı

gel
gelmeni

telefon et
telefon etmeni

temizle
temizlemeni

öğren
öğrenmeni

Oraya gelmeni istedik.	We wanted you to come there.
Durakta beklemeni istedi.	She wanted you to wait at the stop.
Annen odanı temizlemeni istedi.	Your mother wanted you to clean your room.
Arkadaşına telefon etmeni istediler.	They wanted you to telephone your friend.
Kapıyı kapatmanı istedim.	I wanted you to close the door.
Evini satmanı istemedi.	She didn't want you to sell your house.
Müdür mektubu yazmanı isteyecek.	The manager will want you to write the letter.

Bu dili öğrenmeni istemedik.	We didn't want you to learn this language.
Bu parayı ona vermeni istedi mi?	Did he want you to give this money to him?
Onunla sinemaya gitmeni istemediler.	They didn't want you to go to the cinema with him.
Parayı harcamanı istemedik.	We didn't want you to spend the money.
Öğretmenle konuşmanı istememeli.	He mustn't want you to talk to the teacher.
Kadın yemek pişirmeni istedi.	The woman wanted you to cook.

O

For the third person singular, the suffix is **-masını, -mesini**.

yap
yapmasını

sat
satmasını

yaz
yazmasını

al
almasını

gel
gelmesini

telefon et
telefon etmesini

temizle
temizlemesini

öğren
öğrenmesini

Oraya gelmesini istedik.	We wanted him to come there.
Durakta beklemesini isteyecek.	She'll want her to wait at the stop.
Annesi odasını temizlemesini istedi.	Her mother wanted her to clean her room.
Arkadaşına telefon etmesini istediler.	They wanted him to telephone his friend.
Kapıyı kapatmasını istedim.	I wanted her to close the door.
Evini satmasını istemedi.	He didn't want her to sell her house.
Müdür mektubu yazmasını isteyecek.	The manager will want her to write the letter.

Bu olayı öğrenmesini istemedik.	We didn't want him to learn this event.
Bu dükkânda çalışmasını istediniz mi?	Did you want her to work in this shop?
Onunla sinemaya gitmesini istemediler.	They didn't want him to go to the cinema with her.
Şarkı söylemesini isteyeceğiz.	We'll want her to sing.
Doktor evde dinlenmesini istedi.	The doctor wanted him to rest at home.
Soruya cevap vermesini istemedi.	She didn't want him to answer the question.

Biz

For the first person plural, the suffix is **-mamızı, -memizi**.

yap
yapmamızı

sat
satmamızı

yaz
yazmamızı

al
almamızı

gel
gelmemizi

telefon et
telefon etmemizi

temizle
temizlememizi

öğren
öğrenmemizi

Oraya gelmemizi istedin.	You wanted us to come there.
Durakta beklememizi isteyecek.	She will want us to wait at the stop.
Erken kalkmamızı istememelisin.	You mustn't want us to get up erly.
Bu otobüse binmemizi istediler.	They wanted us to get on this bus.
Kapıyı kapatmamızı istediniz.	You wanted us to close the door.
Evimizi satmamızı istemedi.	She didn't want us to sell our house.
Müdür mektubu yazmamızı isteyecek.	The manager will want us to write the letter.
Bu olayı öğrenmemizi istemediler.	They didn't want us to learn this event.
Bu dükkânda çalışmamızı istedi mi?	Did she want us to work in this shop?
Adını öğrenmemizi istemedi.	He didn't want us to learn her name.

Onu saat yedide uyandırmamızı istediniz.	You wanted us to wake him at seven o'clock.
Doktor evde dinlenmemizi istedi.	The doctor wanted us to rest at home.
Adını hatırlamamızı ister.	She wants us to remember her name.

Siz

For the second person plural, the suffix is **-manızı, -menizi**.

yap
yapmanızı

sat
satmanızı

yaz
yazmanızı

al
almanızı

gel
gelmenizi

telefon et
telefon etmenizi

temizle
temizlemenizi

öğren
öğrenmenizi

Oraya gelmenizi istedik.	We wanted you to come there.
Durakta beklemenizi isteyecek.	She'll want you to wait at the stop.
Erken kalkmanızı isteyecekler.	They'll want you to get up early.
Bu otobüse binmenizi istemedi.	He didn't want you to get on this bus.
Kapıyı kapatmanızı istedik.	We wanted you to close the door.
Evinizi satmanızı istemedim.	I didn't want you to sell your house.
Onu dövmenizi istemediler.	They didn't want you to beat him.
Bu dili öğrenmenizi istemez.	She doesn't want you to learn this language.
Bu dükkânda çalışmanızı istedi mi?	Did he want you to work in this shop?
Bizim için bir şey almanızı istemeyiz.	We don't want you to buy anything for us.
Onu saat yedide uyandırmanızı istedi.	He wanted you to wake him at seven o'clock.
Mektubu göndermenizi istedi.	She wanted you to send the letter.
Adını hatırlamanızı ister.	He wants you to remember her name.

The Word Used in the Reading Passage

trafik   traffic

TRAFİK   TRAFFIC

Kenan Bey ve Ali Bey aynı şirket için çalışırlar. Onlar sık sık yolculuk ederler.

Kenan Bey and Ali Bey work for the same company. They often travel.

Kenan Bey'in karısı da aynı şirkettedir. O bir Japon'dur. Adı Junri'dir. On yıldır Türkiye'dedir. O her sabah Kenan Bey'le ofise gelir.

Kenan Bey's wife is also in the same company. She is Japanese. Her name is Junri. She is in Türkiye for ten years. She comes to the office with Kenan Bey every morning.

Dün Kenan Bey ve Ali Bey Tayland'a gittiler. Orada on beş gün kalacaklar. Junri Hanım şirkette çalışacak. Onu şirkete Aydın Bey götürecek. Aydın Bey, Ali Bey'in arkadaşıdır. O bir şofördür. Ali Bey, evvelsi gün Aydın Bey'e telefon etti. Onlar Tayland'a gittikleri zaman Junri Hanım'ı şirkete götürmesini istedi.

Yesterday, Kenan Bey and Ali Bey went to Thailand. They will stay there for fifteen days. Junri Hanım will work in the company. Aydın Bey will take her to the company. Aydın Bey is Ali Bey's friend. He is a driver. Ali Bey telephoned Aydın Bey the day before yesterday. He wanted him to take Junri Hanım to the company when they went to Thailand.

837

Onlar şimdi yoldalar. Yağmur yağıyor. Yağmur yağdığı zaman İstanbul'da trafik çok kötüdür. Yollar çok kalabalıktır. Arabalar çok yavaş gider. Kazalar olur. O sabah şirkete çok geç varacaklar.

They are on their way there now. It is raining. When it rains, the traffic is very bad in Istanbul. The roads are very crowded. The cars go very slowly. Accidents happen. They'll arrive at the company very late that morning.

Questions and Answers to the Reading Passage

Kenan Bey ve Ali Bey aynı şirket için çalışırlar mı?
Do Kenan Bey and Ali Bey work for the same company?

Evet, çalışırlar.
Yes, they do.

Kenan Bey'in karısı nerede çalışır?
Where does Kenan Bey's wife work?

Aynı yerde çalışır.
She works in the same place.

O nerelidir?
Where is she from?

Japon'dur.
She is Japanese.

Adı nedir?
What is her name?

Junridir.
It is Junri.

Şirkete kiminle gelir?
Who does she come to the company with?

Kocasıyla gelir.
She comes with her husband.

Dün Kenan Bey ve Ali Bey nereye gittiler?
Where did Kenan Bey and Ali Bey go yesterday?

Tayland'a gittiler.
They went to Thailand.

Orada kaç gün kalacaklar?
How many days will they stay there?

On beş gün kalacaklar.
They will stay for fifteen days.

Junri Hanım'ı şirkete kim götürecek?
Who will take Junri Hanım to the company?

Aydın Bey götürecek.
Aydın Bey will.

Aydın Bey kimdir?
Who is Aydın bey?

Ali Bey'in arkadaşıdır.
He is Ali Bey's friend.

O ne iş yapar?
What is his job?

Şofördür.
He is a driver.

Onlar şimdi neredeler?
Where are they now?

Yoldalar.
They are on their way.

Yağmur yağıyor mu?
Is it raining?

Evet, yağıyor.
Yes, it is.

Yağmur yağdığı zaman trafik nasıldır?
How is the traffic when it rains?

Çok kötüdür.
It is very bad.

Arabalar nasıl gider?
How do the cars go?

Çok yavaş gider.
They go very slowly.

PRACTICE 84

A

Rewrite as shown.

Ex.: **yap (ben)**
yapmamı

1. **sat (ben)**
2. **bekle (sen)**
3. **ağla (o)**
4. **vazgeç (biz)**
5. **teklif et (siz)**
6. **anlat (sen)**
7. **geç kal (ben)**

B

Rewrite as shown.

Ex.: **Eve gitmek (ben) istedi.**
Eve gitmemi istedi.

1. **Bulaşıkları yıkamak (ben) ister misin?**
2. **Televizyon ithal etmek (o) istedi.**
3. **Erken yatmak (biz) istediler.**
4. **Tıraş olmak (sen) isteriz.**
5. **O kitabı okumak (siz) istedi.**
6. **Hırsızı izlemek (o) istedi.**
7. **Işığı yakmak (biz) istemedi.**

C

Fill the gaps as shown.

Ex.: **Ev...... okul...... koştu.**
Evden okula kadar koştu.

1. **Oda...... balkon...... geldi.**
2. **Salı...... perşembe...... çalışmadı.**

3. Ofis...... otobüs durağı...... koşuyor.
4. Pazar...... evleri...... çantaları taşıdı.
5. Otel...... lokanta...... yürüdüler.
6. Eylül...... kasım...... sık sık yağmur yağar.

D

Translate into English.

1. Babası onunla evlenmesini istedi.
2. Parasını kaybeden kadın ağladı.
3. Sınıfta kavga etme.
4. Öbür gün bankaya gelmeni istediler.
5. Onu gördüğüm zaman öksürüyordu.
6. Annem evden gitmemizi istedi.

E

Translate into Turkish.

1. The man wanted me to wait at the reception.
2. I wanted him to catch the train.
3. He has got a pistol. She may be afraid of him.
4. Do you know the woman laughing at us?
5. She wanted us to accept it.
6. He wants you to turn off the radio.

PRACTICE 84 - ANSWERS

A. 1. satmamı 2. beklemeni 3. ağlamasını 4. vazgeçmemizi 5. teklif etmenizi 6. anlatmanı 7. geç kalmamı

B. 1. Bulaşıkları yıkamamı ister misin? 2. Televizyon ithal etmesini istedi. 3. Erken yatmamızı istediler. 4. Tıraş olmanı isteriz. 5. O kitabı okumanızı istedi. 6. Hırsızı izlemesini istedi. 7. Işığı yakmamızı istemedi.

C. 1. Odadan balkona kadar geldi. 2. Salıdan perşembeye kadar çalışmadı. 3. Ofisten otobüs durağına kadar koşuyor. 4. Pazardan evlerine kadar çantaları taşıdı. 5. Otelden lokantaya kadar yürüdüler. 6. Eylülden kasıma kadar sık sık yağmur yağar.

D. 1. His father wanted him to marry her. 2. The woman losing her money cried. 3. Don't quarrel in the classroom. 4. They wanted you to come to the bank the following day. 5. When I saw him he was coughing. 6. My mother wanted us to leave the house.

E. 1. Adam resepsiyonda beklememi istedi. 2. Trene yetişmesini istedim. 3. Bir tabancası var. Ondan korkabilir. 4. Bize gülen kadını tanıyor musun (tanır mısın)? 5. Onu kabul etmemizi istedi. 6. Radyoyu kapatmanı ister.

840

temel
TÜRKÇE
kursu

DERS 85

VOCABULARY

SÜRMEK (Zaman Almak)

Evden okula yirmi dakika
sürer.

TO TAKE

It takes twenty minutes from
the house to the school.

BİRİKTİRMEK

Para biriktiremedik.

TO SAVE

We couldn't save money.

GÖZLÜK

Gözlüksüz göremez.

GLASSES, SPECTACLES

She can't see without
glasses.

İZİN

Sinemaya gitmek için izin
aldın mı?

PERMISSION

Did you get permission to
go to the cinema?

İZİN VERMEK

İzin vermek istemedi.

**TO LET, TO ALLOW, TO,
PERMIT, TO GIVE PERMIS-
SION**

She didn't want to give
permission.

841

HABER Gazetedeki haberi okudun mu?		**NEWS** Did you read the news in the newspaper?
İMZALAMAK Müdür mektubu imzaladı mı?		**TO SIGN** Did the manager sign the letter?
KAFES Kuş için bir kafes alacak.		**CAGE** She'll buy a cage for the bird.
GEREKLİ Bu işçi fabrika için gereklidir.		**NECESSARY** This worker is necessary for the factory.
GEREKSİZ Bu bilgisayar ofis için gereksizdir.		**UNNECESSARY** This computer is un-necessary for the office.

-İ İstemek (Continued)

Orada kalmamı istediler.	They wanted me to stay there.
Bu dükkânda çalışmamı isteme.	Don't want me to work in this shop.
Faturayı imzalamanı istedi.	He wanted you to sign the bill.
Haberi okumanı istedik.	We wanted you to read the news.
Para biriktirmesini istedik.	We wanted him to save money.
İzin vermesini istedi.	He wanted her to give permission.
Oraya gelmemizi istediler.	They wanted us to come there.
İngilizce öğrenmemizi istediler.	They wanted us to learn English.
Onu hastaneye götürmenizi istedik.	We wanted you to take him to the hospital.
Arabayı satmanızı istemedi.	He didn't want you to sell the car.

Onlar

For the third person plural, the suffix used is **-malarını, -melerini**.

yap
yapmalarını

sat
satmalarını

yaz
yazmalarını

al
almalarını

gel
gelmelerini

telefon et
telefon etmelerini

temizle
temizlemelerini

öğren
öğrenmelerini

Oraya gelmelerini istedi.	She wanted them to come there.
Durakta beklemelerini isteyecek.	He will want them to stay at the stop.
Erken kalkmalarını isteyecekler.	They will want them to get up early.
Bu otobüse binmelerini istemedi.	He didn't want them to get on this bus.
Kapıyı kapatmalarını istedik.	We wanted them to close the door.
Para biriktirmelerini istedi.	He wanted them to save money.
Bizim için bir şey almalarını istemeyiz.	We don't want them to buy anything for us.
Mektubu göndermelerini istedi.	He wanted them to send the letter.
Evi temizlemelerini istediniz mi?	Did you want them to clean the house?
Haberi okumalarını istemedik.	We didn't want them to read the news.
Bu odada beklememizi ister misin?	Do you want us to wait in this room?
Sözcükleri tekrarlamanı istedi.	She wanted you to repeat the words.
Radyoyu kapatmamı istemedi.	He didn't want me to turn off the radio.
Onunla konuşmanızı istedi.	She wanted you to talk to him.
Soruları yanıtlamalarını istedik.	We wanted them to answer the questions.

843

Faturayı ödemeni istedi.	He wanted you to pay the bill.
Bu soruları cevaplamamızı istediler.	They wanted us to answer these questions.
Doktor hastaya dokunmamı istemedi.	The doctor didn't want me to touch the patient.
Olayı ona anlatmanızı istemedik.	We didn't want you to tell him the event.
Onu bize vermelerini istedik.	We wanted them to give it to us.

SÜRMEK / TAKE TO

The verb **sürmek** has more than one meaning. We introduce it here in its meaning related to time, the amount of time it takes to do something.

Fabrikaya kadar ne kadar sürer?	How long does it take to the factory?
Antalya'dan İstanbul'a ne kadar sürer?	How long does it take from Antalya to Istanbul?
Evden hastaneye bir saat sürer.	It takes one hour from the house to the hospital.
İstanbul'dan Giresun'a on beş saat sürer.	It takes fifteen hours from Istanbul to Giresun.

YEARS

The names of years are made in English by breaking them into two. 1975, for example, is broken into 19 and 75.

1975	nineteen seventy five

In Turkish the whole number is used.

1975	**bin dokuz yüz yetmiş beş**
1617	**bin altı yüz on yedi**
1960	**bin dokuz yüz altmış**
1996	**bin dokuz yüz doksan altı**
1997	**bin dokuz yüz doksan yedi**

Prepositional use can be constructed thus:

1995 yılında	in (the year) 1995
1970 yılında	in (the year) 1970
1958 yılında	in (the year) 1958
1950 yılında	in (the year) 1950

Or, in short:

844

1995'de	in 1995
1970'de	in 1970
1983'te	in 1983
1994'te	in 1994.

Bin dokuz yüz altmış yılında doğdum.	I was born in 1960.
Bin dokuz yüz altmışta doğdum.	I was born in 1960.
Kızım bin dokuz yüz doksan üç yılında doğdu.	My daughter was born in 1993.
Kızım bin dokuz yüz doksan üçte doğdu.	My daughter was born in 1993.
Bu eve bin dokuz yüz doksan yılında taşındık.	We moved to this house in 1990.
Bin dokuz yüz kırk beşte İstanbul'da değildik.	We weren't in Istanbul in 1945.
Bin dokuz yüz seksen ikide Almanya'ya gitti.	He went to Germany in 1982.
Bin dokuz yüz doksan sekizde bu ülkede olmayacağız.	We won't be in this country in 1998.
Bin dokuz yüz seksen beşten bin dokuz yüz doksana kadar bu fabrikada çalıştım.	I worked in this factory from 1985 to 1990.
Bin dokuz yüz doksan yedi bizim için iyi bir yıl olacak.	1997 will be a good year for us.

-İ SÖYLEMEK

This structure is similar to the **-i istemek** structure we looked at in the last lesson.

Annem odayı temizlememi söyledi.	My mother told me to clean the room.
Bu soruları yapmamı söylediler.	They told me to do these questions.
Para biriktirmemi söylediniz.	You told me to save money.
Bu mektubu imzalamamı söylemedi.	He didn't tell me to sign this letter.
Elbiseyi dikmemi söyledi.	She told me to sew the dress.
O teklifi kabul etmemi söyledi mi?	Did she tell me to accept that offer?

Annen odayı temizlemeni söyledi.	Your mother told you to clean the room.
Bu sandalyede oturmanı söylediler.	They told you to sit on this chair.
O cümleleri çevirmeni söyleyeceğiz.	We'll tell you to translate those sentences.

Bize olayı anlatmanı söyledi.	He told you to tell the event.
Baban o kızla evlenmeni söyler.	Your father tells you to marry that girl.
Parayı harcamanı söyledi mi?	Did he tell you to spend the money?

845

Kapıyı kapatmasını söyledi.	He told her to close the door.
O cümleleri çevirmesini söyledik.	We told him to translate those sentences.
Oğluna erken yatmasını söyledi.	She told her son to go to bed early.
Babasına bir oyuncak almasını söyledi.	He told his father to buy a toy.
O evden çıkmasını söylediler.	They told her to go out of that house.
Şu adamı izlemesini söylemedi.	He didn't tell her to follow that man.
Olayı anlatmamızı söyledi.	She told us to tell the event.
Parayı harcamamızı söylemediniz.	You didn't tell us to spend the money.
Bu odada beklememizi söyledi.	He told us to wait in this room.
Arabayı satmamızı söyleyebilirler.	They can tell us to sell the car.
O trene binmemizi söyledin.	You told us to get on that train.
Erken kalkmamızı söyledi.	He told us to get up early.
Olayı anlatmanızı söyledi.	She told you to tell the event.
O trene binmenizi söylemedik.	We didn't tell you to get on that train.
Erken kalkmanızı söylediler mi?	Did they tell you to get up early?
O mektubu imzalamanızı söyleyebilir.	He can tell you to sign that letter.
O parayı harcamanızı söyledi.	She told you to spend that money.
Bu otelde kalmanızı söyleyecek.	He will tell you to stay at this hotel.
Bizi evde beklemelerini söyledik.	We told them to wait for us at home.
Bu otelde kalmalarını söyledi.	He told them to stay at this hotel.
Parayı harcamalarını söylediniz mi?	Did you tell them to spend the money?
Beni eve götürmelerini söyledim.	I told them to take me to the house.
Evi göstermelerini söyledi.	She told them to show the house.
Karar vermelerini istedi.	He told them to decide.

- E YARDIM ETMEK

When **yardım etmek** (= to help) is used with another verb, a similar structure is used, but with the directional suffix ending.

git
gitmeme

al
almama

sat
satmama

Otobüse binmeme yardım etti.	He helped me to get on the bus.
Kaçmama yardım edecek.	She'll help me to escape.
Evi satmama yardım ettiler.	They helped me to sell the house.
Parayı bulmama yardım et.	Help me to find the money.
Evi temizlememe yardım ediyor.	She is helping me to clean the house.

git
gitmene

al
almana

Yemek pişirmene yardım edecek.	She'll help you to cook.
Soruları yanıtlamana yardım etti mi?	Did he help you to answer the questions?
Hırsızı yakalamana yardım edeceğim.	I'll help you to catch the thief.
Odayı temizlemene yardım etmedi.	She didn't help you to clean the room.
Bavulları taşımana yardım ettiler.	They helped you to carry the suitcases.

git
gitmesine

al
almasına

Oraya gitmesine yardım ettik.	We helped him to go there.
Parayı almasına yardım edemem.	I can't help her to take the money.
Küçük kızın yüzmesine yardım ettiler.	They helped the little girl to swim.
Mektubu yazmasına yardım edeceğim.	I'll help her to write the letter.
Cümleleri çevirmesine yardım et.	Help him to translate the sentences.

git
gitmemize

al
almamıza

Oraya gitmemize yardım ettiler.	They helped us to go there.
Parayı bulmamıza yardım etti.	He helped us to find the money.
Çantayı taşımamıza yardım edecek mi?	Will she help us to carry the bag?
Otobüse binmemize yardım etmedi.	He didn't help us to get on the bus.
Oteli bulmamıza yardım etmelisin.	You must help us to find the hotel.

git
gitmenize

al
almanıza

Oraya gitmenize yardım edecekler.	They'll help you to go there.
Oteli bulmanıza yardım etti mi?	Did they help you to find the hotel?
Mektubu çevirmenize yardım eder.	She helps you to translate the letter.
Kapıyı açmanıza yardım ettik.	We helped you to open the door.
Yemek pişirmenize yardım etmedi.	She didn't help you to cook.

847

git
gitmelerine

al
almalarına

Otobüse binmelerine yardım etmedik.	We didn't help them to get on the bus.
Evi bulmalarına yardım edebilir.	She can help them to find the house.
Almanca öğrenmelerine yardım ede-ceğim.	I'll help them to learn German.
Kadın elbiseyi dikmelerine yardım etmedi.	The woman didn't help them to sew the dress.
Kız masayı hazırlamalarına yardım edecek mi?	Will the girl help them to prepare the table?

Bir çanta almamı istedi.	He wanted me to buy a bag.
Öğretmen soruları yanıtlamanı ister.	The teacher wants you to answer the questions.

Burada beklememizi istemediler.	They didn't want us to wait here.
Evden çıkmalarını istedik.	We wanted them to go out of the house.
O filmi seyretmenizi istedim.	I wanted you to watch that film.

Radyoyu tamir etmesini söyledik.	We told him to repair the radio.
O portakalı yememi söylediler.	They told me to eat that orange.
Evimizi satmamızı söylemedi.	She didn't tell us to sell our house.
Bursa'ya gitmelerini söylediniz mi?	Did you tell them to go to Bursa?
Mektubu okumanızı söyledi.	She told you to read the letter.

Radyoyu tamir etmesine yardım ettik.	We helped him to repair the radio.
Taşınmamıza yardım edecek.	She'll help us to move.
Okulu bulmama yardım etti.	He helped me to find the school.
Japonca öğrenmene yardım ettiler mi?	Did they help you to learn Japanese?
Garson tepsiyi getirmelerine yardım etti.	The waiter helped them to bring the tray.

PRACTICE 85

A

Rewrite as shown.

Ex.: **Masayı temizlemek (ben) istedi.** ---> **Masayı temizlememi istedi.**

1. **Kitabı okumak (biz) ister.**
2. **Saçını taramak (sen) istedi.**
3. **Arkadaşına uğramak (o) istemedi.**

848

4. Borç vermek (siz) istediler.
5. Bizi beklemek (onlar) istedik.
6. Adam onu izlemek (ben) istedi.

B

Rewrite as shown.

Ex.: **Masayı temizlemek (ben) söyledi. ---> Masayı temizlememi söyledi.**

1. Şirketten ayrılmak (ben) söylediler.
2. Parkta gezmek (biz) söylediler mi?
3. Annen para biriktirmek (sen) söyler.
4. Onu affetmek (siz) söyledi.
5. Teklifi kabul etmek (o) söyleyeceğim.
6. Bizi sinemaya götürmek (onlar) söyledik.

C

Rewrite as shown.

Ex.: **Masayı temizlemek (ben) yardım etti. --> Masayı temizlememe yardım etti.**

1. Oturmak (o) yardım ettik.
2. Odayı temizlemek (ben) yardım edecek.
3. Evi bulmak (biz) yardım etmedi.
4. Onu tamir etmek (onlar) yardım etmeyeceğim.
5. Annen ödevini yapmak (sen) yardım etti.
6. Bilgisayar kullanmak (siz) yardım etmeli.

D

Write out the years.

1. 1945
2. 1952
3. 1453
4. 1996
5. 1987
6. 1715

E

Translate into English.

1. Annesi para biriktirmesini söyledi.
2. Sekreter müdürün mektupları imzalamasını istedi.

3. Buradan Taksim'e yirmi dakika sürer.
4. Gözlüğüm nerede? Gözlüksüz okuyamam.
5. Bu kitaplar okul için gerekli midir?
6. Taşınmamıza yardım ettiler.

F

Translate into Turkish.

1. We helped her to sit.
2. They told me to open the door.
3. He didn't want you to wait for him.
4. She bought a cage for her bird.
5. The doctor helped him to walk.
6. We told them to play in the garden.

PRACTICE 85 - ANSWERS

A. 1. Kitabı okumamızı ister. 2. Saçını taraманı istedi. 3. Arkadaşına uğramasını istemedi. 4. Borç vermenizi istediler. 5. Bizi beklemelerini istedik. 6. Adam onu izlememi istedi.

B. 1. Şirketten ayrılmamı söylediler. 2. Parkta gezmemizi söylediler mi? 3. Annen para biriktirmeni söyler. 4. Onu affetmenizi söyledi. 5. Teklifi kabul etmesini söyleyeceğim. 6. Bizi sinemaya götürmelerini söyledik.

C. 1. Oturmasına yardım ettik. 2. Odayı temizlememe yardım edecek. 3. Evi bulmamıza yardım etmedi. 4. Onu tamir etmelerine yardım etmeyeceğim. 5. Annen ödevini yapmana yardım etti. 6. Bilgisayar kullanmanıza yardım etmeli.

D. 1. bin dokuz yüz kırk beş 2. bin dokuz yüz elli iki 3. bin dört yüz elli üç 4. bin dokuz yüz doksan altı 5. bin dokuz yüz seksen yedi 6. bin yedi yüz on beş

E. 1. Her father told her to save money. 2. The secretary wanted the manager to sign the letters. 3. It takes twenty minutes from here to Taksim. 4. Where are my eyeglasses? I can't read without eyeglasses. 5. Are these books necessary for the school? 6. They helped us to move.

F. 1. Oturmasına yardım ettik. 2. Kapıyı açmamı söylediler. 3. Onu beklemeni/ beklemenizi istemedi. 4. Kuşu için bir kafes satın aldı. 5. Doktor yürümesine yardım etti. 6. Bahçede oynamalarını söyledik.

temel TÜRKÇE kursu

DERS 86

GİBİ		LIKE
Patronumuz işçi gibidir.		Our boss is like a worker.
Bizimle çalışır.		He works with us.

TERCİH ETMEK		TO PREFER
Hangisini tercih edersin?		Which do you prefer?

SESLENMEK		TO CALL
Annesine seslendi.		She called her mother.

ÇAĞIRMAK		TO CALL; TO INVITE
Ona çağırdın mı?		Did you call him?
Toplantıya arkadaşını çağırdı.		He called his friend to the meeting.

ANİDEN		SUDDENLY
Kocası aniden içeri girdi.		Her husband came in suddenly.

851

BULUŞMAK		**TO MEET**
Yarın nerede buluşacağız?		Where will we meet tomorrow?

RANDEVU		**APPOINTMENT**
Yarın için bir randevunuz var mı?		Have you got an appointment for tomorrow?

GERÇEK		**TRUE, TRUTH**
Gerçeği söyleyeceğiz.		We'll tell the truth.
Bu öykü gerçektir.		This story is true.

ÇAĞIRMAK

The verb **çağırmak** has two meanings, 'to call out to someone' (to call their name), and 'to invite'.

Arkadaşına çağırdı.	He called his friend.
Caddede teyzesini gördü ve çağırdı.	She saw her aunt in the street and she called.

Lokantaya onu çağırdın mı?	Did you invite him to the restaurant?
Doğum gününe beni çağırmadı.	She didn't invite me to her birthday.

GİBİ

Another preposition, **gibi** (= like) is used after nouns (which do not take a suffix) to express similarity.

annen gibi	like your mother
çocuk gibi	like a child
ev gibi	like a house
otel gibi	like a hotel
öğretmenimiz gibi	like our teacher
doktorun gibi	like your doctor
kız kardeşi gibi	like her sister

Bu ev otel gibidir.	This house is like a hotel.
Teyzem annem gibidir.	My aunt is like my mother.

852

O işçi patron gibidir.	That worker is like a boss.
Bu hemşire doktor gibidir.	This nurse is like a doctor.
Mutfakları oda gibidir.	Their kitchen is like a room.
Çay bal gibi tatlıdır.	The tea is sweet like honey.
Çocuk gibi ağladı.	He cried like a child.
Öğretmenimiz gibi konuşuyor.	She is speaking like our teacher.
Kız kardeşin gibi yapma.	Don't do like your sister.
Benim gibi oturuyor.	She is sitting like me.
O kadın gibi şarkı söyler.	She sings like that woman.
Bizim gibi düşünür.	He thinks like us.

When **gibi** is used with pronouns, they take the possessive form.

ben	I
benim gibi	like me
sen	you
senin gibi	like you
o	he/she
onun gibi	like him/her
biz	we
bizim gibi	like us
siz	you
sizin gibi	like you
onlar	they
onlar gibi	like them

TERCİH ETMEK

Nouns used with **tercih etmek** (= to prefer) take the accusative form.

tercih etmek	to prefer
meyve suyunu tercih etmek	to prefer fruit juice
çayı tercih etmek	to prefer tea
çorbayı tercih etmek	to prefer soup
kolyeyi tercih etmek	to prefer necklaces

When **tercih etmek** is used with verbs, they take the suffix **-mayı, -meyi**.

yapmak	to do
yapmayı tercih etmek	to prefer doing
gelmek	to come
gelmeyi tercih etmek	to prefer coming
almak	to take
almayı tercih etmek	to prefer taking
satmak	to sell
satmayı tercih etmek	to prefer selling
vermek	to give
vermeyi tercih etmek	to prefer giving
beklemek	to wait
beklemeyi tercih etmek	to prefer waiting

Kahveyi tercih ederim.	I prefer coffee.
Sabahleyin çayı tercih eder.	She prefers tea in the morning.
Balıktan önce çorbayı tercih ederiz.	We prefer the soup before the fish.
Yüzüğü tercih etti.	She preferred the ring.
Meyve suyunu tercih ettik.	We preferred the fruit juice.
Elbiseyi bu dükkândan almayı tercih etti.	He preferred buying the dress at this shop.
Bu odada beklemeyi tercih ettiler.	They preferred waiting at this room.
Parayı bize vermeyi tercih etti.	He preferred giving the money to us.
Soruları sınıfta yanıtlamayı tercih ederiz.	We prefer answering the questions in the classroom.
Onun evine gitmeyi tercih ettik.	We preferred going to his house.
Ayakta durmayı tercih ederler.	They prefer standing.
Akşamleyin duş yapmayı tercih eder.	She prefers having a shower in the evening.
Erken kalkmayı tercih etti.	She preferred getting up early.
Otobüse binmeyi tercih eder.	He prefers getting on the bus.
Bu şarkıyı dinlemeyi tercih ederiz.	We prefer listening to this song.

To express a preference of one thing over another, the first object (the preference) takes the accusative, and the second object takes the directional suffix.

çay kahve
çayı kahveye

et balık
eti balığa

bira şarap
birayı şaraba

bu oda şu
bu odayı şuna

bu elbise diğer
bu elbiseyi diğerine

portakal elma
portakalı elmaya

peynir zeytin
peyniri zeytine

Eti balığa tercih eder.	He prefers meat to fish.
Portakalı elmaya tercih ederim.	I prefer oranges to apples.
Peyniri zeytine tercih ederler.	They prefer cheese to olives.
Kadın bu elbiseyi diğerine tercih etti.	The woman preferred this dress to the other one.
Bu odayı diğerine tercih ederiz.	We prefer this room to the other one.
Kocam birayı şaraba tercih eder.	My husband prefers beer to wine.
Doktor çayı kahveye tercih etti.	The doctor preferred tea to coffee.
İşadamı bu arabayı şuna tercih etti.	The businessman preferred this car to that one.
Annesi gümüşü altına tercih eder.	Her mother prefers silver to gold.

GERÇEK / TRUE, TRUTH

The same word **gerçek** functions as both noun (truth) and adjective (true).

Gerçeği biliyorum.	I know the truth.
Gerçeği söyle.	Tell the truth.
Gerçeği öğrenemedik.	We couldn't learn the truth.
Bize gerçeği anlattı.	She told us the truth.
Bu gerçek bir öyküdür.	This is a true story.

Words Used in the Reading Passage

emekli	retired
çikolatalı kek	chocolate cake

EMEKLİ BİR KADIN

A RETIRED WOMAN

Nergis Hanım bir ev hanımıdır. İki yıl önce bir bankada çalışıyordu. Şimdi emeklidir. Kocası da emeklidir, ama o çalışır.

Nergis Hanım'ın bir kızı ve bir oğlu var. Kızı bir doktordur. Oğlu üniversitededir. Kızı bir hastanede çalışır. Başarılı bir doktordur.

Onlar Bakırköy'de yaşarlar. Bakırköy çok kalabalık bir yerdir, ama onların evinin yeri daha sessizdir. Evin önünde küçük bir bahçe var.

Bugün perşembedir. Perşembe günleri genellikle Nergis Hanım'ın evine arkadaşları gelir. Onlar çeşitli konu-

Nergis Hanım is a housewife. She was working in a bank two years ago. She is retired now. Her husband is also retired, but he works.

Nergis Hanım has got one daughter and one son. Her daughter is a doctor. Her son is at university. Her daughter works in a hospital. She is a successful doctor.

They live in Bakırköy. Bakırköy is a very crowded place, but the place of their house is quieter. There is a small garden in front of the house.

Today is Thursday. On Thursday, Nergis Hanım's friends usually come to her house. They talk about different subjects.

lar hakkında konuşurlar. Bankadan
arkadaşları da gelir. Eski günleri
hatırlarlar.

Her friends from the bank also come.
They remember the old days.

Nergis Hanım onlar için çeşitli
yiyecekler hazırlar. Misafirler
çayı kahveye tercih eder.

Nergis Hanım prepares different food
for them. The guests prefer tea to
coffee.

Kızı sabahleyin evden çıkıyorken
çikolatalı kek yapmasını söyledi.
O çikolatalı keki çok sever.
Oğlu ekşi yiyecekleri tatlı
yiyeceklere tercih eder.

While her daughter was going out of
the house she told her to make a
chocolate cake. She likes chocolate
cakes very much. Her son prefers sour
food to sweet food.

Zil çaldı. Misafirler geldi.
Onlar da çeşitli yiyecekler
getirdiler.

The bell rang. The guests came. They
also brought different food.

Questions and Answers to the Reading Passage

**Nergis Hanım iki yıl önce
nerede çalışıyordu?**
Where was Nergis Hanım working
two years ago?

Bir bankada çalışıyordu.
She was working in a bank.

Emekli midir?
Is she retired?

Evet, emeklidir.
Yes, she is.

Onun kaç çocuğu var?
How many children has she got?

İki çocuğu var.
She has got two children.

Kızı ne iş yapar?
What is her daughter's job?

Doktordur.
She is a doctor.

Onlar nerede yaşarlar?
Where do they live?

Bakırköy'de yaşarlar.
They live in Bakırköy.

Bakırköy kalabalık mıdır?
Is Bakırköy crowded?

Evet, kalabalıktır.
Yes, it is.

Evin önünde ne vardır?
What is there in front of the house?

Küçük bir bahçe vardır.
There is a small garden.

Persembe günü Nergis Hanımın evine kim gelir?
Who comes to Nergis Hanım's house on Thursday?

Arkadaşları gelir.
Her friends come.

Onlar ne yaparlar?
What do they do?

Çeşitli konular hakkında konuşurlar.
They talk about different subjects.

Nergis Hanım onlar için ne hazırlar?
What does Nergis Hanım prepare for them.

Çeşitli yiyecekler hazırlar.
She prepares different food.

Misafirler neyi tercih eder?
What do the guests prefer?

Çayı tercih ederler.
They prefer tea.

Kızı neyi çok sever?
What does her daughter like very much?

Çikolatalı keki çok sever.
She likes chocolate cakes.

Oğlu neyi tercih eder?
What does her son prefer?

Ekşi yiyecekleri tercih eder.
He prefers sour food.

Misafirler yiyecek getirdiler mi?
Did the guests bring food?

Evet, getirdiler.
Yes, they did.

PRACTICE 86

A

Put the words in order and add appropriate suffixes to make sentences.

1. ben / yapın / gibi / soruları
2. çıkıyorken / biz / etti / o / telefon
3. ev / bu / eder / tercih / ona
4. yediler / seyrederek / televizyon / yemek
5. temizleyip / ev / gittiler / sinema
6. evimiz / daha / bizim / sizinkinden / büyüktür
7. yemeden / yemek / önce / almalısın / duş

858

B

Rewrite as shown.

Ex.: **süt çay**

    Sütü çaya tercih eder.

        1. **çay / kahve**
        2. **et / balık**
        3. **mavi elbise / kırmızı**
        4. **şarap / bira**
        5. **bu bilgisayar / diğer**
        6. **uçak / otobüs**
        7. **elma / muz**

C

Rewrite as shown.

Ex.: **Evi temizlemek (ben) yardım etti.**

    Evi temizlememe yardım etti.

        1. **Pencereleri kapatmak (sen) yardım etti mi?**
        2. **Yemek pişirmek (o) yardım edeceğiz.**
        3. **Ayağa kalkmak (siz) yardım eder.**
        4. **Çantayı taşımak (ben) yardım et.**
        5. **Bulaşıkları yıkamak (biz) yardım ettiler.**
        6. **Taşınmak (onlar) yardım ettik.**

D

Rewrite as shown.

Ex.: **bizi (beklemek) kadın**

    bizi bekleyen kadın

        1. **evde (oturmak) adam**
        2. **(kavga etmek) çocuklar**
        3. **(ağlamak) bebek**
        4. **parayı (biriktirmek) arkadaşım**
        5. **hırsızı (yakalamak) polis**
        6. **(öksürmek) hasta**

E

Translate into English.

1. Bu odayı diğerine tercih etti.
2. Kız o şarkıyı buna tercih eder.
3. Saçını onun gibi taradı.
4. Su buz gibi soğuktur.
5. Toplantıya seni çağırdı mı?
6. Saat altıda bir randevumuz var.
7. Evin önünde buluşalım mı?

F

Translate into Turkish.

1. They preferred this small house.
2. The businessman prefers planes to buses.
3. Their house is like a hotel. A lot of people stay.
4. The child runs like his father.
5. She wanted me to help her.
6. He helped us to go upstairs.
7. She called her husband, but he didn't hear.

PRACTICE 86 - ANSWERS

A. 1. Soruları benim gibi yapın. 2. Biz çıkıyorken o telefon etti. 3. Bu evi ona tercih eder. 4. Televizyon seyrederek yemek yediler. 5. Evi temizleyip sinemaya gittiler. 6. Bizim evimiz sizinkinden daha büyüktür. 7. Yemek yemeden önce duş almalısın.

B. 1. Çayı kahveye tercih eder. 2. Eti balığa tercih eder. 3. Mavi elbiseyi kırmızıya tercih eder. 4. Şarabı biraya tercih eder. 5. Bu bilgisayarı diğerine tercih eder. 6. Uçağı otobüse tercih eder. 7. Elmayı muza tercih eder.

C. 1. Pencereleri kapatmana yardım etti mi? 2. Yemek pişirmesine yardım edeceğiz. 3. Ayağa kalkmanıza yardım eder. 4. Çantayı taşımama yardım et. 5. Bulaşıkları yıkamamıza yardım ettiler. 6. Taşınmalarına yardım ettik.

D. 1. evde oturan adam 2. kavga eden çocuklar 3. ağlayan bebek 4. parayı biriktiren arkadaşım 5. hırsızı yakalayan polis 6. öksüren hasta

E. 1. She preferred this room to the other one. 2. The girl prefers that song to this one. 3. She combed her hair like her. 4. The water is cold like an ice. 5. Did he call you to the meeting? 6. We have got an appointment at six o'clock. 7. Shall we meet in front of the house?

F. 1. Bu küçük evi tercih ettiler. 2. İşadamı uçağı otobüse tercih eder. 3. Evleri otel gibidir. Birçok insan kalır. 4. Çocuk babası gibi koşar. 5. Ona yardım etmemi istedi. 6. Yukarıya çıkmamıza yardım etti. 7. Kocasına seslendi, ama o duymadı.

FONO açıköğretim kurumu

temel TÜRKÇE kursu

DERS 87

VOCABULARY

OKUMAK (ÖĞRENİM GÖRMEK)

Hangi okulda okur?

TO STUDY

Which school does she study at?

MEZUN OLMAK

Geçen yıl üniversiteden mezun oldu.

TO GRADUATE

She graduated from the university last year.

DÜĞÜN

Düğününe beni çağırmadı.

WEDDING CEREMONY

She didn't invite me to her wedding ceremony.

KOMŞU

Komşularımız bugün pikniğe gidiyorlar.

NEIGHBOUR

Our neighbours are going for a picnic today.

İMKÂNSIZ

Oraya gitmek imkânsızdır.

IMPOSSIBLE

It is impossible to go there.

861

EHLİYET		DRIVING LICENCE
Ehliyetin var mı?		Have you got a driving licence?

UTANGAÇ		SHY
Kız kardeşin çok utangaçtır. Bizimle konuşmadı.		Your sister is very shy. She didn't talk to us.

DEĞERLİ	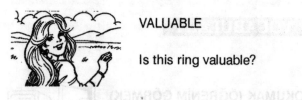	VALUABLE
Bu yüzük değerli midir?		Is this ring valuable?

OKUMAK

Okumak has two meanings, 'to read' and 'to study'.

İlginç bir kitap okuyor.	She is reading an interesting book.
Hiç kitaplar okumaz.	He never reads books.
Kitabı okuduktan sonra bana ver.	After you read the book give it to me.

Bu okulda okumak ister.	He wants to study in this school.
Üniversitede okumak istemedi.	She didn't want to study at university.
Kızı bu okulda okudu.	Her daughter studied in this school.

MEZUN OLMAK

Mezun olmak (= to graduate) is used with the ablative.

-den mezun olmak

okuldan mezun olmak	graduate from a school
üniversiteden mezun olmak	graduate from a university

Hangi okuldan mezun oldunuz?	Which school did you graduate from?

Bu okuldan ne zaman mezun ola-caksın?	When will you graduate from this school?
Üniversiteden geçen yıl mezun oldu.	She graduated from the university last year.

İMKÂNSIZ / IMPOSSIBLE

This word can be used in different structures. It can be used after verbs in the infinitive.

yapmak imkânsız	impossible to do
gelmek imkânsız	impossible to come
okumak imkânsız	impossible to read
satmak imkânsız	impossible to sell
para biriktirmek imkânsız	impossible to save money
otobüse binmek imkânsız	impossible to get on the bus
oturmak imkânsız	impossible to sit

Oraya gelmek imkânsız(dır).	It is impossible to come there.
Arabayı satmak imkânsız(dır).	It is impossible to sell the car.
Burada para biriktirmek imkânsız(dır).	It is impossible to save money here.
Otobüse binmek imkânsız. Çok kala-balık.	It is impossible to get on the bus. It is too crowded.
Bu evde yaşamak imkânsız.	It is impossible to live in this house.
Onun kitabını okumak imkânsız.	It is impossible to read his book.
Bu işi yapmak imkânsız.	It is impossible to do this work.

Agency can be indicated by using **imkânsız** after verbs in the structure we saw with **istemek, söylemek** and **yardım etmek**.

yapmam imkânsız	impossible for me to do
gelmem imkânsız	impossible for me to come
beklemem imkânsız	impossible for me to wait
kabul etmem imkânsız	impossible for me to accept

Bu teklifi kabul etmem imkânsız.	It is impossible for me to accept this offer.
Seni beklemem imkânsız.	It is impossible for me to wait for you.
Saat yedide oraya gelmem imkânsız.	It is impossible for me to come there at seven.

Onunla evlenmem imkânsız.	It is impossible for me to marry him.
Mektubu yazmam imkânsız.	It is impossible for me to type the letter.
Bu yatakta uyumam imkânsız.	It is impossible for me to sleep in this bed.
Otobüse yetişmem imkânsız.	It is impossible for me to catch the bus.

yapman imkânsız	impossible for you to do
gelmen imkânsız	impossible for you to come
beklemen imkânsız	impossible for you to wait
kabul etmen imkânsız	impossible for you to accept

Onu beklemen imkânsız.	It is impossible for you to wait for her.
Bu yemeği yemen imkânsız.	It is impossible for you to eat this food.
Bugün evi temizlemen imkânsız.	It is impossible for you to clean the house today.
Bu odada uyuman imkânsız.	It is impossible for you to sleep in this room.
O dili öğrenmen imkânsız.	It is impossible for you to learn that language.

yapması imkânsız	impossible for him to do
gelmesi imkânsız	impossible for him to come
beklemesi imkânsız	impossible for her to wait
kabul etmesi imkânsız	impossible for her to accept

Burada sigara içmesi imkânsız.	It is impossible for him to smoke here.
Evden ayrılması imkânsız.	It is impossible for him to leave home.
Kapıyı kapatması imkânsız.	It is impossible for him to close the door.
Mektubu imzalaması imkânsız.	It is impossible for her to sign the letter.
İzin vermesi imkânsız.	It is impossible for her to give permission.

yapmamız imkânsız	impossible for us to do
gelmemiz imkânsız	impossible for us to come
beklememiz imkânsız	impossible for us to wait
kabul etmemiz imkânsız	impossible for us to accept

Bu akşam gelmemiz imkânsız.	It is impossible for us to come tonight.
Bugün çalışmamız imkânsız.	It is impossible for us to work today.
O arabayı satın almamız imkânsız.	It is impossible for us to buy that car.
İşi bitirmemiz imkânsız.	It is impossible for us to finish the work.
Soruları yanıtlamamız imkânsız.	It is impossible for us to answer the questions.

yapmanız imkânsız	impossible for you to do
gelmeniz imkânsız	impossible for you to come
beklemeniz imkânsız	impossible for you to wait
kabul etmeniz imkânsız	impossible for you to accept
Masayı hazırlamanız imkânsız.	It is impossible for you to prepare the table.
Ona yardım etmeniz imkânsız.	It is impossible for you to help her.
Hastayı ziyaret etmeniz imkânsız.	It is impossible for you to visit the patient.
O evde kalmanız imkânsız.	It is impossible for you to stay at that house.
İçeriye girmeniz imkânsız.	It is impossible for you to enter.
yapmaları imkânsız	impossible for them to do
gelmeleri imkânsız	impossible for them to come
beklemeleri imkânsız	impossible for them to wait
kabul etmeleri imkânsız	impossible for them to accept
Bizimle gelmeleri imkânsız.	It is impossible for them to come with us.
Onu duymaları imkânsız.	It is impossible for them to hear her.
Bu akşam dönmeleri imkânsız.	It is impossible for them to come back tonight.
Adını hatırlamaları imkânsız.	It is impossible for them to remember his name.
Karar vermeleri imkânsız.	It is impossible for them to decide.

TERCİH ETMEK (Continued)

We have seen **tercih etmek** (= to prefer) used with nouns. Now, some examples with verbs.

Bu evi o eve tercih ettik.	We preferred this house to that house.
Sinemayı tiyatroya tercih etti.	She preferred cinema to theatre.
Oraya gitmeyi burada kalmaya tercih ederler.	They prefer going there to staying here.
Evde oturmayı sinemaya gitmeye tercih etti.	She preferred sitting in the house to going to the cinema.
Bir kitap okumayı müzik dinlemeye tercih ederim.	I prefer reading a book to listening to the music.
Uyumayı film seyretmeye tercih ettik.	We preferred sleeping to watching the film.
Gitmeyi beklemeye tercih etti.	He preferred going to waiting.

865

| Ayakta durmayı oturmaya tercih eder misiniz? | Do you prefer standing to sitting? |
| Telefon etmeyi mektup yazmaya tercih ettim. | I preferred telephoning to writing a letter. |

-ar/-er ...... -maz/-mez

The English expression 'as soon as' is made in Turkish by repeating the verb, to the first adding the suffix **-ar/-er, -ır/-ir/-ur/-ür**, and to the second adding **-maz/-mez**. (The first is a positive form and the second negative).

yapmak	**görmek**
yapar yapmaz	**görür görmez**
gelmek	**bitirmek**
gelir gelmez	**bitirir bitirmez**
satmak	**anlatmak**
satar satmaz	**anlatır anlatmaz**
beklemek	**telefon etmek**
bekler beklemez	**telefon eder etmez**
oturmak	**çağırmak**
oturur oturmaz	**çağırır çağırmaz**

o onu görür görmez	as soon as he sees her
ben duş alır almaz	as soon as I have a shower
kadın buraya gelir gelmez	as soon as the woman comes here
sen o mektubu yazar yazmaz	as soon as you write that letter
biz evden çıkar çıkmaz	as soon as we leave home
biz öğretmeni dinler dinlemez	as soon as we listen to the teacher
o otobüse biner binmez	as soon as he gets on the bus
onlar uyanır uyanmaz	as soon as they wake up
o parayı alır almaz	as soon as she takes the money
arkadaşım evlenir evlenmez	as soon as my friend gets married
annesi masayı hazırlar hazırlamaz	as soon as her mother prepares the table

Onu görür görmez kaçtı.	As soon as he saw her he escaped.
Duş alır almaz yatacağım.	I'll go to bed as soon as I have a shower.
Kadın buraya gelir gelmez size telefon eder.	As soon as the woman comes here she will telephone you.

Mektubu yazar yazmaz bana ver.	As soon as you write the letter give it to me.
Biz evden çıkar çıkmaz o geldi.	As soon as we went out of the house he came.
Öğretmeni dinler dinlemez sınıftan çıktık.	We went out of the classroom as soon as we listened to the teacher.
Otobüse biner binmez arkadaşını gördü.	He saw his friend as soon as he got on the bus.
Uyanır uyanmaz bir bardak çay içerler.	They drink a glass of tea as soon as they wake up.
Parayı alır almaz alışverişe çıktı.	As soon as she took the money she went for shopping.
Arkadaşım evlenir evlenmez Amerika'ya gitti.	As soon as my friend got married she went to America.
Eve gelir gelmez televizyonu açar.	She turns on TV as soon as she comes home.
Tıraş olur olmaz kahvaltı etti.	He had breakfast as soon as he shaved.
Kadın evi temizler temizlemez misafirler geldi.	As soon as the woman cleaned the house the guests came.
Mektubu yazar yazmaz gönderdi.	As soon as he wrote the letter he sent it.
Şehire varır varmaz otele gittik.	We went to the hotel as soon as we arrived at the city.
Kitabı okur okumaz bana ver.	As soon as you read the book, give me.

DIALOGUE

Ayşe : Bir bardak çay içeceğim. Sen ister misin?	I'll drink a glass of tea. Would you like?
Sema : İstemem. Evde hiç kahve var mı?	No, thanks. Have we got any coffee at home?
Ayşe : Evet, var. Sana kahve yapayım mı? Ben şimdi istemiyorum. Çayı kahveye tercih ederim.	Yes, we have. Shall I make you coffee? I don't want it now. I prefer tea to coffee.
Sema : Süt var mı? Sütlü kahve severim.	Have we got any milk? I like coffee with milk.

867

Ayşe : Yok, ama alabilirim.   No, we haven't, but I can buy.

Sema : Yoksa alma. Sütsüz   If we haven't got any milk, don't buy.
içebilirim.   I can drink it without milk.

Ayşe : Arkadaşıma telefon eder etmez   I'll go to the supermarket as soon as
markete gideceğim.   I telephone my friend.

Sema : Seninle geleyim mi?   Shall I come with you?

Ayşe : Gelme. Kendim giderim.   Don't come. I'll go myself.

Sema : Tamam. Ben filmi seyredeceğim.   Okay. I'll watch the film.

PRACTICE 87

A

Rewrite as shown.

Ex.: **Orada oturmak imkânsız. (ben)**
     Orada oturmam imkânsız.

1. **Kapının önünde beklemek imkânsız. (sen)**
2. **İşi yarına kadar bitirmek imkânsız. (o)**
3. **Kapıyı açmak imkânsız. (siz)**
4. **Bu otelde kalmak imkânsız. (biz)**
5. **Size fotoğrafları göstermek imkânsız. (ben)**
6. **Olayı bize anlatmak imkânsız. (onlar)**

B

Rewrite as shown.

Ex.: **gitmek / beklemek**
     Gitmeyi beklemeye tercih ederim.

1. **televizyon seyretmek / sinemaya gitmek**
2. **ayakta durmak / oturmak**
3. **kitap okumak / müzik dinlemek**
4. **bulaşık yıkamak / ütü yapmak**
5. **evde kalmak / otelde kalmak**
6. **çalışmak / evde oturmak**

C

Rewrite as shown.

Ex.: **Biz evden (çıkmak) o geldi.**
    Biz evden çıkar çıkmaz o geldi.

1. **(Uyanmak) telefon çaldı.**
2. **Sekreter ofise (gelmek) mektupları yazdı.**
3. **Yatağa (yatmak) uyudum.**
4. **Eve (gelmek) bana söyle.**
5. **Durağa (varmak) otobüs geldi.**
6. **Adam parayı (biriktirmek) araba aldı.**
7. **Aşağı (inmek) masayı hazırla.**

D

Rewrite as shown.

Ex.: **Soruları (ben) yaptım.**
    Soruları kendi kendime yaptım.

1. **Oraya (sen) git.**
2. **Yemeği (o) yiyor.**
3. **(biz) durakta bekliyoruz.**
4. **Masayı (siz) hazırlayabilirsiniz.**
5. **Lokantaya (onlar) gidiyorlar.**
6. **O evde (ben) oturuyorum.**

E

Translate into English.

1. **Burada beklemek imkânsızdır.**
2. **Sabah kalkar kalkmaz bir fincan kahve içerim.**
3. **Odaya girer girmez bizi gördü.**
4. **Ehliyeti yok. Arabayı süremez.**
5. **Bu okulda okumak ister.**
6. **1981 de mezun oldu.**

F

Translate into Turkish.

1. It was impossible to stay at that hotel.
2. I prefer oranges to bananas.
3. As soon as she arrived at the bus-stop the bus came.
4. As soon as I graduated from the university I found a good job.
5. She has got a shy daughter. She doesn't come with us.
6. Did you go to her wedding ceremony?

PRACTICE 87 - ANSWERS

A. 1. Kapının önünde beklemen imkânsız. 2. İşi yarına kadar bitirmesi imkânsız. 3. Kapıyı açmanız imkânsız. 4. Bu otelde kalmamız imkânsız. 5. Size fotoğrafları göstermem imkânsız. 6. Olayı bize anlatmaları imkânsız.

B. 1. Televizyon seyretmeyi sinemaya gitmeye tercih ederim. 2. Ayakta durmayı oturmaya tercih ederim. 3. Kitap okumayı müzik dinlemeye tercih ederim. 4. Bulaşık yıkamayı ütü yapmaya tercih ederim. 5. Evde kalmayı otelde kalmaya tercih ederim. 6. Çalışmayı evde oturmaya tercih ederim.

C. 1. Uyanır uyanmaz telefon çaldı. 2. Sekreter ofise gelir gelmez mektupları yazdı. 3. Yatağa yatar yatmaz uyudum. 4. Eve gelir gelmez bana söyle. 5. Durağa varır varmaz otobüs geldi. 6. Adam parayı biriktirir biriktirmez araba aldı. 7. Aşağı iner inmez masayı hazırla.

D. 1. Oraya kendi kendine git. 2. Yemeği kendi kendine yiyor. 3. Kendi kendimize barakta bekliyoruz. 4. Masayı kendi kendinize hazırlayabilirsiniz. 5. Lokantaya kendi kendilerine gidiyorlar. 6. O evde kendi kendime oturuyorum.

E. 1. It is impossible to wait here. 2. I have a cup of coffee as soon as I get up in the morning. 3. He saw us as soon as he entered the room. 4. She hasn't got a driving licence. She can't drive the car. 5. She wants to study in this school. 6. He graduated in nineteen eighty one.

F. 1. O otelde kalmak imkânsızdı. 2. Portakalı muza tercih ederim. 3. Otobüs durağına varır varmaz otobüs geldi. 4. Üniversiteden mezun olur olmaz iyi bir iş buldum. 5. Utangaç bir kızı var. Bizimle gelmez. 6. Onun düğününe gittin mi?

temel
TÜRKÇE
kursu

DERS
88

VOCABULARY

REKLAM

Yeni mallar için reklam çok önemlidir.

ADVERTISEMENT, AD

Advertisements are very important for new goods.

SÜRPRİZ

Bir sürpriz yaptı. Telefon etmeden bize geldi.

SURPRISE

He made a surprise. He came to us without phoning.

VİDEO

Videosunu sattı.

VIDEO PLAYER

He sold his video player.

KASET

Bu şarkıcının kasetini almak ister.

CASSETTE

She wants to buy this singer's cassette.

PLAK

O plakları dinledin mi?

RECORD

Did you listen to those records?

BENZEMEK

Kızım babasına benzer.

LOOK LIKE

My daughter looks like her father.

YUVARLAK

Halının üstünde yuvarlak bir şey var.

ROUND

There is a round thing on the carpet.

SARAY

Saray gibi bir evde yaşarlar.

PALACE

They live in a house like a palace.

MİŞLİ GEÇMİŞ ZAMAN

This tense is equal to eithir past perfect or past simple in English although past perfect is widely accepted to be the grammatical equivalent. Let us first look at its structure with the person endings.

Ben

To the verb root is added **-mıştı, -mişti, -muştu, -müştü** and then the personal suffix.

gel	to come
Gelmiştim.	I had come.
git	to go
Gitmiştim.	I had gone.
sat	to sell
Satmıştım.	I had sold.
gül	to laugh
Gülmüştüm.	I had laughed.
bul	to find
Bulmuştum.	I had found.

ye	to eat
Yemiştim.	I had eaten.

Telefon etmiştim.	I had telephoned.
Geçen yıl orada çalışmıştım.	I worked there last year.
Erken kalkmıştım.	I had got up early.
Mektubu göndermiştim.	I had sent the letter.
Sorulara cevap vermiştim.	I had answered the questions.
On yıl önce o okuldan mezun olmuştum.	I graduated from that school ten years ago.
Radyoyu tamir etmiştim.	I had repaired the radio.

Sen

gel	to come
Gelmiştin.	You had come.

git	to go
Gitmiştin.	You had gone.

sat	to sell
Satmıştın.	You had sold.

gül	to laugh
Gülmüştün.	You had laughed.

bul	to find
Bulmuştun.	You had found.

ye	to eat
Yemiştin.	You had eaten.

Telefon etmiştin.	You had telephoned.
Geçen yıl orada çalışmıştın.	You worked there last year.
Erken kalkmıştın.	You had got up early.
Mektubu göndermiştin.	You had sent the letter.
Sorulara cevap vermiştin.	You had answered the questions.
On yıl önce o okuldan mezun olmuştun.	You graduated from that school ten years ago.
Radyoyu tamir etmiştin.	You had repaired the radio.

O

gel	to come
Gelmişti.	She had come.
git	to go
Gitmişti.	He had gone.
sat	to sell
Satmıştı.	She had sold.
gül	to laugh
Gülmüştü.	He had laughed.
bul	to find
Bulmuştu.	She had found.
ye	to eat
Yemişti.	He had eaten.

Telefon etmişti.	She had telephoned.
Geçen yıl orada çalışmıştı.	She worked there last year.
Erken kalkmıştı.	He had got up early.
Mektubu göndermişti.	She had sent the letter.
Sorulara cevap vermişti.	She had answered the questions.
Gözlüğünü bulmuştu.	He had found his glasses.
Radyoyu tamir etmişti.	She had repaired the radio.

Biz

gel	to come
Gelmiştik.	We had come.
git	to go
Gitmiştik.	We had gone.
sat	to sell
Satmıştık.	We had sold.
gül	to laugh
Gülmüştük.	We had laughed.
bul	to find
Bulmuştuk.	We had found.

| ye | to eat |
| Yemiştik. | We had eaten. |

Telefon etmiştik.	We had telephoned.
Geçen yıl orada çalışmıştık.	We worked there last year.
Erken kalkmıştık.	We had got up early.
Mektubu göndermiştik.	We had sent the letter.
Sorulara cevap vermiştik.	We had answered the questions.
Ondan parayı almıştık.	We had taken the money from him.
Sinemanın önünde buluşmuştuk.	We had met in front of the cinema.

Siz

| gel | to come |
| Gelmiştiniz. | You had come. |

| git | to go |
| Gitmiştiniz. | You had gone. |

| sat | to sell |
| Satmıştınız. | You had sold. |

| gül | to laugh |
| Gülmüştünüz. | You had laughed. |

| bul | to find |
| Bulmuştunuz. | You had found. |

| ye | to eat |
| Yemiştiniz. | You had eaten. |

Telefon etmiştiniz.	You had telephoned.
Geçen yıl orada çalışmıştınız.	You worked there last year.
Fotoğrafları göstermiştiniz.	You had showed the photographs.
Mektubu göndermiştiniz.	You had sent the letter.
Sorulara cevap vermiştiniz.	You had answered the questions.
Ondan parayı almıştınız.	You had taken the money from him.
Sinemanın önünde buluşmuştunuz.	You had met in front of the cinema.

Onlar

| gel | to come |
| Gelmiş(ler)di. | They had come. |

| git | to go |
| Gitmiş(ler)di. | They had gone. |

875

sat	to sell
Satmış(lar)dı.	They had sold.
gül	to laugh
Gülmüş(ler)di.	They had laughed.
bul	to find
Bulmuş(lar)dı.	They had found.
ye	to eat
Yemiş(ler)di.	They had eaten.

Telefon etmişlerdi.	They had telephoned.
Geçen yıl orada çalışmışlardı.	They worked there last year.
Derslerini bitirmişlerdi.	They had finished their lessons.
Mektubu göndermişlerdi.	They had sent the letter.
Sorulara cevap vermişlerdi.	They had answered the questions.
O otobüse binmişlerdi.	They had got on that bus.
Sinemanın önünde buluşmuşlardı.	They had met in front of the cinema.

Words Used in the Reading Passage

cami	mosque
Kapalıçarşı	Grand Bazaar
mücevher	jewellery
kuyumcu	jeweller's shop

TUR

Adnan bir turist rehberidir. İngilizce ve Japonca bilir. Başarılı bir rehberdir. İyi konuşur. Turistler onu sever. Yazın İngiliz turistler, kışın Japon turistler gelir.

TOUR

Adnan is a tourist guide. He knows English and Japanese. He is a successful guide. He speaks well. Tourists like him. In the summer English tourists and in the winter Japanese ones come.

O gün Japon turistlerle birliktedir.	He is together with Japanese tourists.
Havaalanından otobüsle otele geldiler.	They came to the hotel by bus from the
Orada kahvaltı ettiler. Odalarında	airport. They had breakfast there.
dinlendiler ve duş aldılar.	They rested in their rooms and they
	had a shower.

Öğleden sonra Topkayı Sarayı, Sultan-	They went to Topkapı Palace, Sultan-
ahmet Camii ve Ayasofya Müzesi'ne	ahmet Mosque and Haghia Sophia
gittiler.	Museum in the afternoon.

Turistlerden bazıları alışverişe	Some of the tourists wanted to go
gitmek istedi. Adnan onları	shopping. Adnan took them to Grand
Kapalıçarşı'ya götürdü. Burası çok	Bazaar. This place is a very old and big
eski ve büyük bir çarşıdır. Birçok	bazaar. A lot of tourists come to
turist Kapalıçarşı'ya gelir. Orada	Grand Bazaar. There are different
çeşitli mallar vardır.	goods there.

Turistler halılara baktılar. Onlardan	The tourists looked at the carpets.
biri küçük bir halı aldı. Mücevherlere	One of them bought a small carpet.
de baktılar. Bir yüzük, bir bilezik	They also looked at jewellery. They
ve bir kolye aldılar.	bought a ring, a bracelet and a necklace.

Çarşıdan sonra otele döndüler ve	After the bazaar they came back to the
akşam yemeği yediler. Çok yor-	hotel and they had dinner. They were
gundular, bu yüzden erken yattılar.	very tired, so they went to bed early.

Questions and Answers to the Reading Passage

Adnan ne iş yapar?	**Turist rehberidir.**
What is Adnan's job?	He is a tourist guide.

Hangi dilleri bilir?	**İngilizce ve Japonca bilir.**
Which languages does he speak?	He speaks English and Japanese.

İyi konuşur mu?	**Evet, konuşur.**
Does he speak well?	Yes, he does.

Japon turistler ne zaman gelir?	**Kışın gelirler.**
When do Japanese tourists come?	They come in the winter.

Turistler otele nasıl geldiler?	**Otobüsle geldiler.**
How did the tourists come to the	They came by bus.
hotel?	

Otelde kahvaltı ettiler mi? Did they have breakfast in the hotel?	**Evet, ettiler.** Yes, they did.
Nerede dinlendiler? Where did they rest?	**Odalarında dinlendiler.** They rested in their rooms.
Öğleden sonra nereye gittiler? Where did they go in the afternoon?	**Topkapı Sarayı, Sultanahmet Camii, Ayasofya Müzesi'ne gittiler.** They went to Topkapı Palace, Sultan-ahmet Mosque, Haghia Sophia Museum.
Turistler alışveriş için nereye gittiler? Where did the tourists go for shopping?	**Kapalıçarşı'ya gittiler.** They went to Grand Bazaar.
Hiç halı aldılar mı? Did they buy any carpets?	**Evet, aldılar.** Yes, they did.
Kuyumcudan neler aldılar? What did they buy from the jeweller's shop?	**Bir yüzük, bir bilezik ve bir kolye aldılar.** They bought a ring, a bracelet and a necklace.
Çarşıdan sonra nereye gittiler? Where did they go after the bazaar?	**Otele gittiler.** They went to the hotel.
Niçin erken yattılar? Why did they go to bed early?	**Çünkü çok yorgundular.** Because they were very tired.

PRACTICE 88

A

Put into the past perfect tense.

1. **Bu okuldan mezun oldum.**
2. **Saray gibi bir evde yaşıyorsun.**
3. **Faturaları imzaladı.**
4. **Çok para biriktirdik.**
5. **Her akşam bahçede oturursunuz.**

6. İki yıl önce evlendiler.

7. Dün sabah ofiste kavga ettim.

8. Teklifi kabul edeceğiz.

B

Put into the tense given.

1. Oğlu babasına benzedi. (Present Simple)
2. Onlara seslendi. (Future Tense)
3. Yüzüğü bileziğe tercih ettiler. (Past Perfect)
4. Yarın bu lokantada buluşacağız. (Present Progressive)
5. Banyoda dişlerini fırçalar. (Simple Past)
6. Masadaki fotoğraflara baktınız. (Past Continuous)
7. İşimi çabuk bitireceğim. (Past Perfect)

C

Rewrite as shown.

Ex.: **Eve (girmek) telefon çaldı.**
       Eve girer girmez telefon çaldı.

1. Duş (almak) yattım.
2. Pazara (varmak) arkadaşını gördü.
3. Eve (gitmek) yemek yapacağız.
4. Salona (girmek) müdürü gördük.
5. Adam pencereden (düşmek) öldü.
6. Masayı (hazırlamak) misafirler geldi.

D

Rewrite as shown.

Ex.: **Oraya gitmek imkânsız. (ben)**
       Oraya gitmem imkânsız.

1. Bu soruları yapmak imkânsız. (sen)
2. Bu yıl mezun olmak imkânsız. (o)
3. Onu toplantıya çağırmak imkânsız. (biz)
4. Burada buluşmak imkânsız. (siz)
5. Evde sigara içmek imkânsız. (onlar)
6. Saat beşe kadar işi bitirmek imkânsız. (ben)

E

Translate into English.

1. Bu adam amcama benzer.
2. Televizyonda ilginç bir reklam var.
3. O adamı evin önünde görmüştük.
4. Bu şarkıyı orada dinlemiştik.
5. Evi satar satmaz parayı bankaya getireceğiz.
6. İstanbul'da birçok eski cami vardır.

F

Translate into Turkish.

1. They made a surprise for her birthday.
2. We worked there two years ago.
3. There was a round thing in her hand.
4. As soon as I opened the door I saw her.
5. They had helped us yesterday.
6. As soon as the man went to bed he slept.

PRACTICE 88 - ANSWERS

A. 1. Bu okuldan mezun olmuştum. 2. Saray gibi bir evde yaşamıştın. 3. Faturaları imzalamıştı. 4. Çok para biriktirmiştik. 5. Her akşam bahçede oturmuştunuz. 6. İki yıl önce evlenmişlerdi. 7. Dün sabah ofiste kavga etmiştim. 8. Teklifi kabul etmiştik.

B. 1. Oğlu babasına benzer. 2. Onlara seslenecek. 3. Yüzüğü bileziğe tercih etmişlerdi. 4. Yarın bu lokantada buluşuyoruz. 5. Banyoda dişlerini fırçaladı. 6. Masadaki fotoğraflara bakıyordunuz. 7. İşimi çabuk bitirmiştim.

C. 1. Duş alır almaz yattım. 2. Pazara varır varmaz arkadaşını gördü. 3. Eve gider gitmez yemek yapacağız. 4. Salona girer girmez müdürü gördük. 5. Adam pencereden düşer düşmez öldü. 6. Masayı hazırlar hazırlamaz misafirler geldi.

D. 1. Bu soruları yapman imkânsız. 2. Bu yıl mezun olması imkânsız. 3. Onu toplantıya çağırmamız imkânsız. 4. Burada buluşmanız imkânsız. 5. Evde sigara içmeleri imkânsız. 6. Saat beşe kadar işi bitirmem imkânsız.

E. 1. This man looks like my uncle. 2. There is an interesting advertisement on TV. 3. We had seen that man in front of the house. 4. We had listened to this song there. 5. We'll bring the money to the bank as soon as we sell the house. 6. There are a lot of old mosques in Istanbul.

F. 1. Onun doğum günü için bir sürpriz yaptılar. 2. İki yıl önce orada çalışmıştık. 3. Elinde yuvarlak bir şey vardı. 4. Kapıyı açtığım zaman onu gördüm. 5. Dün bize yardım etmişlerdi. 6. Adam yatar yatmaz uyudu.

temel TÜRKÇE kursu

DERS 89

KRAL

Dün bir kral Ayasofya Müzesini ziyaret etti.

KING

Yesterday, a king visited Haghia Sophia Museum.

KRALİÇE

Annesi bir kraliçe gibi oturuyor.

QUEEN

Her mother is sitting like a queen.

YETERLİ

Bu kitaplar bizim için yeter-lidir.

ENOUGH

These books are enough for us.

KURU

Babana kuru bir gömlek ver.

DRY

Give a dry shirt to your father.

ISLAK

Bu sandalye ıslaktır. Oturma.

WET

This chair is wet. Don't sit.

881

ÂŞIK OLMAK

Sekreter patronuna âşık oldu.

TO FALL IN LOVE (WITH)

The secretary fell in love with her boss.

SÖZ

Onun sözlerini hatırlamadık.

WORD, STATEMENT

We didn't remember her words.

MİŞLİ GEÇMİŞ ZAMAN - Continued

In the last lesson we saw **mişli geçmiş zaman** (⇒the past perfect) in the positive. In this lesson we will look at question and negative forms.

İşi bitirmiştim.	I had finished the work.
Öyküyü bize anlatmıştın.	You had told us the story.
Evini satmıştı.	She had sold her house.
Toplantıya gitmiştik.	We had gone to the meeting.
İki yıl önce mezun olmuştunuz.	You graduated two years ago.
Bu elbiseyi o mağazadan al- mışlardı.	They had bought this dress from that store.

Kız kardeşim o filmi seyretmişti.	My sister had watched that film.
Kadın iki yıl önce buraya gelmişti.	The woman came here two years ago.

Onu sizin evinizde görmüştüm.	I had seen him in your house.
Öğretmen soruları yanıtlamıştı.	The teacher had answered the questions.
Çocuklar dün parkta oynamışlardı.	The children played in the park yesterday.

Arkadaşının kız kardeşine aşık olmuştu.	He had fallen in law with his friend's sister.
Adam o yüzüğü karısı için almak istemişti.	The man had wanted to buy that ring for his wife.
İşçiler bu otobüse binmişlerdi.	The workers had got on this bus.

Biz gelmeden önce onlar evden çıkmış(lar)dı.	Before we came they had gone out of the house.
Telefon çalmadan önce o yatmıştı.	Before the telephone rang he had gone to bed.

Film başlamadan önce uyumuştu.	She had slept before the film began.
Okuldan mezun olmadan önce iyi bir iş bulmuştun.	You had found a good job when you graduated from the school.

Yatmadan önce dişlerini fırçalamıştı.	He had brushed his teeth before he went to bed.
Evi satmadan önce babama sormuştuk.	Before we sold the house we had asked my father.
Eve vardığımız zaman onlar gitmişti.	When we arrived at home they had gone.
Kitabı okuduğu zaman bize vermişti.	When she read the book she had given us.
Evden çıktığım zaman babamı görmüştüm.	When I went out of the house I saw my father.
Ona seslendiğiniz zaman sizi duymuştu.	He heard you when you called him.
Kitapları gösterdiği zaman satın almıştık.	When she showed the books we bought.
Otobüsten indiği zaman çantasını unutmuştu.	When she got off the bus she forgot her bag.

Question Form

Gelmiştim.	I had come.
Gelmiş miydim?	Had I come?
Satmıştım.	I had sold.
Satmış mıydım?	Had I sold?
Bulmuştum.	I had found.
Bulmuş muydum?	Had I found?
Gülmüştüm.	I had laughed.
Gülmüş müydüm?	Had I laughed?

Telefon etmiş miydim?	Had I telephoned?
Erken kalkmış mıydım?	Had I got up early?
Islak çorapları giymiş miydim?	Had I put on the wet socks?
O otobüse binmiş miydim?	Had I got on that bus?
Caddede sizi görmüş müydüm?	Had I seen you in the street?

Gelmiştin.	You had come.
Gelmiş miydin?	Had you come?
Satmıştın.	You had sold.
Satmış mıydın?	Had you sold?
Bulmuştun.	You had found.
Bulmuş muydun?	Had you found?
Gülmüştün.	You had laughed.
Gülmüş müydün?	Had you laughed?

Telefon etmiş miydin?	Had you telephoned?
Erken kalkmış mıydın?	Had you got up early?
Fotoğrafları göstermiş miydin?	Had you showed the photographs?
O otobüse binmiş miydin?	Had you got on that bus?
Derslerini bitirmiş miydin?	Had you finished your lessons?
Gelmişti.	She had come.
Gelmiş miydi?	Had she come?
Satmıştı.	He had sold.
Satmış mıydı?	Had he sold?
Bulmuştu.	She had found.
Bulmuş muydu?	Had she found?
Gülmüştü.	He had laughed.
Gülmüş müydü?	Had he laughed?
Telefon etmiş miydi?	Had she telephoned?
Erken kalkmış mıydı?	Had he got up early?
O reklamı görmüş müydü?	Had she seen that advertisement?
O otobüse binmiş miydi?	Had she got on that bus?
Caddede sizi görmüş müydü?	Had he seen you in the street?
Gelmiştik.	We had come.
Gelmiş miydik?	Had we come?
Satmıştık.	We had sold.
Satmış mıydık?	Had we sold?
Bulmuştuk.	We had found.
Bulmuş muyduk?	Had we found?
Gülmüştük.	We had laughed.
Gülmüş müydük?	Had we laughed?
Telefon etmiş miydik?	Had we telephoned?
Ondan parayı almış mıydık?	Had we taken the money from him?
Mektubu göndermiş miydik?	Had we sent the letter?
O otobüse binmiş miydik?	Had we got on that bus?
Radyoyu tamir etmiş miydik?	Had we repaired the radio?
Gelmiştiniz.	You had come.
Gelmiş miydiniz?	Had you come?
Satmıştınız.	You had sold.
Satmış mıydınız?	Had you sold?
Bulmuştunuz.	You had found.
Bulmuş muydunuz?	Had you found?

Gülmüştünüz.	You had laughed.
Gülmüş müydünüz?	Had you laughed?

Sorulara cevap vermiş miydiniz?	Had you answered the questions?
Erken kalkmış mıydınız?	Had you got up early?
Ondan parayı almış mıydınız?	Had you taken the money from him?
Sinemanın önünde buluşmuş muydunuz?	Had you met in front of the cinema?
Fotoğrafları göstermiş miydiniz?	Had you showed the photographs?

Gelmişlerdi.	They had come.
Gelmişler miydi?	Had they come?

Satmışlardı.	They had sold.
Satmışlar mıydı?	Had they sold?

Bulmuşlardı.	They had found.
Bulmuşlar mıydı?	Had they found?

Gülmüşlerdi.	They had laughed.
Gülmüşler miydi?	Had they laughed?

Geçen yıl orada çalışmışlar mıydı?	Had they worked there last year?
Erken kalkmışlar mıydı?	Had they got up early?
Derslerini bitirmişler miydi?	Had they finished their lessons?
O otobüse binmişler miydi?	Had they got on that bus?
Caddede sizi görmüşler miydi?	Had they seen you in the street?

Kız kardeşim o filmi seyretmiş miydi?	Had my sister watched that film?
Kadın iki yıl önce buraya gelmiş miydi?	Did the woman come here two years ago?
Onu sizin evinizde görmüş müydüm?	Had I seen him in your house?
Öğretmen soruları yanıtlamış mıydı?	Had the teacher answered the questions?
Çocuklar dün parkta oynamışlar mıydı?	Did the children play in the park yesterday?
Adam o yüzüğü karısı için almak istemiş miydi?	Had the man wanted to buy that ring for his wife?
İşçiler bu otobüse binmişler miydi?	Had the workers got on this bus?

Biz gelmeden önce onlar evden çıkmış(lar) mıydı?	Had they gone out of the house before we came?
Telefon çalmadan önce o yatmış mıydı?	Had he gone to bed before the telephone rang?
Film başlamadan önce uyumuş muydu?	Had she slept before the film began?
Okuldan mezun olmadan önce iyi bir iş bulmuş muydun?	Did you find a good job when you graduated from the school?
Yatmadan önce dişlerini fırçalamış mıydı?	Had he brushed his teeth before he went to bed?

Eve vardığımız zaman onlar gitmiş miydi?	Had they gone when we arrived at home?
Kitabı okuduğu zaman bize vermiş miydi?	Did she give us the book when she read it?
Ona seslendiğiniz zaman sizi duymuş muydu?	Did he hear you when you called him?
Otobüsten indiği zaman çantasını unutmuş muydu?	Had she forgotten her bag when she got off the bus?

Negative Form

Gelmiştim.	I had come.
Gelmemiştim.	I hadn't come.
Satmıştım.	I had sold.
Satmamıştım.	I hadn't sold.
Bulmuştum.	I had found.
Bulmamıştım.	I hadn't found.
Gülmüştüm.	I had laughed.
Gülmemiştim.	I hadn't laughed.

Telefon etmemiştim.	I hadn't telephoned.
Erken kalkmamıştım.	I hadn't got up early.
Islak çorapları giymemiştim.	I hadn't put on the wet socks.
O otobüse binmemiştim.	I hadn't got on that bus.
Caddede sizi görmemiştim.	I hadn't seen you in the street.

Gelmiştin.	You had come.
Gelmemiştin.	You hadn't come.
Satmıştın.	You had sold.
Satmamıştın.	You hadn't sold.
Bulmuştun.	You had found.
Bulmamıştın.	You hadn't found.
Gülmüştün.	You had laughed.
Gülmemiştin.	You hadn't laughed.

Telefon etmemiştin.	You hadn't telephoned.
Erken kalkmamıştın.	You hadn't got up early.
Fotoğrafları göstermemiştin.	You hadn't show the photographs.
O otobüse binmemiştin.	You hadn't got on that bus.
Caddede bizi görmemiştin.	You hadn't seen us in the street.

Gelmişti.	She had come.
Gelmemişti.	She hadn't come.

Satmıştı.	He had sold.
Satmamıştı.	He hadn't sold.
Bulmuştu.	She had found.
Bulmamıştı.	She hadn't found.
Gülmüştü.	He had laughed.
Gülmemişti.	He hadn't laughed.

Telefon etmemişti.	She hadn't telephoned.
O reklamı görmemişti.	He hadn't seen that advertisement.
O otobüse binmemişti.	She hadn't got on that bus.
Ondan parayı almamıştı.	She hadn't taken the money from him.
Mektubu göndermemişti.	He hadn't sent the letter.

Gelmiştik.	We had come.
Gelmemiştik.	We hadn't come.
Satmıştık.	We had sold.
Satmamıştık.	We hadn't sold.
Bulmuştuk.	We had found.
Bulmamıştık.	We hadn't found.
Gülmüştük.	We had laughed.
Gülmemiştik.	We hadn't laughed.

Sorulara cevap vermemiştik.	We hadn't answered the questions.
Erken kalkmamıştık.	We hadn't got up early.
Sinemanın önünde buluşmamıştık.	We hadn't met in front of the cinema.
Derslerimizi bitirmemiştik.	We hadn't finished our lessons.
Caddede sizi görmemiştik.	We hadn't seen you in the street.

Gelmiştiniz.	You had come.
Gelmemiştiniz.	You hadn't come.
Satmıştınız.	You had sold.
Satmamıştınız.	You hadn't sold.
Bulmuştunuz.	You had found.
Bulmamıştınız.	You hadn't found.
Gülmüştünüz.	You had laughed.
Gülmemiştiniz.	You hadn't laughed.

Geçen yıl orada çalışmamıştınız.	You didn't work there last year.
Radyoyu tamir etmemiştiniz.	You hadn't repaired the radio.
O otobüse binmemiştiniz.	You hadn't got on that bus.
Gözlüğünüzü bulmamıştınız.	You hadn't found your glasses.
Ondan parayı almamıştınız.	You hadn't taken the money from him.

Gelmişlerdi.	They had come.
Gelmemişlerdi.	They hadn't come.
Satmışlardı.	They had sold.
Satmamışlardı.	They hadn't sold.
Bulmuşlardı.	They had found.
Bulmamışlardı.	They hadn't found.
Gülmüşlerdi.	They had laughed.
Gülmemişlerdi.	They hadn't laughed.

Telefon etmemişlerdi.	They hadn't telephoned.
Erken kalkmamışlardı.	They hadn't got up early.
Mektubu göndermemişlerdi.	They hadn't sent the letter.
Sinemanın önünde buluşmamışlardı.	They hadn't met in front of the cinema.
Evi temizlememişlerdi.	They hadn't cleaned the house.

Kız kardeşim o filmi seyretmemişti.	My sister hadn't watched that film.
Onu sizin evinizde görmemiştim.	I hadn't seen him in your house.
Öğretmen soruları yanıtlamamıştı.	The teacher hadn't answered the questions.
Adam o yüzüğü karısı için almak istememişti.	The man hadn't wanted to buy that ring for his wife.
İşçiler bu otobüse binmemişlerdi.	The workers hadn't got on this bus.

Biz gelmeden önce onlar evden çıkmamıştı.	Before we came they hadn't left home.
Telefon çalmadan önce o yatmamıştı.	Before the telephone rang he hadn't gone to bed.
Film başlamadan önce uyumamıştı.	She hadn't slept before the film began.
Okuldan mezun olmadan önce iyi iyi bir bulmamıştın.	You hadn't found a good job before you graduated from the school.
Yatmadan önce dişlerimi fırçalama-mıştım.	I hadn't brushed my teeth before I went to bed.
Evi satmadan önce babama sormamıştık.	Before we sold the house we hadn't asked my father.

Eve vardığımız zaman onlar gitmemişti.	When we arrived at home they hadn't gone.
Kitabı okuduğu zaman bize vermemişti.	When she read the book she didn't give us.
Ona seslendiğiniz zaman sizi duymamıştı.	He didn't hear you when you called him.
Otobüsten indiği zaman çantasını unutmamıştı.	When she got off the bus she didn't forget her bag.

A

Put into the past pefect tense.

1. İçeri girdiğimiz zaman gazete okuyordu.
2. Karısına bir bulaşık makinesi almak istedi.
3. Onlar tuvalete girdiği zaman dışarıda bekleriz.
4. Bir şişe kırmızı şarap ısmarlıyorlar.
5. Ondan borç aldınız.
6. Öğrenciler sözcükleri tekrarlayacaklar.

B

Change to negative form.

1. İki yıl önce buraya gelmişti.
2. Bu kitabı o kitapçıda bulmuştuk.
3. Karısını lokantada görmüşlerdi.
4. On yıl önce o okuldan mezun olmuştum.
5. Paranızı kaybetmiştiniz.
6. Onun teklifini kabul etmiştin.

C

Change to question form.

1. Çok para biriktirmişlerdi.
2. Müdür mektupları imzalamıştı.
3. Odaya girip onu uyandırmıştın.
4. Bira içerek filmi izlemiştik.
5. Oraya erken varmıştınız.
6. Onunla hastanede karşılaşmıştım.

D

Rewrite as shown.

Ex.:   Eve (gelmek) yattı.   ---> Eve gelir gelmez yattı.

1. Oraya (varmak) bana telefon et.
2. Fransa'ya (gitmek) mektup yazdı.
3. Onu (öğrenmek) bana öğretecek.
4. Mezun (olmak) çalışacak.
5. Çantayı (bulmak) polis geldi.
6. Arabayı (satmak) buradan gidecek.

E

Translate into English.

1. **Bu para sizin için yeterli midir?**
2. **Yer ıslaktı.**
3. **Kuru bir etek istiyorum.**
4. **Dün sabah geç kalmıştık.**
5. **Sandalyeye oturmadan önce onu temizlemişti.**
6. **Bizi beklememişlerdi.**
7. **Onun adresini öğrenmiş miydiniz?**

F

Translate into Turkish.

1. Her words aren't right.
2. He had fallen in love with his boss' daughter.
3. They sat on the wet grass.
4. Before we got on the train our friends had called.
5. Had you taken her to the hospital?
6. Before the man went out of the house he hadn't shaved.
7. Have we got enough wine for the party?

PRACTICE 89 - ANSWERS

A. 1. İçeri girdiğimiz zaman gazete okumuştu. 2. Karısına bir bulaşık makinesi almak istemişti. 3. Onlar tuvalete girdiği zaman dışarıda beklemiştik. 4. Bir şişe kırmızı şarap ısmarlamışlardı. 5. Ondan borç almıştınız. 6. Öğrenciler sözcükleri tekrarlamışlardı.

B. 1. İki yıl önce buraya gelmemişti. 2. Bu kitabı o kitapçıda bulmamıştık. 3. Karısını lokantada görmemişlerdi. 4. On yıl önce o okuldan mezun olmamıştım. 5. Paranızı kaybetmemiştiniz. 6. Onun teklifini kabul etmemiştin.

C. 1. Çok para biriktirmişler miydi? 2. Müdür mektupları imzalamış mıydı? 3. Odaya girip onu uyandırmış mıydın? 4. Bira içerek filmi izlemiş miydik? 5. Oraya erken varmış mıydınız? 6. Onunla hastanede karşılaşmış mıydım?

D. 1. Oraya varır varmaz bana telefon et. 2. Fransa'ya gider gitmez mektup yazdı. 3. Onu öğrenir öğrenmez bana öğretecek. 4. Mezun olur olmaz çalışacak. 5. Çantayı bulur bulmaz polis geldi. 6. Arabayı satar satmaz buradan gidecek.

E. 1. Is this money enough for you? 2. The floor was wet. 3. I want a dry skirt. 4. We had been late yesterday morning. 5. Before she sat on the chair she had cleaned it. 6. They hadn't waited for us. 7. Had you learned her address?

F. 1. Sözleri doğru değildir. 2. Patronunun kızına aşık olmuştu. 3. Islak çimenin üstüne oturdular. 4. Biz trene binmeden önce arkadaşlarımız seslenmişti. 5. Onu hastaneye götürmüş müydünüz/müydün? 6. Adam evden çıkmadan önce tıraş olmuştu. 7. Parti için yeterli şarabımız var mı?

890

temel
TÜRKÇE
kursu

DERS
90

VERB TENSES

In this lesson we will gather all the verb tenses introduced so far to review their structure.

PRESENT CONTINUOUS

Positive Form

Sekreter şimdi bir mektup yazıyor.	The secretary is writing a letter now.
Bir bardak bira içiyoruz.	We are drinking a glass of beer.
Bavulları taşıyorlar.	They are carrying the suitcases.
Arabanın arkasında bekliyorum.	I am waiting behind the car.
Doktorla konuşuyorsunuz.	You are talking to the doctor.
Şimdi duş yapıyorum.	I am having a shower.

Negative Form

Bebek ağlamıyor.	The baby isn't crying.
O adama bakmıyorum.	I am not looking at that man.
Sözcükleri tekrarlamıyorlar.	They aren't repeating the words.
Cümleleri tercüme etmiyorsun.	You aren't translating the sentences.
Kapıyı kapatmıyorsunuz.	You aren't closing the door.
Radyoyu açmıyoruz.	We aren't turning on the radio.

Question Form

Baban tıraş oluyor mu?	Is your father shaving?
Parka yürüyorlar mı?	Are they walking to the park?
Çocuğu dövüyor musun?	Are you beating the child?
Elbiseyi dikiyor musunuz?	Are you sewing the dress?
Mektubu imzalıyor muyuz?	Are we signing the letter?
Öksürüyor muyum?	Am I coughing?

PRESENT SIMPLE

Positive Form

Her sabah bu durakta bekler.	She waits at this stop every morning.
Her gün bize telefon ederler.	They telephone us every day.
Akşam yemeğini balkonda yeriz.	We eat dinner on the balcony.
Çocuğa her akşam bir öykü anlatırım.	I tell a story to the child every evening.
Bahçede sigara içersiniz.	You smoke in the garden.
Bize biraz para verirsin.	You give us some money.

Negative Form

O evde yaşamayız.	We don't live in that house.
Annesine benzemez.	He doesn't look like his mother.
Seninle orada buluşmam.	I don't meet you there.
Bizi toplantıya çağırmazlar.	They don't call us to the meeting.
Birayı şaraba tercih etmezsiniz.	You don't prefer beer to wine.
Peyniri o süpermarketten almaz.	She doesn't buy the cheese from that supermarket.

Question Form

Her sabah yüzer misin?	Do you swim every morning?
Annesi İngilizce öğretir mi?	Does her mother teach English?
Her yıl Antalya'ya gider misiniz?	Do you go to Antalya every year?
Her akşam burada otururlar mı?	Do they sit here every evening?
Daima erken yatar mıyız?	Do we always go to bed early?
Sütçü her pazartesi gelir mi?	Does the milkman come every Monday?

PAST SIMPLE

Positive Form

Geçen yıl Londra'ya gittik.	We went to London last year.
Onun odasında radyo dinlediler.	They listened to the radio in her room.
Bu kitabı okudun.	You read this book.
Dün sabah altıda kalktım.	I got up at six o'clock yesterday morning.
Bu mektubu dün gece yazdı.	She wrote this letter last night.
Babam odasında gazete okudu.	My father read the newspaper in his room.

Negative Form

İşadamı dün bankaya telefon etmedi.	The businessman didn't telephone the bank yesterday.
Dün ders çalışmadık.	We didn't study yesterday.
Sebzeyi bu manavdan almadın.	You didn't buy the vegetable from this greengrocer's.
Geçen ay bu evi satın almadılar.	They didn't buy this house last month.
Kadın arkadaşıyla yüzmedi.	The woman didn't swim with her friend.
Dün akşam sinemaya gitmediniz.	You didn't go to the cinema last night.

Question Form

Oraya erken vardınız mı?	Did you arrive there early?
Onun teklifini kabul ettin mi?	Did you accept her offer?
Hırsız kaçtı mı?	Did the thief escape?
Bebek ağladı mı?	Did the baby cry?
Sizi takip ettiler mi?	Did they follow you?
Onlara Türkçe öğrettik mi?	Did we teach Turkish to them?

FUTURE

Positive Form

Mektubu yazdıktan sonra postaneye gideceğim.	I'll go to the post-office after I write the letter.
Çocuk için bisiklet alacak.	She'll buy a bicycle for the child.
Ona biraz süt vereceğiz.	We'll give him some milk.
Oraya uçakla gideceksiniz.	You'll go there by plane.
Radyoyu tamir edecekler.	They'll repair the radio.
Bu mektupları imzalayacaksın.	You'll sign these letters.

893

Negative Form

Bülent Bey otobüsle dönmeyecek.	Bülent Bey won't return by bus.
Bu akşam erken yatmayacağız.	We won't go to bed early this evening.
Para biriktirmeyecekler.	They won't save money.
İşçiler burada çalışmayacaklar.	The workers won't work here.
Şemsiyesini almayacak.	She won't take her umbrella.
Müdürle konuşmayacaksın.	You won't speak to the manager.

Question Form

Sizin için bir şey pişirecek mi?	Will she cook anything for you?
Onunla evlenecek misin?	Will you marry him?
Hafta sonunda çalışacaklar mı?	Will they work at the week-end?
Elbisemi dikecek misiniz?	Will you sew my dress?
Işığı açacak mı?	Will she turn on the light?
Kapıyı kapatacak mı?	Will she close the door?

PAST CONTINUOUS

Positive Form

Sekreter işadamı için mektuplar yazıyordu.	The secretary was writing the letters for the businessman.
Dün orada yağmur yağıyordu.	It was raining there yesterday.
Babam evden çıktığı zaman ben uyuyordum.	I was sleeping when my father went out of the house.
Arkadaşın içeri girdiği zaman sen bir kitap okuyordun.	When your friend came in, you were reading a book.
Geçen yıl Türkçe öğretiyorduk.	We were teaching Turkish last year.
Dün postaneye gidiyorlardı.	They were going to the post-office yesterday.

Negative Form

Ben öğretmenle konuştuğum zaman o dinlemiyordu.	When I was speaking to the teacher she wasn't listening.
İki saat önce burada oturmuyorlardı.	They weren't sitting here two hours ago.
Biz oraya gittiğimiz zaman kar yağmıyordu.	When we went there it wasn't snowing.
Onu beklemiyorduk.	We weren't waiting for him.
Her gün bir mektup yazmıyordun.	You weren't writing a letter every day.
Kızımı düşünmüyordum.	I wasn't thinking of my daughter.

Question Form

Dayım yazın bizim eve geliyor muydu?	Was my uncle coming to our house in the summer?
Her sabah süt içiyor muydun?	Were you drinking milk every morning?
Bu üniversitede okuyor muydunuz?	Were you studying at this university?
Size bakıyorlar mıydı?	Were they looking at you?
Onu ofise götürüyor muyduk?	Were we taking her to the office?
Kadın banyoda şarkı söylüyor muydu?	Was the woman singing in the bathroom?

MİŞLİ GEÇMİŞ ZAMAN

Positive Form

İki yıl önce buraya gelmiştim.	I came here two years ago.
Karısını geçen hafta görmüştü.	He saw his wife last week.
Geçen yıl Türkiye'ye gitmişlerdi.	They went to Türkiye last year.
Bu haberi ona söylemiştin.	You had told this news to him.
Siz kapıyı açmadan önce biz zili çalmıştık.	We had rung the bell before you opened the door.
Sorulara cevap vermiştiniz.	You had answered the questions.

Negative Form

Trene yetişmemişti.	She hadn't caught the train.
Bu olayı bize anlatmamıştın.	You hadn't told this event to us.
O filmi seyretmemiştik.	We hadn't watched that film.
Cümleleri tercüme etmemişlerdi.	They hadn't translated the sentences.
Pencereleri kapatmamıştınız.	You hadn't closed the windows.
Patron tıraş olmamıştı.	The boss hadn't shaved.

Question Form

Hasta dün gece öksürmüş müydü?	Did the patient cough last night?
O dili öğrenmiş miydin?	Had you learnt that language?
Parayı bankadan almış mıydık?	Had we taken the money from the bank?
Otobüse koşmuş muydular?	Had they run to the bus?
O kadına gülmüş müydünüz?	Had you laughed at that woman?
Bizim yanımızda oturmuş muydu?	Had he sat near us?

TO BE - Present

Positive Form

Babası bir dişçidir.	Her father is a dentist.
Bugün evdeyim.	I am at home today.
Kitaplarım masadadır.	My books are on the table.
Şimdi bahçedeyiz.	We are in the garden now.
Annesi çok gençtir.	Her mother is very young.
Bu etekler çok pahalıdır.	These skirts are very expensive.

Negative Form

Kadın güzel değildir.	The woman isn't beautiful.
On sekiz yaşında değilim.	I am not eighteen years old.
Kocası bir dişçi değildir.	Her husband isn't a dentist.
Yaşlı değilsin.	You aren't old.
Yarın evde değiliz.	We aren't at home tomorrow.
Toplantıda değiller.	They aren't at the meeting.

Question Form

Oğlu tembel midir?	Is her son lazy?
Bu yol tehlikeli midir?	Is this road dangerous?
Yarın fabrikadalar mı?	Are they in the factory tomorrow?
Üzgün müsün?	Are you sad?
Aç mısınız?	Are you hungry?
O hızlı bir araba mıdır?	Is it a fast car?

OLMAK - Past

Positive Form

Hastaydım.	I was ill.
İki yıl önce bir öğretmendi.	He was a teacher two years ago.
Dün evdeydik.	We were at home yesterday.
Geçen yıl bu oteldeydiniz.	You were at this hotel last year.
Uzun boyluydular.	They were tall.
O maymun hayvanat bahçesindeydi.	That monkey was at the zoo.

Negative Form

Evleri eski değildi.	Their house wasn't old.
Ağabeyim mühendis değildi.	My elder brother wasn't an engineer.
Geçen yıl burada değildim.	I wasn't here last year.
Kısa boylu değildik.	We weren't short.
Şanslı değildiniz.	You weren't lucky.
Bu yol tehlikeli değildi.	This road wasn't dangerous.

Question Form

Müşteri mağazada mıydı?	Was the customer in the department store?
O kitap faydalı mıydı?	Was that book useful?
Hasta mıydın?	Were you ill?
Dün akşam evde miydiniz?	Were you at home last evening?
Otobüs kalabalık mıydı?	Was the bus crowded?
Hırsız mıydılar?	Were they thief?

-EBİLMEK

Positive Form

Oraya gidebilirsin.	You can go there.
Annem bugün gelebilir.	My mother can come today.
Burada sigara içebilirim.	I can smoke here.
Üç saat yürüyebilirler.	They can walk for three hours.
Bu odada bekleyebiliriz.	We can wait in this room.
O dili öğrenebilirsiniz.	You can learn that language.

Negative Form

Kız odayı temizleyemez.	The girl can't clean the room.
Bu bavulları taşıyamam.	I can't carry these suitcases.
Bu odadan telefon edemeyiz.	We can't telephone from this room.
Japonca öğretemezsiniz.	You can't teach Japanese.
Kapıyı açamazlar.	They can't open the door.
Evi satamaz.	She can't sell the house.

Question Form

Çocuk orada oturabilir mi?	Can the child sit there?
Polis hırsızı yakalayabilir mi?	Can the policeman catch the thief?
Masayı hazırlayabilir misin?	Can you prepare the table?
Mektupları yazabilir misiniz?	Can you write the letters?
Faturayı ödeyebilirler mi?	Can they pay the bill?
Burada bekleyebilir miyim?	Can I wait here?

-MELİ, -MALI

Positive Form

Onun adını hatırlamalısın.	You must remember her name.
Bu çorbayı ona vermeliyiz.	We must give him this soup.
Anneniz için bir hediye almalısınız.	You must buy a present for your mother.
Çocuklar burada oynamalılar.	The children must play here.
Kapıyı açmalıyız.	We must open the door.
Derslerini düşünmeli.	She must think of her lessons.

Negative Form

Bu havuzda yüzmemeliyiz.	We mustn't swim in this pool.
Gece geç yatmamalısın.	You mustn't go to bed late at night.
Mektubu yazmamalısınız.	You mustn't write the letter.
Hasta bu çorbayı içmemeli.	The patient mustn't drink this soup.
Orada oturmamalılar.	They mustn't sit there.
Ona gülmemeliyim.	I mustn't laugh at him.

Question Form

Bu evden taşınmalı mıyız?	Must we move from this house?
Onları fabrikaya götürmeli mi?	Must she bring them to the factory?
Pantolonu dikmeli misin?	Must you sew the trousers?
Faturayı ödemeli misiniz?	Must you pay the bill?
Tıraş olmalı mı?	Must he shave?
Onu toplantıya çağırmalılar mı?	Must they call him to the meeting?

PRACTICE 90

A

Change into present simple.

1. Ödevini bitiriyordu.
2. Onun hakkında konuştuk.
3. Adresini hatırlamadılar.
4. İşe başlıyor mu?
5. Piyano çalacaksınız.
6. Elbisemi değiştireceğim.
7. Bize sebze getiriyor mu?

B

Change into past perfect.

1. Film başlıyordu.
2. Soruları bildim.
3. Doğum günü için bir hediye alıyor.
4. Otobüs orada durdu.
5. Onu düğünümüze çağıracağız.
6. Onunla oturmayı tercih etti mi?
7. Orada duş almazsınız.

C

Change into past continuous.

1. Doktorun sözlerini dinlemiştik.
2. Yemek yaptığı zaman o oturmuştu.
3. Onun için bir hediye almayacağım.
4. Hasta biraz tavuk yiyor.
5. O koltukta oturmazsın.
6. Ressam o resmi yaptı mı?
7. Hastanenin önünde bizi bekleyeceksiniz.

D

Change into the structure for necessity.

1. Birlikte seyahat ederler.
2. Buzdolabı ithal ediyoruz.
3. Bu parkta gezmiyorum.
4. O evden taşınmıyoruz.
5. Bizi eve kadar takip etti mi?
6. Ona söz verdi.
7. Babam bize kızmayacak.

E

Translate into English.

1. On yıl önce bu üniversiteden mezun olmuştuk.
2. Onu gördüğümüz zaman süpermarketteydi.
3. Bu konu hakkında ne zaman karar verdiniz?

899

4. Bu yıl mezun olabilir mi?

5. Bizden biraz para istediler.

6. Onun için bir şey hazırlamayacak.

7. Onu toplantıya çağırmamalısınız.

F

Translate into Turkish.

1. She can't use this computer.
2. This is the last bus. You must get on.
3. This train was more crowded than the other one.
4. I'll think of you.
5. The students were repeating the sentences in the classroom.
6. Where did they meet?
7. The oranges were rather sweet.

PRACTICE 90 - ANSWERS

A. 1. Ödevini bitirir. 2. Onun hakkında konuşuruz. 3. Adresini hatırlamazlar. 4. İşe başlar mı? 5. Piyano çalarsınız. 6. Elbisemi değiştiririm. 7. Bize sebze getirir mi?

B. 1. Film başlamıştı. 2. Soruları bilmiştim. 3. Doğum günü için bir hediye almıştı. 4. Otobüs orada durmuştu. 5. Onu düğünümüze çağırmıştık. 6. Onunla oturmayı tercih etmiş miydi? 7. Orada duş almamıştınız.

C. 1. Doktorun sözlerini dinliyorduk. 2. Yemek yaptığı zaman o oturuyordu. 3. Onun için bir hediye almıyordum. 4. Hasta biraz tavuk yiyordu. 5. O koltukta oturmuyordun. 6. Ressam o resmi yapıyor muydu? 7. Hastanenin önünde bizi bekliyordunuz.

D. 1. Birlikte seyahat etmeliler. 2. Buzdolabı ithal etmeliyiz. 3. Bu parkta gezmemeliyim. 4. O evden taşınmamalıyız. 5. Bizi eve kadar takip etmeli mi? 6. Ona söz vermeli. 7. Babam bize kızmamalı.

E. 1. We graduated from this university ten years ago. 2. She was in the supermarket when we saw him. 3. When did you decide about this subject? 4. Can she graduate this year? 5. They wanted some money from us. 6. She won't prepare anything for him. 7. You mustn't call him to the meeting.

F. 1. Bu bilgisayarı kullanamaz. 2. Bu son otobüstür. Binmelisin. 3. Bu tren diğerinden daha kalabalıktı. 4. Seni düşüneceğim. 5. Öğrenciler sınıfta cümleleri tekrarlıyorlardı. 6. Nerede karşılaştılar? 7. Portakallar oldukça tatlıydı.

temel
TÜRKÇE
kursu

DERS 91

VOCABULARY

BEZ

Masayı pis bir bezle temizledi.

CLOTH

She cleaned the table with a dirty cloth.

SAKLAMAK

Parayı nereye sakladınız?

TO HIDE

Where did you hide the money?

TIRMANMAK

Bu ağaca tırmanabilir misin?

TO CLIMB

Can you climb up this tree?

AİT OLMAK

Bu dükkân amcasına aittir.

TO BELONG (TO)

This shop belongs to her uncle.

SARHOŞ

Dün gece sarhoş muydun?

DRUNK

Were you drunk last night?

901

YIRTMAK		TO TEAR
Babası gazeteyi okuyorken çocuk onu yırttı.		While his father was reading the newspaper, the child tore it.

YALAN		LIE
Bu bir yalandı.		This was a lie.

YALAN SÖYLEMEK		TO LIE
Yalan söyleme. Baban sana kızacak.		Don't lie. Your father will be angry with you.

ESKİDEN		IN THE PAST, IN THE OLD DAYS; USED TO
Eskiden bu evde yaşardık.		We used to live in this house.

AİT OLMAK / TO BELONG TO

This structure is used in the simple tense forms, as in English.

Bu ev babasına aittir.	This house belongs to her father.
O çanta kadına aittir.	That bag belongs to the woman.
Bu pipo dedesine aittir.	This pipe belongs to her grandfather.
Şu yüzükler annesine aittir.	Those rings belong to his father.
Bu anahtar bana aittir.	This key belongs to me.
O araba size aittir.	That car belongs to you.
Bu bilgisayar onlara aittir.	This computer belongs to them.
Bu kitaplar öğretmene ait değildir.	These books don't belong to the teacher.
Bu köpek bize ait değildir.	This dog doesn't belong to us.
O fotoğraf makinesi size ait değildir.	That camera doesn't belong to you.
Bu plaklar sana ait mi?	Do these records belong to you?
O ehliyet adama ait mi?	Does that driving licence belong to the man?
Bu bavullar onlara ait mi?	Do these suitcases belong to them?

902

-ARDI, -ERDİ / USED TO

The suffix **-ardı, -erdi, -ırdı, -irdi, -urdu, -ürdü** is added to the verb root and followed by the personal suffix to refer to actions/events which occurred in the past but no longer do so.

Ben

yap	do
Yapardım.	I used to do.
gel	come
Gelirdim.	I used to come.
bekle	wait
Beklerdim.	I used to wait.
bul	find
Bulurdum.	I used to find.
kal	stay
Kalırdım.	I used to stay.
gör	see
Görürdüm.	I used to see.

Bahçede onu görürdüm.	I used to see him in the garden.
Seni burada beklerdim.	I used to wait for you here.
Bu parkta oynardım.	I used to play in this park.
Soruları bilirdim.	I used to know the questions.
Bu otobüse binerdim.	I used to get on this bus.
Her sabah duş alırdım.	I used to have a shower every morning.
Akşam erken uyurdum.	I used to sleep early in the evening.

Sen

yap	do
Yapardın.	You used to do.
gel	come
Gelirdin.	You used to come.
bekle	wait
Beklerdin.	You used to wait.

bul	find
Bulurdun.	You used to find.
kal	stay
Kalırdın.	You used to stay.
gör	see
Görürdün.	You used to see.

Bahçede onu görürdün.	You used to see him in the garden.
Onu burada beklerdin.	You used to wait for her here.
Bu parkta oynardın.	You used to play in this park.
Soruları bilirdin.	You used to know the questions.
Bu otobüse binerdin.	You used to get on this bus.
Her sabah duş alırdın.	You used to have a shower every morning.
Akşam erken uyurdun.	You used to sleep early in the evening.

O

yap	do
Yapardı.	She used to do.
gel	come
Gelirdi.	He used to come.
bekle	wait
Beklerdi.	She used to wait.
bul	find
Bulurdu.	He used to find.
kal	stay
Kalırdı.	She used to stay.
gör	see
Görürdü.	She used to see.

Bu şarkıyı dinlerdi.	She used to listen to this song.
Yazın balkonda kahvaltı ederdi.	He used to have breakfast on the balcony in the summer.
Bu bahçede oynardı.	She used to play in this garden.
İlginç öyküler anlatırdı.	She used to tell interesting stories.
Bu otobüse binerdi.	She used to get on this bus.
Her sabah duş alırdı.	He used to have a shower every morning.
Bizi burada beklerdi.	She used to wait for us here.

Biz

yap	do
Yapardık.	We used to do.
gel	come
Gelirdik.	We used to come.
bekle	wait
Beklerdik.	We used to wait.
bul	find
Bulurduk.	We used to find.
kal	stay
Kalırdık.	We used to stay.
gör	see
Görürdük.	We used to see.

Fotoğraflar çekerdik.	We used to take photographs.
Seni orada beklerdik.	We used to wait for you there.
Bu bahçede oynardık.	We used to play in this garden.
Soruları bilirdik.	We used to know the questions.
Bu yatakta uyurduk.	We used to sleep in this bed.
Her sabah duş alırdık.	We used to have a shower every morning.
Akşam erken uyurduk.	We used to sleep early in the evening.

Siz

yap	do
Yapardınız.	You used to do.
gel	come
Gelirdiniz.	You used to come.
bekle	wait
Beklerdiniz.	You used to wait.
bul	find
Bulurdunuz.	You used to find.
kal	stay
Kalırdınız.	You used to stay.
gör	see
Görürdünüz.	You used to see.

905

Bu kitapları okurdunuz.	You used to read these books.
Bize yardım ederdiniz.	You used to help us.
Bu bahçede oynardınız.	You used to play in this garden.
Soruları bilirdiniz.	You used to know the questions.
Bu otobüse binerdiniz.	You used to get on this bus.
Para biriktirirdiniz.	You used to save money.
Akşam erken uyurdunuz.	You used to sleep early in the evening.

Onlar

yap	do
Yaparlardı.	They used to do.
gel	come
Gelirlerdi.	They used to come.
bekle	wait
Beklerlerdi.	They used to wait.
bul	find
Bulurlardı.	They used to find.
kal	stay
Kalırlardı.	They used to stay.
gör	see
Görürlerdi.	They used to see.

Bahçede onu görürlerdi.	They used to see him in the garden.
O bilgisayarı kullanırlardı.	They used to use that computer.
Bu bahçede oynarlardı.	They used to play in this garden.
Soruları bilirlerdi.	They used to know the questions.
Sabahleyin pencereleri açarlardı.	They used to open the windows in the morning.
Cümleleri çevirirlerdi.	They used to translate the sentences.
Akşam erken uyurlardı.	They used to sleep early in the evening.

Her sabah geç kalırdı.	She used to be late every morning.
Babasından korkardı.	He used to be afraid of his father.
Yaşlı adam bu sandalyede otururdu.	The old man used to sit on this chair.
Annem her hafta o yemeği pişirirdi.	My mother used to cook that food every week.
Bize gülerdi.	She used to laugh at us.
O şarkıcıyı dinlerlerdi.	They used to listen to that singer.

Her sabah onu uyandırırdı.	Every morning he used to wake her up.
Patron mektupları imzalardı.	The boss used to sign the letters.
Adam işe erken başlardı.	The man used to begin the work early.
Kadın çayı kahveye tercih ederdi.	The woman used to prefer tea to coffee.
O parkta buluşurlardı.	They used to meet in that park.
Her sabah ofise gitmeden önce bize seslenirdi.	She called us every morning before she went to the office.
Her hafta sonu eve dönerdi.	He used to return home every week-end.

-E/-A GÖRE / ACCORDING TO

This structure is used which can be translated 'according to' or sometimes 'I think, in my opinion, etc'.

ben	I
bana göre	according to me
sen	you
sana göre	according to you
o	he/she
ona göre	according to her/him
biz	we
bize göre	according to us
siz	you
size göre	according to you
onlar	they
onlara göre	according to them
öğretmene göre	according to the teacher
müdüre göre	according to the manager
babama göre	according to my father
gazeteye göre	according to the newspaper
arkadaşıma göre	according to my friend

Ona göre bu soru çok kolaydır.	According to her this question is very easy.
Bize göre o ev çok eskidir.	According to us that house is very old.
Babama göre çok ders çalışmak zorundayım.	According to my father I have to study hard.
Gazeteye göre bugün hava yağmurlu.	According to the newspaper it is rainy today.

Onlara göre kızkardeşin çok güzel.	According to them your sister is very beautiful.
Arkadaşıma göre yarın o gelebilir.	According to my friend she can come tomorrow.
Bana göre en faydalı kitap budur.	I think the most useful book is this.
Doktora göre bir hafta evde kalmalısın.	According to the doctor you must stay at home for one week.
Öğretmene göre en çalışkan öğrenci bu kızdır.	According to the teacher the most hard-working student is this girl.

PRACTICE 91

A

Rewrite as shown.

Ex.: **Bu defter (ben) aittir.**
     Bu defter bana aittir.

      1. **O ev (babası) aittir.**
      2. **Bu bavullar (onlar) aittir.**
      3. **O fotoğraf (ben) aittir.**
      4. **Bu para (sen) ait mi?**
      5. **Bisiklet (çocuk) aittir.**
      6. **O çanta (biz) ait değildir.**

B

Rewrite as shown.

Ex.: **O bahçede oturmak (biz)**
     O bahçede otururduk.

      1. **Akşamleyin denizde yüzmek (onlar)**
      2. **Her gün bir paket sigara içmek (o)**
      3. **Her akşam duş almak (biz)**
      4. **Fabrikanın önünde buluşmak (siz)**
      5. **Mektupları bize göndermek (sen)**
      6. **Eve erken dönmek (ben)**
      7. **Çabuk karar vermek (biz)**
      8. **Sık sık bana telefon etmek (o)**

C

Rewrite as shown.

Ex.: (Öğretmen) bu ders çok zordur.
 Öğretmene göre bu ders çok zordur.

1. (Ben) burası çok sıcak.
2. (O) bu elbiseyi almalıyız.
3. (Biz) onun evi küçüktür.
4. (Doktor) hastanede kalmalı.
5. (Onlar) bugün kar yağabilir.
6. (Sen) orası nasıl bir yerdir?

D

Put into the past perfect.

1. Çocuk ağaca tırmanıyordu.
2. Parayı kutuya sakladık.
3. Geçen yıl mezun oldular.
4. Oradan taşındık.
5. Onları bizim eve çağırırım.
6. Size kahve getirmeyeceğim.
7. Bizi dinlemiyor.
8. Evinizi gösterdiniz mi?

E

Change into question form.

1. Sık sık yalan söyler.
2. O kıza aşık oldu.
3. Kırmızı elbiseyi tercih edecekler.
4. Bu yıl mezun olacağız.
5. Bugün ofiste çalışıyor.
6. İşi bitirmiştiniz.
7. Bu ağaca tırmanabilirsin.

F

Translate into English.

1. O parkta buluşurlardı.
2. Bizim için hediyeler alırdı.
3. O resimler bize aittir.

909

4. **Bu dükkân amcasına aittir.**
5. **Elbiselerimi nereye sakladın?**
6. **Kız mektubu yırttı.**
7. **Bana göre arkadaşın orada çalışamaz.**

G

Translate into Turkish.

1. According to the businessman that worker is very lazy.
2. This bag doesn't belong to you.
3. Were you drunk last night?
4. Do you sometimes lie?
5. She used to swim in this sea every morning.
6. The woman used to go shopping every Wednesday.
7. Don't clean with a dirty cloth.

PRACTICE 91 - ANSWERS

A. 1. **O ev babasına aittir.** 2. **Bu bavullar onlara aittir.** 3. **O fotoğraf bana aittir.** 4. **Bu para sana ait mi?** 5. **Bisiklet çocuğa aittir.** 6. **O çanta bize ait değildir.**

B. 1. **Akşamleyin denizde yüzerlerdi.** 2. **Her gün bir paket sigara içerdi.** 3. **Her akşam duş alırdık.** 4. **Fabrikanın önünde buluşurdunuz.** 5. **Mektupları bize gönderirdin.** 6. **Eve erken dönerdim.** 7. **Çabuk karar verirdik.** 8. **Sık sık bana telefon ederdi.**

C. 1. **Bana göre burası çok sıcak.** 2. **Ona göre bu elbiseyi almalıyız.** 3. **Bize göre onun evi küçüktür.** 4. **Doktora göre hastanede kalmalı.** 5. **Onlara göre bugün kar yağabilir.** 6. **Sana göre orası nasıl bir yerdir?**

D. 1. **Çocuk ağaca tırmanmıştı.** 2. **Parayı kutuya saklamıştık.** 3. **Geçen yıl mezun olmuşlardı.** 4. **Oradan taşınmıştık.** 5. **Onları bizim eve çağırmıştım.** 6. **Size kahve getirmemiştim.** 7. **Bizi dinlememişti.** 8. **Evinizi göstermiş miydiniz?**

E. 1. **Sık sık yalan söyler mi?** 2. **O kıza aşık oldu mu?** 3. **Kırmızı elbiseyi tercih edecekler mi?** 4. **Bu yıl mezun olacak mıyız?** 5. **Bugün ofiste çalışıyor mu?** 6. **İşi bitirmiş miydiniz?** 7. **Bu ağaca tırmanabilir misin?**

F. 1. They used to meet in that park. 2. He used to buy presents for us. 3. Those pictures belong to us. 4. This shop belongs to his uncle. 5. Where did you hide my dresses? 6. The girl tore the letter. 7. I think your friend can't work there.

G. 1. **İşadamına göre o işçi çok tembeldir.** 2. **Bu çanta sana/size ait değildir.** 3. **Dün gece sarhoş muydun?** 4. **Bazen yalan söyler misin?** 5. **Her sabah bu denizde yüzerdi.** 6. **Kadın her çarşamba alışverişe giderdi.** 7. **Kirli bir bezle temizleme.**

t e m e l
TÜRKÇE
k u r s u

DERS 92

VOCABULARY

YALANCI

Arkadaşın bir yalancıdır.

LIAR

Your friend is a liar.

SİLMEK

Pencereleri ne zaman silecek?

TO WIPE

When will she wipe the windows?

OYUNCU

Bu oyuncuyu tanır mısın?

PLAYER

Do you know this player?

BASKETBOL

Basketbol oynamayı severler.

BASKETBALL

They like playing basketball.

SEBEP

Onun sebebini bilmiyorum.

CAUSE, REASON

I don't know the reason of it.

ÇIKARMAK (giysi)

Eteğimi çıkar. Ben giyeceğim.

TAKE OFF, PUT OFF

Take off my skirt. I'll put it on.

911

KIZGIN

Babası çok kızgındı. Çünkü
kız geç kaldı.

ANGRY

Her father was very angry.
Because the girl was late.

NEDEN

Bu olayın nedeni nedir?

CAUSE, REASON

What is the reason of this
event?

-ardı, -erdi - Question and Negative Forms

We have seen the suffix **-ardı/-erdi** (used to) used in the positive. Now we will look
at question and negative forms.

Question Form

Yapardım.	I used to do.
Yapar mıydım?	Did I use to do?
Seni burada bekler miydim?	Did I use to wait for you here?
Bu parkta oynar mıydım?	Did I use to play in this park?
Yapardın.	You used to do.
Yapar mıydın?	Did you use to do?
Bu parkta oynar mıydın?	Did you use to play in this park?
Yalan söyler miydin?	Did you use to lie?
Yapardı.	She used to do.
Yapar mıydı?	Did she use to do?
Seni burada bekler miydi?	Did he use to wait for you here?
Bu parkta oynar mıydı?	Did she use to play in this park?
Yapardık.	We used to do.
Yapar mıydık?	Did we use to do?
Camları siler miydik?	Did we use to wipe the windows?
Parayı saklar mıydık?	Did we use to hide the money?
Yapardınız.	You used to do.
Yapar mıydınız?	Did you use to do?

Her sabah duş alır mıydınız?	Did you use to have a shower every morning?
Sigara içer miydiniz?	Did you use to smoke?
Yaparlardı.	They used to do.
Yaparlar mıydı?	Did they use to do?
O şarkıcıyı dinlerler miydi?	Did they use to listen to that singer?
Balkonda kahvaltı ederler miydi?	Did they use to have breakfast on the balcony?
Her sabah geç kalır mıydı?	Did she use to be late every morning?
Babasından korkar mıydı?	Did he use to be afraid of his father?
Yaşlı adam bu sandalyede oturur muydu?	Did the old man use to sit on this chair?
Bize güler miydi?	Did she use to laugh at us?
Pencereleri siler miydi?	Did she use to wipe the windows?
Sesimizi duyar mıydın?	Did you use to hear our voice?
Patron mektupları imzalar mıydı?	Did the boss use to sign the letters?
Adam işe erken başlar mıydı?	Did the man use to begin the work early?
Kadın çayı kahveye tercih eder miydi?	Did the woman use to prefer tea to coffee?
Her hafta sonu eve döner miydi?	Did he use to return home every week-end?

Negative Form

Yapardım.	I used to do.
Yapmazdım.	I didn't use to do.
Seni burada beklemezdim.	I didn't use to wait for you here.
Bu parkta oynamazdım.	I didn't use to play in this park.
Yapardın.	You used to do.
Yapmazdın.	You didn't use to do.
Kapının önünde beklemezdin.	You didn't use to wait in front of the door.
Yalan söylemezdin.	You didn't use to lie.
Yapardı.	He used to do.
Yapmazdı.	He didn't use to do.
Sigara içmezdi.	She didn't use to smoke.
Sorulara cevap vermezdi.	She didn't answer the questions.

Yapardık.	We used to do.
Yapmazdık.	We didn't use to do.
Camları silmezdik.	We didn't use to wipe the windows.
Parayı saklamazdık.	We didn't use to hide the money.
Yapardınız.	You used to do.
Yapmazdınız.	You didn't use to do.
Her sabah duş almazdınız.	You didn't use to have a shower every morning.
Sigara içmezdiniz.	You didn't use to smoke.
Yaparlardı.	They used to do.
Yapmazlardı.	They didn't use to do.
O şarkıcıyı dinlemezlerdi.	They didn't use to listen to that singer.
Balkonda kahvaltı etmezlerdi.	They didn't use to have breakfast on the balcony.
Babasından korkmazdı.	He didn't use to be afraid of his father.
Yaşlı adam bu sandalyede otur-mazdı.	The old man didn't use to sit on this chair.
Bize gülmezdi.	She didn't use to laugh at us.
Gömleğini çıkarmazdı.	He didn't use to take off his shirt.
Sesimizi duymazdın.	You didn't use to hear our voice.
Patron mektupları imzalamazdı.	The boss didn't use to sign the letters.
Adam işe erken başlamazdı.	The man didn't use to begin the work early.
O adamdan hoşlanmazdık.	We didn't use to like that man.
Her hafta sonu eve dönmezdi.	He didn't use to return home every week-end.
Kadın elbiseler dikmezdi.	The woman didn't use to sew dresses.

-KEN

This suffix can be added to nouns to make time clauses about the past.

genç	young
gençken	when young
evli	married
evliyken	when married
evde	at home
evdeyken	when at home

orada	there
oradayken	when there
fakir	poor
fakirken	when poor
arabada	in the car
arabadayken	when in the car
üniversitede	at university
üniversitedeyken	when at university
çocuk	child
çocukken	when child

Çocukken bu bahçede oynardık.	We used to play in this garden when we were children.
Gençken hızlı yüzerdi.	She used to swim fast when she was young.
Fakirken bu evde yaşarlardı.	They used to live in this house when they were poor.
Üniversitedeyken arkadaşlarımla bu lokantada yemek yerdim.	When I was at university I used to eat with my friends in this restaurant.
Arabadayken sigara içmezdim.	I didn't use to smoke when I was in the car.
Oradayken ne yapardın?	What did you use to do when you were there?
Japonya'dayken Japonca öğrendin mi?	Did you learn Japanese when you were in Japan?
Evdeyken yemek yapar mı?	Does she cook when she is at home?
Toplantıdayken neden konuşmadı?	Why didn't he speak when he was in the meeting?
Bahçedeyken sesini duymadım.	I didn't hear her voice when I was in the garden.
Sekreterken birçok mektuplar yazmıştı.	She had written a lot of letters when she was a secretary.
Odadayken kızla konuş.	Talk to the girl when you are in the room.

-Ken Used with Verbs

-Ken can also be added to verbs to make time clauses (about the past, present or future).

gel	come
gelirken	while coming, when coming
öğren	learn
öğrenirken	while learning, when learning

sat	sell
satarken	while selling, when selling
al	buy
alırken	while buying, when buying
ye	eat
yerken	while eating, when eating
oyna	play
oynarken	while playing, when playing

Geceleyin araba sürerken dikkatli olmalısın.	You must be careful when driving at night.
Futbol oynarken çok su içme.	Don't drink too much water when playing football.
Yemek yerken televizyon izlemeyi severim.	I like watching TV while eating.

Personal suffixes are not added to **-ken** - agency is indicated by the personal suffix attached to the verb(s) in the main clause(s).

geliyorum	I'm coming
gelirken	while I'm coming, when I'm coming
satıyoruz	we are selling
satarken	while we are selling, when we are selling
satıyordum	I was selling
satarken	as I was selling
konuşuyordu	he was speaking
konuşurken	as he was speaking

Here are some examples of **-ken** used with verbs in sentences.

Eve dönerken burada otururuz.	We sit here when we return home.
Oraya giderken benimle yürür.	She walks with me when she goes there.
Yemek yerken ne söyleyeceksiniz?	What will you say when you are eating?
Evi satarken kocana soracak mısın?	Will you ask your husband when you sell the house?
Sigara içerken babası geldi.	As he was smoking his father came.
Otobüs kalkarken biz geldik.	As the bus was leaving, we came.
Futbol oynarken sizi gördük.	We saw you when we were playing football.
İngilizce öğrenirken bana yardım etti.	He helped me when I was learning English.
Parayı saklarken onu gördünüz mü?	Did you see him when he was hiding the money?

ANAOKULU

Ahmet Bey ve Dilek Hanımın bir kızı var. Adı Ece. Şimdi dört yaşındadır. Dilek Hanım dört yıldır kızıyla birlikte evdeydi, ama şimdi çalışmak istiyor. Bu yüzden Ece için iyi bir anaokulu bulacaklar.

Şimdi eve yakın bir anaokuluna gidiyorlar. Yolda bu konu hakkında konuştular. Beş dakika sonra oradaydılar. Müdürün odasına girdiler. Adı İpek. Genç ve hoş bir kadındır. O, anaokulu hakkında konuştu. Sabah yedi buçuktan akşam altıya kadar çocuklar orada kalabilirler. Günde üç kez yemek yerler. Kahvaltı yapar, öğle yemeği yer ve öğleden sonra çay içerler.

Onlar için bir öğretmen ve oyuncaklar var. Birlikte oyunlar oynarlar. Şarkılar söylerler. Resimler çizerler. Uyurlar.

KINDERGARTEN

Ahmet Bey and Dilek Hanım have a daughter. Her name is Ece. She is four years old now. Dilek Hanım was at home with her daughter for four years, but she wants to work now. So they will find a good kindergarten for Ece.

They are going to a kindergarten near the house now. They talked about this subject. They were there five minutes later. They went into the manager's room. Her name is İpek. She is a young and nice woman. She talked about the kindergarten. The children can stay there from half past seven in the morning to six o'clock in the evening. They eat three times a day. They have breakfast and lunch, and drink tea in the afternoon.

There is a teacher and toys for them. They play games together. They sing songs. They draw pictures. They sleep.

Dilek Hanım ve Ahmet Bey ana-okulunun odalarına, mutfağına ve tuvaletine baktılar. Temiz ve aydınlık bir yerdi. Anaokulunu beğendiler. Ece için orası iyi bir yer olacak.

Dilek Hanım and Ahmet Bey looked at the rooms, kitchen and toilet of the kindergarten. It was a clean and light place. They liked the kindergarten. That place will be a good place for Ece.

Questions and Answers to the Reading Passage

Dilek Hanım ve Ahmet Bey'in kızı kaç yaşındadır?
How old is Dilek Hanım and Ahmet Bey's daughter?

Dört yaşındadır.
She is four years old.

Dilek Hanım şimdi ne yapmak istiyor?
What does Dilek Hanım want to do?

Çalışmak istiyor.
She wants to work.

Onlar Ece için ne bulacaklar?
What will they find for Ece?

İyi bir anaokulu bulacaklar.
They'll find a good kindergarten.

Onlar nerede konuştular?
Where did they talk?

Yolda konuştular.
They talked on their way.

Müdürün adı nedir?
What is the manager's name?

İpektir.
It is İpek.

Genç midir?
Is she young?

Evet, gençtir.
Yes, she is.

Çocuklar orada kaç kez yemek yerler?
How many times do the children eat there?

Üç kez yerler.
They eat three times.

Onlar için bir öğretmen var mı?
Is there a teacher for them?

Evet, var.
Yes, there is.

Çocuklar orada ders çalışırlar mı?
Do the children study there?

Hayır, çalışmazlar.
No, they don't.

Onlar nerelere baktılar?
Where did they look at?

Odalara, mutfağa ve tuvalete baktılar.
They looked at the rooms, kitchen and the toilet.

Anaokulunu beğendiler mi?
Did they like the kindergarten?

Evet, beğendiler.
Yes, they did.

918

A

Change into question form.

1. Oraya erken giderdik.
2. O bahçede futbol oynarlardı.
3. Ofise geç kalırdı.
4. Çok para harcardın.
5. Taze balık yediniz.
6. Akşamleyin perdeleri kapatırdım.
7. Babam her pazar bizi sinemaya götürürdü.

B

Change into negative form.

1. Yalan söylerdi.
2. Kitaplarımızı odamıza saklardık.
3. Çocuk defterini yırtardı.
4. O parkta buluşurlardı.
5. Eti tercih ederdim.
6. Sabahleyin bize seslenirdiniz.
7. İşini çabuk bitirirdin.

C

Fill the gaps with -ken.

1. Orada...... bize bakıp gitti.
2. Genç....... orada oturdu.
3. Eve git...... onu bekleyeceğiz.
4. Fabrikadan dön...... bize uğrardınız.
5. Üniversitede...... orada ders çalışırdım.
6. Duş yap...... şarkı söylerdi.
7. Mutfakta...... karısı geldi.

D

Rewrite as shown.

Ex.: (Doktor) hasta iyidir.
        Doktora göre hasta iyidir.

1. (Ben) ev çok büyüktür.
2. (Biz) o işi yapamaz.

919

3. (Sen) onlar ne zaman dönecek?
4. (Onlar) biz çok zenginiz.
5. (O) bu doktor daha iyi.
6. (Polis) hırsız kaçtı.

E

Translate into English.

1. Bu evde yaşamazlardı.
2. Kolye ve yüzüğünü bana verirdi.
3. Her sabah duş yapar mıydın?
4. Telefon ederken zil çaldı.
5. Gençken hızlı koşardı.
6. Parayı saklarken karısı onu gördü.

F

Translate into Turkish.

1. He didn't use to know us.
2. Did they use to get off the bus at this stop?
3. In my opinion you must work there.
4. When I was a child my father used to take me to the zoo.
5. When she returned home she used to go shopping.
6. They used to smoke in the classroom.

PRACTICE 92 - ANSWERS

A. 1. Oraya erken gider miydik? 2. O bahçede futbol oynarlar mıydı? 3. Ofise geç kalır mıydı? 4. Çok para harcar mıydın? 5. Taze balık yer miydiniz? 6. Akşamleyin perdeleri kapatır mıydım? 7. Babam her pazar bizi sinemaya götürür müydü?

B. 1. Yalan söylemezdi. 2. Kitaplarımızı odamıza saklamazdık. 3. Çocuk defterini yırtmazdı. 4. O parkta buluşmazlardı. 5. Eti tercih etmezdim. 6. Sabahleyin bize seslenmezdiniz. 7. İşini çabuk bitirmezdin.

C. 1. Oradayken 2. Gençken 3. giderken 4. dönerken 5. Üniversitedeyken 6. yaparken 7. Mutfaktayken

D. 1. Bana göre ev çok büyüktür. 2. Bize göre o işi yapamaz. 3. Sana göre onlar ne zaman dönecek? 4. Onlara göre biz çok zenginiz. 5. Ona göre bu doktor daha iyi. 6. Polise göre hırsız kaçtı.

E. 1. They didn't use to live in this house. 2. She used to give me her necklace and ring. 3. Did you use to have a shower every morning? 4. While she was telephoning the bell rang. 5. When he was young he used to run fast. 6. When he hid the money his wife saw him.

F. 1. Bizi tanımazdı. 2. Bu durakta otobüsten inerler miydi? 3. Bana göre orada çalışmalısın. 4. Ben bir çocukken babam beni hayvanat bahçesine götürürdü. 5. Eve dönerken alışverişe giderdi. 6. Sınıfta sigara içerlerdi.

temel
TÜRKÇE
kursu

DERS 93

VOCABULARY

YERİNE

Et yerine balık yiyebilirsin.

INSTEAD OF

You can eat fish instead of meat.

TENİS

Gençken tenis oynardı.

TENNIS

When he was young he used to play tennis.

AĞRIMAK

Başım ağrıyor. (ağrır.)

TO ACHE, TO HURT

My head aches.

MİDE

Dün gece midesi ağrıdı.

STOMACH

He had got a stomach ache last night.

FİYAT

Şu çantanın fiyatı nedir?

PRICE

What is the price of that bag?

921

ODUN

Bu kış için odununuz var mı?

WOOD, FIREWOOD

Have you got any wood for this winter?

KÖMÜR

Biraz kömür aldınız mı?

COAL

Did you buy some coal?

İNCELEMEK

Mühendisler onların bahçesini incelediler.

TO RESEARCH, TO EXAMINE, TO INVESTIGATE

The engineers examined their garden.

YERİNE

Yerine (= instead of) is used as shown below.

benim yerime	instead of me
senin yerine	instead of you
onun yerine	instead of him/her
bizim yerimize	instead of us
sizin yerinizi	instead of you
onların yerine	instead of them
bunun yerine	instead of this
şunun yerine	instead of that
onun yerine	instead of it
adamın yerine	instead of the man
annemin yerine	instead of my mother
kız kardeşimin yerine	instead of my sister
doktorun yerine	instead of the doctor
ev yerine	instead of the house
Japonya yerine	instead of Japan
araba yerine	instead of the car
otobüs yerine	instead of the bus

senin yerine onu	him instead of you
sizin yerinize arkadaşlarınızı	your friends instead of you
onların yerine seni	you instead of them
bunun yerine şunu	that instead of this
adamın yerine karısını	his wife instead of the man
doktorun yerine hemşireyi	the nurse instead of the doctor
ev yerine lokantaya	to the restaurant instead of the house
Japonya yerine Tayland'a	to Thailand instead of Japan
otobüs yerine uçağa	to the aeroplane instead of the bus

Parayı benim yerime ona ver.	Give the money to him instead of me.
Benim yerime sizi götürecek.	She will take you instead of me.

Senin yerine onu çağırdık.	We called her instead of you.
Senin yerine kim gelecek?	Who will come instead of you?

Onun yerine ben çalıştım.	I worked instead of him.
Odayı onun yerine biz temizledik.	We cleaned the room instead of her.

Bizim yerimize onlarla sinemaya gitti.	She went to the cinema with them instead of us.
Kitabı bizim yerimize ona verdi.	He gave the book to him instead of us.

Sizin yerinize arkadaşlarınızı görmek ister.	She wants to see your friends instead of you.
Muzu sizin yerinize ben yedim.	I ate the banana instead of you.

Onların yerine bana mektup yazdı.	She wrote a letter to me instead of them.
Onların yerine benimle konuştu.	He talked to me instead of them.

Hemşire yerine doktora sor.	Ask the doctor instead of the nurse.
Adam yerine kızı geldi.	His daughter came instead of the man.
Ali Japonya yerine Tayland'a gitti.	Ali went to Thailand instead of Japan.
Uçak yerine otobüse binerler.	They get on the bus instead of the plane.
Bu ay yerine gelecek ay Türkiye'ye dönecek.	She will return to Türkiye next month instead of this month.
Çay yerine kahve içeceğim.	I'll drink coffee instead of tea.
Elbise yerine etek satın aldı.	She bought a skirt instead of a dress.

-LIK, -LİK, -LUK, -LÜK

This suffix is used to make (abstract) nouns from adjectives, and to make adjectives from nouns.

güzel	beautiful
güzellik	beauty
iyi	good
iyilik	goodness
hasta	ill
hastalık	illness, disease
temiz	clean
temizlik	cleanliness
gün	day
günlük	daily
hafta	week
haftalık	weekly
ay	month
aylık	monthly
yıl	year
yıllık	yearly
iki kişi	two people
iki kişilik	for two (people)
üç hafta	three weeks
üç haftalık	for three weeks

Ona göre güzellik önemli değildir.   According to him beauty isn't important.
Bize bir iyilik yapmak ister.   She wants to do us a favour.
Bu hastalık çok önemlidir.   This disease is very important.
Günlük gazeteleri okudun mu?   Did you read the daily newspapers?

İki kişilik bir oda istiyoruz.   We want a room for two.
İki kişilik bir yatak aldılar.   They bought a double bed for two.
Üç haftalık bir tatil yaptım.   I had a three-week holiday.
Üç aylık bir kızı var.   She has got a three-month daughter.
Bir yıllık bir işim var.   I have got a one-year job.

924

AĞRIMAK / TO ACHE/HAVE A PAIN

The English and Turkish structures here are quite different. In English the verb 'have' is used with the bodypart attached to 'ache' (eg 'I have a headache'). In Turkish the bodypart takes the person ending for possession followed by the verb, so **Başım ağrıyor** translates literally as 'My head is aching.'

Başım ağrıyor.	I have a headache.
Dişim ağrıyor.	I have a toothache.
Midem ağrıyor.	I have a stomachache.
Başı ağrıdı.	She had a headache.
Çocuğun dişi ağrıdı.	The child had a toothache.
Kızın midesi ağrıdı.	The girl had a stomachache.

YA ... YA (DA)

The structure **ya ... ya(da)** is like the English 'either ... or'. Below are some example sentences.

Tatilde ya kitap okur, ya da televizyon seyreder.	She either reads books or watches TV on holiday.
Ya baban ya da annen seninle konuşacak.	Either your father or your mother will talk to you.
Bu çantayı bana ya Deniz ya Selma verdi.	Either Deniz or Selma gave me this bag.
Orada ya iki gün kalacaklar ya üç gün.	They will stay there either for two or for three days.
İşadamı haziranın ya sekizinde ya da onikisinde dönecek.	The businessman will come back either on the 8th June or on the 12th.
Ya babasından para alacak ya da evi satacak.	She will either take money from her father or sell the house.
Ya o ya da babası evdedir.	Either he or his father is at home.
Yazın ya Bodruma ya Kaşa gitmek istiyorum.	I want to go either to Bodrum or to Kaş in the summer.

NE ... NE (DE) / NEITHER ... NOR ...

Below are example sentences of this negative structure.

Ne müdürü ne de sekreteri görebilirsiniz.	You can see neither the manager nor the secretary.
Akşam yemeğinde ne et yedik ne şarap içtik.	We neither ate meat nor drank wine at dinner.

Kız ne onunla ne arkadaşıyla evlendi.	The girl married neither him nor his friend.
Hasta ne doktoru görebildi ne de ilaç alabildi.	The patient could neither see the doctor nor take any medicine.
Orada ne seni ne onu gördüm.	I saw neither you nor her there.
Ne televizyon seyredecek ne kitap okuyacak.	She will neither watch TV nor read the book.
Onu ne evde ne bahçede bulabildi.	He could find her neither at home nor in the garden.
Ne onu ne bunu alacak.	She will buy neither that one nor this one.
Babası ona ne evi ne de arabayı verecek.	His father will give him neither the house nor the car.

HEM ... HEM (DE) / BOTH ... AND ...

Again this is quite straight-forward.

Kızı hem çok çalışkan hem de çok akıllıdır.	Her daughter is both very hard-working and very clever.
Hem ders çalıştık hem televizyon seyrettik.	We both studied and watched TV.
Hafta sonunda hem evi temizledim hem de yemek yaptım.	I both cleaned the house and cooked at the week-end.
Hem iyi bir iş buldu hem de evlendi.	He both found a good job and married.
Hem oraya hem süpermarkete gide-mem.	I can't go both there and to the supermarket.
Hem sana hem ona para veremeyiz.	We can't give money both to you and to him.
Kızın hem annesini hem babasını tanır.	He knows the girl's both mother and father.
Hem onun evinde hem bu otelde kaldık.	We stayed at both her house and this hotel.
Yarın hem doktorla hem de hemşireyle konuşacağım.	I'll speak to both the doctor and the nurse tomorrow.

OLARAK / AS

Study the examples below to see how **olarak** is used.

Oraya turist olarak gitti.	He went there as a tourist.
Öğretmen olarak iş buldu.	She found a job as a teacher.
Bu fabrikada işçi olarak çalışacağım.	I'll work in this factory as a worker.
O yüzüğü hediye olarak verdi.	He gave that ring as a present.
Onu bardak olarak kullanacak.	She will use it as a glass.

| Çorba olarak ne var? | What soup have you got? |
| Meyve olarak ne var? | What fruit have you got? |

YOKSA / OR, OR ELSE, OTHERWISE

This is another conjunction, used as shown below.

Şimdi evden çıkmalıyız, yoksa geç kalacağız.	We must go out of the house, or we'll be late.
Erken gel, yoksa baban kızacak.	Come early, otherwise your father will be angry.
Burada bekle, yoksa onu göremezsin.	Wait here, or you can't see him.
Sekreter işini bitirmeli, yoksa bizimle gelmeyecek.	The secretary must finish her work, or else she won't come with us.
Bu yıl mezun olmalı, yoksa o fabrikada çalışamaz.	He must graduate this year, otherwise he can't work in that factory.
Dinlenmeliyiz, yoksa çok yorgun olacağız.	We must rest, or else we will be very tired.
Erken yat, yoksa sabahleyin erken kalkamazsın.	Go to bed early, otherwise you can't get up early in the morning.

DIALOGUE

E : Bir daire satın almak istiyorum.	I want to buy a flat.
S : Bu sokakta bir tane var.	There is one in this street.
E : Kaçıncı katta?	On which floor?
S : İkinci katta.	On the second floor.
E : Kaç tane odası var?	How many rooms has it got?
S : Üç oda, bir salon, mutfak ve banyo.	It has three rooms, one hall, one kitchen and one bathroom.
E : Mutfak ve banyo büyük mü?	Are the kitchen and the bathroom big?
S : Banyo büyük ama mutfak küçük.	The bathroom is big but the kitchen is small.
E : Fiyatı ne kadar?	How much is it? (What is the price?)
S : Beş milyar.	Five milliard.
E : Oh! Çok pahalı! Başka var mı?	Oh! It is very expensive! Is there another one?

927

S : Diğer caddede bir tane var.	There is one in the other street.
E : Nasıl bir yer?	What is it like?
S : Orası daha küçük. İki oda bir salon.	That place is smaller. Two rooms and a hall.
E : Kaçıncı katta?	On which floor?
S : Dördüncü katta. Banyo ve mutfak büyüktür.	On the fourth floor. The bathroom and the kitchen are big.
E : Fiyatı nedir?	What is the price?
S : Dört milyar. Görmek ister misiniz?	Four milliard. Would you like to see?
E : Evet. Şimdi görebilir miyim?	Yes. Can I see now?
S : Elbette.	Of course.

PRACTICE 93

A

Rewrite as shown.

Ex.: (Ben) sen git.
    Benim yerime sen git.

1. (Onlar) bizi götürdü.
2. (Kız) arkadaşıyla konuşacağız.
3. (Sen) kadın odayı temizledi.
4. (Biz) evi ona satabilirsin.
5. (O) patronu gördük.
6. (Kocası) kadın telefon etti.
7. (Bu) onu göster.
8. (Siz) onlar pikniğe gittiler.

B

Fill the gap with -lık, -lik, -luk, -lük.

1. Onun için güzel...... önemlidir.
2. dört hafta...... tatil
3. üç ay...... iş

928

4. Bize çok iyi...... yaptı.
5. O hastanede doktor...... yapıyor.
6. Bugün...... bir gazetedir.
7. Yıl...... fiyat nedir?

C

Rewrite as shown.

Ex.: Fransa'ya gideceğim. Almanya'ya gideceğim.
Ya Fransa'ya ya da Almanya'ya gideceğim.
Ne Fransa'ya ne de Almanya'ya gideceğim.
Hem Fransa'ya hem de Almanya'ya gideceğim.

1. İngilizce bilir. İtalyanca bilir.
2. İşadamı uçağa bindi. İşadamı otobüse bindi.
3. Orada onu gördü. Orada kız kardeşini gördü.
4. Pazar günleri sinemaya gideriz. Pazar günleri tenis oynarız.
5. Oraya erkek arkadaşını götürecek. Oraya beni götürecek.
6. Marketten muz aldılar. Marketten elma aldılar.

D

Rewrite as shown.

Ex.: Çalıştı. (işçi)
İşçi olarak çalıştı.

1. İki yıl burada çalışacağız. (garson)
2. Kadın onu kullandı. (tabak)
3. Bu hastanedeydi. (doktor)
4. İş buldu. (aşçı)
5. Ne var? (yemek)
6. O ülkede kaldı. (turist)
7. Bunu bize verdi. (hediye)

E

Translate into English.

1. Bizim yerimize karar verme.
2. Başın ağrıyor mu?
3. Doktor ya bir ya iki saat sonra gelecek.
4. Ne Almanya'ya ne Fransa'ya gitti.
5. O mağazada satıcı olarak çalıştı.
6. Çabuk ol. Yoksa seni beklemeyecek.

F

Translate into Turkish.

1. The workers will have a two-week holiday.
2. She had a stomachache last night.
3. I talked to his daughter instead of the boss.
4. I don't know the price of this coat.
5. He both had a shower and shaved.
6. She knows neither her name nor her address.

PRACTICE 93 - ANSWERS

A. 1. Onların yerine 2. Kızın yerine 3. Senin yerine 4. Bizim yerimize 5. Onun yerine 6. Kocasının yerine 7. Bunun yerine 8. Sizin yerinize

B. 1. güzellik 2. haftalık 3. aylık 4. iyilik 5. doktorluk 6. günlük 7. yıllık

C. 1. Ya İngilizce ya İtalyanca bilir. Ne İngilizce ne İtalyanca bilir. Hem İngilizce hem İtalyanca bilir. 2. İşadamı ya uçağa ya otobüse bindi. İşadamı ne uçağa ne de otobüse bindi. İşadamı hem uçağa hem de otobüse bindi. 3. Orada ya onu ya da kız kardeşini gördü. Orada ne onu ne de kız kardeşini gördü. Orada hem onu hem de kız kardeşini gördü. 4. Pazar günleri ya sinemaya gideriz ya da tenis oynarız. Pazar günleri ne sinemaya gideriz ne de tenis oynarız. Pazar günleri hem sinemaya gideriz hem de tenis oynarız. 5. Oraya ya erkek arkadaşını ya beni götürecek. Oraya ne erkek arkadaşını ne de beni götürecek. Oraya hem erkek arkadaşını hem de beni götürecek. 6. Marketten ya muz ya da elma aldılar. Marketten ne muz ne de elma aldılar. Marketten hem muz hem de elma aldılar.

D. 1. Garson olarak iki yıl burada çalışacağız. (İki yıl burada garson olarak çalışacağız.) 2. Kadın onu tabak olarak kullandı. 3. Doktor olarak bu hastanedeydi. 4. Aşçı olarak iş buldu. 5. Yemek olarak ne var? 6. Turist olarak o ülkede kaldı. (O ülkede turist olarak kaldı.) 7. Bunu bize hediye olarak verdi.

E. 1. Don't decide instead of us. 2. Have you got a headache? 3. The doctor will come either one hour or two hours later. 4. He went to neither Germany nor France. 5. She worked in that department store as a saleswoman. 6. Be quick, or else she won't wait for you.

F. 1. İşçiler iki haftalık tatil yapacaklar. 2. Dün gece midesi ağrıdı. 3. Patron yerine kızıyla konuştum. 4. Bu paltonun fiyatını bilmem. 5. Hem duş aldı hem tıraş oldu. 6. Ne adını ne adresini bilir.

temel
TÜRKÇE
kursu

DERS 94

VOCABULARY

SOBA

Odada eski bir soba vardı.

STOVE

There was an old stove in the room.

BEL

Belinde ne var?

WAIST

What is there around your waist?

SIRT

Sırtı ağrıyor.

BACK

She has a backache.

MATEMATİK

Matematik yerine İngilizce çalıştık.

MATHEMATICS

We studied English instead of mathematics.

TARİH

Yeni bir tarih öğretmeni geldi.

HISTORY

A new history teacher came.

BAHSETMEK

Neden bahsediyorsunuz?

TALK ABOUT, MENTION

What are you talking about?

931

SUÇLU		**GUILTY**
O adam suçlu değildi.		That man wasn't guilty.

BAŞARMAK		**TO SUCCEED**
Çalışırsan onu başarabilirsin.		If you work you can succeed it.

BAHSETMEK / To Talk About

This verb uses the ablative **-dan/-den**.

-dan/den bahsetmek

Benden bahsediyorlar.	They are talking about me.
Senden bahsettik.	We talked about you.
Ondan bahsetmek istiyorum.	I want to talk about him.
Bizden bahsedecekler.	They'll talk about us.
Sizden bahsetmedik.	We didn't talk about you.
Niçin onlardan bahsettiniz?	Why did you talk about them?
Kadın kızından bahsetti.	The woman talked about her daughter.
Mektuptan bahsettin mi?	Did you talk about the letter?
O paradan bahsetme.	Don't talk about that money.
Fabrikadan bahsedecek.	He will talk about the factory.
Erkek arkadaşından bahsedebilir.	She can talk about her boy friend.

-MEK GEREK / LAZIM

We have seen structures used to express necessity or obligation.

Yarın gitmeliyim.	I must go tomorrow.
Onu başarmalısın.	You must succeed it.
Kadın evini satmalı.	The woman must sell her house.
Sekreter mektubu yazmalı mı?	Must the secretary write the letter?
Burada beklemeli miyiz?	Must we wait here?
Yalan söylememelisin.	You mustn't lie.
Onu saklamamalı.	She mustn't hide it.

932

Yarın gitmek zorundayım.	I have to go tomorrow.
Senden bahsetmek zorundadır.	She has to talk about you.
Kadın evi temizlemek zorunda mı?	Does the woman have to clean the house?
Işığı açmak zorunda mısın?	Do you have to turn on the light?
Bugün çalışmak zorunda değildir.	He doesn't have to work today.
Adam tıraş olmak zorunda değildir.	The man doesn't have to shave.

Let us recall the person forms used with **gerek**.

git	go
Gitmem gerek(li).	I need to go.
çalış	work
Çalışmam gerek(li).	I need to work.

Bu kâğıdı yırtmam gerek.	I need to tear this paper.
Parayı saklamam gerek.	I need to hide the money.
Bu dili öğrenmem gerek.	I need to learn this language.
Sabahleyin duş almam gerek.	I need to have a shower in the morning.
Sütü içmem gerek.	I need to drink the milk.
Babanı bulmam gerek.	I need to find your father.

Sen

git	go
Gitmen gerek(li).	You need to go.
çalış	work
Çalışman gerek(li).	You need to work.

Bu kağıdı yırtman gerek.	You need to tear this paper.
Parayı saklaman gerek.	You need to hide the money.
Bu dili öğrenmen gerek.	You need to learn this language.
Sabahleyin duş alman gerek.	You need to have a shower in the morning.
Sütü içmen gerek.	You need to drink the milk.
Babanı bulman gerek.	You need to find your father.

O

git	go
Gitmesi gerek(li).	She needs to go.

| çalış | work |
| Çalışması gerek(li). | He needs to work. |

O otobüse binmesi gerek.	He needs to get on that bus.
Soruyu bilmesi gerek.	She needs to know the question.
Mektupları göndermesi gerek.	She needs to send the letters.
Evi göstermesi gerek.	He needs to show the house.
Hafta sonu çalışması gerek.	She needs to work at the week-end.
Bu elbiseyi çıkarması gerek.	She needs to put off this dress.

Biz

| git | go |
| Gitmemiz gerek(li). | We need to go. |

| çalış | work |
| Çalışmamız gerek(li). | We need to work. |

Gelecek yıl evlenmemiz gerek.	We need to marry next year.
Trene yetişmemiş gerek.	We need to catch the train.
Para biriktirmemiz gerek.	We need to save money.
Erken yatmamız gerek.	We need to go to bed early.
Mektupları imzalamamız gerek.	We need to sign the letters.
Işığı yakmamız gerek.	We need to turn on the light.

Siz

| git | go |
| Gitmeniz gerek(li). | You need to go. |

| çalış | work |
| Çalışmanız gerek(li). | You need to work. |

Bu kâğıdı yırtmanız gerek.	You need to tear this paper.
Adını hatırlamanız gerek.	You need to remember her name.
Masayı hazırlamanız gerek.	You need to prepare the table.
Söz vermeniz gerek.	You need to promise.
Mektubu çevirmeniz gerek.	You need to translate the letter.
Pencereleri kapatmanız gerek.	You need to close the windows.

Onlar

| git | go |
| Gitmeleri gerek(li). | They need to go. |

çalış	work
Çalışmaları gerek(li).	They need to work.

Taşınmaları gerek.	They need to move.
Parayı saklamaları gerek.	They need to hide the money.
Bizi oraya götürmeleri gerek.	They need to take us there.
Sabahleyin duş almaları gerek.	They need to have a shower in the morning.
Faturayı ödemeleri gerek.	They need to pay the bill.
Evden ayrılmaları gerek.	They need to leave home.

Lazım may be used instead of **gerek**.

Bu kâğıdı yırtmam lazım.	I need to tear this paper.
Parayı saklamam lazım.	I need to hide the money.

Bu dili öğrenmen lazım.	You need to learn this language.
Sabahleyin duş alman lazım.	You need to have a shower in the morning.

Hafta sonu çalışması lazım.	He needs to work at the week-end.
Bu elbiseyi çıkarması lazım.	She needs to put off this dress.

Para biriktirmemiz lazım.	We need to save money.
Erken yatmamız lazım.	We need to go to bed early.

Adını hatırlamanız lazım.	You need to remember her name.
Masayı hazırlamanız lazım.	You need to prepare the table.

Faturayı ödemeleri lazım.	They need to pay the bill.
Evden ayrılmaları lazım.	They need to leave home.

Kadının teklifi kabul etmesi gerek.	The woman needs to accept the offer.

If there is a subject, it takes the genitive form (for example, in the sentence above, **kadın + ın**).

Arkadaşının bize yardım etmesi gerek.	Your friend needs to help us.
Onu uyandırmamız gerek.	You need to wake him up.
Filmi seyretmeleri gerek.	They need to watch the film.
Ahmet'in koşması gerek.	Ahmet needs to run.
Teyzemin masayı hazırlaması gerek.	My aunt needs to prepare the table.
Öğretmenin bu dersi anlatması gerek.	The teacher needs to tell this lesson.
Bu otelde kalmamız gerek.	You need to stay at this hotel.
Soruları yapman gerek.	You need to do the questions.

Adamın parayı biriktirmesi lazım.	The man needs to save the money.
Kadının elbiseleri dikmesi lazım.	The woman needs to sew the dresses.
Onu uyandırman lazım.	You need to wake him up.
Yukarı çıkmaları lazım.	They need to go upstairs.
Oraya erken varman lazım.	You need to arrive there early.
Polisin onu takip etmesi lazım.	The policeman needs to follow him.
O kitapları bulmamız lazım.	We need to find those books.
Çocukların bahçede oynamaları lazım.	The children need to play in the garden.

Words Used in the Reading Passage

otogar	bus station
seyahat acentası	travel agency
yalnız	alone

OTOBÜS YOLCULUĞU

Aydın Bey otobüs yolculuğunu sever. Her yaz otobüsle bir yere gider. Bu yıl Rize'ye gidecek.

Öğleden sonra otogara geldi. Bavulunu seyahat acentasındaki adama verdi. İki sandviç yedi. Otobüs beşte otogardan ayrıldı. O şimdi otobüstedir. Otobüs yeni ve çok rahat. İki tane hostes var. Onlar yolculara çay, kahve ve meşrubat veriyorlar. Aydın Bey bir

BUS TRAVEL

Aydın Bey likes travelling by bus. He goes somewhere by bus every summer. He will go to Rize this year.

He came to the bus station in the afternoon. He gave his suitcase to the man in the travel agency. He ate two sandwiches. The bus left the bus station at five o'clock. He is in the bus now. The bus is new and very comfortable. There are two hostesses. They are giving tea,

bardak kahve içti. Yanında bir adam var. Onunla konuşmaya başladı.

coffee and beverages to the travellers. Aydın Bey drank a glass of coffee. There is a man near him. He began to talk to him.

Aydın Bey emekli bir öğretmendir. Karısı iki yıl önce öldü. Bir kızı var. Adı Şenay. Evlidir. Aydın Bey Küçükyalı'da bir dairede yalnız yaşar.

Aydın Bey is a retired teacher. His wife died two years ago. He has got a daughter. Her name is Şenay. She is married. Aydın Bey lives in a flat in Küçükyalı alone.

Şimdi saat dokuzdur. Otobüs Bolu'da durdu. Aydın Bey bir lokantada akşam yemeği yedi. Hava serin ama çok güzeldi. Dışarıda bir bardak çay içti.

Now, it is nine o'clock. The bus stopped in Bolu. Aydın Bey had dinner in a restaurant. It was cool but very beautiful. He drank a glass of tea outside.

Şimdi yine otobüsteler. Şoför çok dikkatlidir. Hızlı sürmüyor. Aydın Bey uyumak istiyor. Otobüs yarın sabah onbirde Rize'ye varacak.

Now, they are in the bus again. The driver is very careful. He isn't driving fast. Aydın Bey wants to sleep. The bus will arrive at Rize at eleven o'clock tomorrow morning.

Questions and Answers to the Reading Passage

Aydın Bey otobüs yolculuğunu sever mi?
Does Aydın Bey like travelling by bus?

Evet, sever.
Yes, he does.

Bu yıl nereye gidecek?
Where will he go this year?

Rize'ye gidecek.
He will go to Rize.

Otogara ne zaman geldi?
When did he come to the bus station?

Öğleden sonra geldi.
He came in the afternoon.

Otogarda ne yedi?
What did he eat at the bus station?

İki sandviç yedi.
He ate two sandwiches.

Otobüs kaçta otogardan ayrıldı?
What time did the bus leave the bus station?

Beşte ayrıldı.
It left at five o'clock.

Otobüste kaç tane hostes var?
How many hostesses are there in the bus?

İki tane hostes var.
There are two hostesses.

Aydın Bey otobüste ne içti?	**Bir bardak kahve içti.**
What did Aydın Bey drink in the bus?	He drank a glass of coffee.
Kiminle konuştu?	**Yanındaki adamla konuştu.**
Who did he talk to?	He talked to the man near him.
Karısı ne zaman öldü?	**İki yıl önce öldü.**
When did his wife die?	She died two years ago.
Kızının adı nedir?	**Şenay'dır.**
What is his daughter's name?	It is Şenay.
Nerede oturur?	**Küçükyalı'da oturur.**
Where does he live?	He lives in Küçükyalı.
Otobüs nerede durdu?	**Bolu'da durdu.**
Where did the bus stop?	It stopped in Bolu.
Aydın Bey orada ne yaptı?	**Akşam yemeği yedi.**
What did Aydın Bey do there?	He had dinner.
Hava nasıldı?	**Serin ama çok güzeldi.**
How was the weather?	It was cool but very beautiful.
Şoför dikkatli midir?	**Evet, dikkatlidir.**
Is the driver careful?	Yes, he is.
Otobüs ne zaman Rize'ye varacak?	**Yarın sabah on birde varacak.**
When will the bus arrive in Rize?	It will arrive at eleven o'clock tomorrow morning.

PRACTICE 94

A

Rewrite using the **-mak gerek** structure.

1. Ondan bahsetmeliyiz.
2. Adam bu işi başarmalı.
3. Gömlekleri ütülemelisin.
4. Onu düğüne çağırmalısınız.
5. Kâğıtları yırtmalılar.
6. Kız bu yıl mezun olmalı.
7. Elbisemi değiştirmeliyim.
8. Bu şarkıyı dinlemeliyiz.

938

B

Rewrite using the -mak lazım structure.

1. Adam para biriktirmeli.
2. Bu konuyu tartışmalıyız.
3. Erken uyanmalılar.
4. Bu fikri kabul etmeli.
5. Çocuk oradan kaçmalı.
6. O kızla evlenmelisin.
7. Kız kardeşimi affetmeliyim.
8. Tıraş olmalısınız.

C

Join the sentence pairs with yoksa.

Ex.: Çabuk ol. Geç kalacaksın.
    Çabuk ol, yoksa geç kalacaksın.

1. Buraya gelme. Seni görür.
2. Evde oturmalısın. Seninle konuşamaz.
3. Bugün dinlen. Yarın yorgun olacaksın.
4. Işığı açmalı. Onu göremez.
5. Sessiz konuş. Bebek uyanacak.
6. Otobüse koşmalıyım. Kaçacak.

D

Rewrite as shown.

Ex.: Çalıştı. (sekreter)
    Sekreter olarak çalıştı.

1. Çalışmak ister misiniz? (işçi)
2. Ne var? (tatlı)
3. Onu kullandı. (çanta)
4. O hastanede çalıştı. (hemşire)
5. Almanya'ya gitti. (mühendis)
6. Onu verdi. (hediye)

E

Translate into English.

1. Sırtın ağrıyor mu?
2. Biz geldiğimiz zaman kocasından bahsediyordu.

939

3. Onu başarmam gerek.
4. Otogarda beklemeleri gerek.
5. Polis adamı yakaladı ama adam suçlu değildi.
6. Kızın dişlerini fırçalaması lazım.

F

Translate into Turkish.

1. She needs to put off her coat.
2. I need to remember his address.
3. She doesn't want to work as a worker.
4. Come early, or else your father will be angry with you.
5. This student prefers mathematics to history.
6. She stayed neither at home nor at the hotel.

PRACTICE 94 - ANSWERS

A. 1. Ondan bahsetmemiz gerek. 2. Adamın bu işi başarması gerek. 3. Gömlekleri ütülemen gerek. 4. Onu düğüne çağırmanız gerek. 5. Kâğıtları yırtmaları gerek. 6. Kızın bu yıl mezun olması gerek. 7. Elbisemi değiştirmem gerek. 8. Bu şarkıyı dinlememiz gerek.

B. 1. Adamın para biriktirmesi lazım. 2. Bu konuyu tartışmamız lazım. 3. Erken uyanmaları lazım. 4. Bu fikri kabul etmesi lazım. 5. Çocuğun oradan, kaçması lazım. 6. O kızla evlenmen lazım. 7. Kız kardeşimi affetmem lazım. 8. Tıraş olmanız lazım.

C. 1. Buraya gelme, yoksa seni görür. 2. Evde oturmalısın, yoksa seninle konuşamaz. 3. Bugün dinlen, yoksa yarın yorgun olacaksın. 4. Işığı açmalı, yoksa onu göremez. 5. Sessiz konuş, yoksa bebek uyanacak. 6. Otobüse koşmalıyım, yoksa kaçacak.

D. 1. İşçi olarak çalışmak ister misiniz? 2. Tatlı olarak ne var? 3. Onu çanta olarak kullandı. 4. O hastanede hemşire olarak çalıştı. 5. Mühendis olarak Almanya'ya gitti. 6. Onu hediye olarak verdi.

E. 1. Have you got a backache? 2. When we came she was talking about her husband. 3. I need to succeed it. 4. They need to wait at the bus station. 5. The policeman caught the man but the man wasn't guilty. 6. The girl needs to brush her teeth.

F. 1. Paltosunu çıkarması gerek. 2. Onun adresini hatırlamam gerek./hatırlamam lazım. 3. Bir işçi olarak çalışmak istemez. 4. Erken gel, yoksa baban sana kızacak. 5. Bu öğrenci matematiği tarihe tercih eder. 6. Ne evde ne de otelde kaldı.

temel
TÜRKÇE
kursu

DERS 95

VOCABULARY

TORUN		**GRANDCHILD**
İki torunu var.		She's got two grand-children.

HARİÇ

Ayşe hariç arkadaşlarının hepsini çağırdı.

EXCEPT

She called all of her friends except Ayşe.

SEVİMLİ

Çok sevimli bir odası var.

LOVELY

She has got a lovely room.

NÜFUS KÂĞIDI (KİMLİK)

Nüfus kâğıdını kaybetti.

IDENTIFICATION CARD

He lost his identification card.

HER YER

Her yerde hastalar vardı.

EVERYWHERE

There were patients every-where.

MERKEZ		CENTRE
Burası İstanbul'un alışveriş merkezidir.		This is the shopping centre of Istanbul.

BÜTÜN		ALL
Bütün sorular kolaydı.		All the questions were easy.

KONTROL ETMEK		TO CONTROL, TO CHECK
Öğretmen yanıtları kontrol etti mi?		Did the teacher check the answers?

-MAK GEREK - Negative and Question Form

Negative Form

Gitmem gerekli değil.	I don't need to go.
Bu kâğıdı yırtmam gerekli değil.	I don't need to tear this paper.
Parayı saklamam gerekli değil.	I don't need to hide the money.
Adını hatırlaman gerekli değil.	You don't need to remember his name.
Masayı hazırlaman gerekli değil.	You don't need to prepare the table.
Söz vermen gerekli değil.	You don't need to promise.
O otobüse binmesi gerekli değil.	She doesn't need to get on that bus.
Soruyu bilmesi gerekli değil.	He doesn't need to know the question.
Mektupları göndermesi gerekli değil.	She doesn't need to send the letters.
Trene yetişmemiz gerekli değil.	We don't need to catch the train.
Para biriktirmemiz gerekli değil.	We don't need to save money.
Erken yatmamız gerekli değil.	We don't need to go to bed early.
Babamı bulmanız gerekli değil.	You don't need to find my father.
Sabahleyin duş almanız gerekli değil.	You don't need to have a shower in the morning.
Bu dili öğrenmeniz gerekli değil.	You don't need to learn this language.
Taşınmaları gerekli değil.	They don't need to move.
Bizi oraya götürmeleri gerekli değil.	They don't need to take us there.
Faturayı ödemeleri gerekli değil.	They don't need to pay the bill.

942

Onu uyandırmamız gerekli değil.	We don't need to wake him up.
Filmi seyretmeleri gerekli değil.	They don't need to watch the film.
Soruları yanıtlaman gerekli değil.	You don't need to answer the questions.
Teyzemin masayı hazırlaması gerekli değil.	My aunt doesn't need to prepare the table.
Yukarı çıkmaları gerekli değil.	They don't need to go upstairs.
Oraya erken varman gerekli değil.	You don't need to arrive there early.
Polisin onu takip etmesi gerekli değil.	The policeman doesn't need to follow her.
O kitapları bulmamız gerekli değil.	We don't need to find those books.

Gereksiz may be used instead of **gerekli değil**.

Gitmem gereksiz.	I don't need to go.
Soruyu bilmesi gereksiz.	He doesn't need to know the question.
Para biriktirmemiz gereksiz.	We don't need to save money.
Babamı bulmanız gereksiz.	You don't need to find my father.
Taşınmaları gereksiz.	They don't need to move.
O kitapları bulmanız gereksiz.	You don't need to find the books.

Question Form

Gitmem gerekli mi?	Do I need to go?
Bu kâğıdı yırtmam gerekli mi?	Do I need to tear this paper?
Parayı saklamam gerekli mi?	Do I need to hide the money?
Adını hatırlaman gerekli mi?	Do you need to remember his name?
Masayı hazırlaman gerekli mi?	Do you need to prepare the table?
Söz vermen gerekli mi?	Do you need to promise?
O otobüse binmesi gerekli mi?	Does she need to get on that bus?
Soruyu bilmesi gerekli mi?	Does he need to know the question?
Mektupları göndermesi gerekli mi?	Does she need to send the letters?
Trene yetişmemiz gerekli mi?	Do we need to catch the train?
Para biriktirmemiz gerekli mi?	Do we need to save money?
Erken yatmamız gerekli mi?	Do we need to go to bed early?
Babamı bulmanız gerekli mi?	Do you need to find my father?
Sabahleyin duş almanız gerekli mi?	Do you need to have a shower in the morning?
Bu dili öğrenmeniz gerekli mi?	Do you need to learn this language?
Taşınmaları gerekli mi?	Do they need to move?
Bizi oraya götürmeleri gerekli mi?	Do they need to take us there?
Faturayı ödemeleri gerekli mi?	Do they need to pay the bill?

Onu uyandırmamız gerekli mi?	Do we need to wake him up?
Filmi seyretmeleri gerekli mi?	Do they need to watch the film?
Soruları yanıtlaman gerekli mi?	Do you need to answer the questions?
Teyzemin masayı hazırlaması gerekli mi?	Does my aunt need to prepare the table?
Yukarı çıkmaları gerekli mi?	Do they need to go upstairs?
Oraya erken varman gerekli mi?	Do you need to arrive there early?
Polisin onu takip etmesi gerekli mi?	Does the policeman need to follow her?
O kitapları bulmamız gerekli mi?	Do we need to find those books?

HARİÇ

Hariç (= except) is used as shown below. Dışında can also be used.

O hariç bütün öğrencilere sorular sordu.	He asked the questions to all students except him.
Tülin hariç herkesi severim.	I like everybody except Tülin.
Bu bahçe hariç her yeri gördük.	We saw everywhere except this garden.
Bu soru hariç bütün soruları bildin.	You knew all the questions except this question.
Bu yiyecek hariç her şeyi yerler.	They eat everything except this food.
O gazete hariç bütün gazeteleri okur.	She reads all the newspapers except that newspaper.
Onun oğlu hariç herkesi çağıracağız.	We will call everybody except her son.
Patron sen hariç bütün işçilerle konuştu.	The boss spoke to all the workers except you.
O kitap hariç tüm kitapları okuyacaksınız.	You will read all the books except that book.
Kadın o oda hariç her yeri temizledi.	The woman cleaned everywhere except that room.

-DIĞI İÇİN / BECAUSE, SINCE

This structure makes a conjunction. -Diği is added as a suffix to verbs, and followed by the personal suffix.

gel	come
geldiğim için	since I came, as I came, because I came
ver	give
verdiğim için	since I gave, as I gave, because I gave

Erken geldiğim için onu göremedim.	Since I came early, I couldn't see him.
Parayı ona verdiğim için senin için bir şey almadım.	Since I gave the money to him, I didn't buy anything for you.
Uzun boylu olduğum için onu alabilirim.	I can take it because I am tall.
Pencereyi kapattığım için oda sıcaktı.	Since I closed the window, the room was warm.
Evlendiğim için oraya gidemedim.	I couldn't go there because I got married.

gel	come
geldiğin için	since you came, as you came, because you came
ver	give
verdiğin için	since you gave, as you gave, because you gave

Geç kaldığın için bizi görmedin.	Since you were late, you didn't see us.
Telefon ettiğin için sana kızacak.	Since you telephoned, she will be angry with you.
Elbiseyi diktiğin için sana biraz para verebilir.	Since you sewed the dress, she can give you some money.
Parayı harcadığın için onu satın alamazsın.	Since you spent the money, you can't buy it.

gel	come
geldiği için	since you came, as you came because you came
ver	give
verdiği için	since you gave, as you gave because you gave

Yalan söylediği için annesi ona kızdı.	Since she lied, her mother was angry with her.
Radyoyu onardığı için ona para verecekler.	Since he repaired the radio, they will pay him.
Orada oturduğu için seni görebilir.	Since she sits there, she can see you.
Adresi öğrendiği için buraya gelebilir.	Since he learned the address, he can come here.
Erken kalktığı için otobüse yetişti.	Since she got up early, she caught the bus.

945

gel	come
geldiğimiz için	since we came, as we came, because we came
ver	give
verdiğimiz için	since we gave, as we gave, because we gave

Telefon ettiğimiz için bizi bekliyordu.	Since we telephoned, she was waiting for us.
Erken kalktığımız için trene yetiştik.	Since we got up early, we caught the train.
Pencereyi kapattığımız için oda sıcaktı.	Since we closed the window, the room was warm.
Bahçede oturduğumuz için sesi duymadık.	We didn't hear the sound because we were sitting in the garden.
Onu özlediğimiz için geldik.	We came because we miss him.
Aşağı indiğimiz için bizi görmedi.	She didn't see us because we went downstairs.

gel	come
geldiğiniz için	since you came, as you came, because you came
ver	give
verdiğiniz için	since you gave, as you gave, because you gave

Çantayı kaybettiğiniz için size kızdı.	Since you lost the bag, he was angry with you.
Parayı sakladığınız için onu bulamadı.	Since you hid the money, she couldn't find it.
Geçen yıl mezun olduğunuz için o öğretmeni bilmezsiniz.	Since you graduated last year, you don't know that teacher.
Oraya oturduğunuz için sizi görebilir.	Since you are sitting there, she can see you.
Koştuğunuz için yoruldunuz.	Since you ran, you were tired.

gel	come
geldikleri için	since they came, as they came, because they came
ver	give
verdikleri için	since they gave, as they gave, because they gave

Onu özledikleri için geldiler.	Since they miss her, they came.
Erken kalktıkları için trene yetiştiler.	Since they got up early, they caught the train.
Bahçede oturdukları için sesi duymadılar.	Since they were sitting in the garden, they didn't hear the sound.
Parayı harcadıkları için onu satın alamadılar.	Since they spent the money, they couldn't buy it.
Aynı okulda okudukları için onu tanırlar.	Since they study at the same school they know her.

Kapı kapalı olduğu için içeri giremedik.	Since the door was closed, we couldn't enter.
Yarın misafirler geleceği için yemek pişirmeliyim.	I must cook because some guests will come tomorrow.
Hava soğuk olduğu için evde oturdular.	Since the weather was cold, they stayed in.
Sekreter otobüsü kaçırdığı için taksiye bindi.	Since the secretary missed the bus, she took a taxi.

Let us look at this structure in negative form.

gel	come
gelmediğim için	since I didn't come, as I didn't come, because I didn't come

Erken gelmediğim için onu göremedim.	Since I didn't come early, I couldn't see him.
Uzun boylu olmadığım için onu alamam.	Since I am not tall, I can't take it.
Pencereyi kapatmadığım için oda soğuktu.	Since I didn't close the window, the room was cold.

gel	come
gelmediğin için	since you didn't come, as you didn't come, because you didn't come

Telefon etmediğin için sana kızacak.	Since you didn't telephone, she will be angry with you.
Elbiseyi dikmediğin için sana parayı vermez.	Since you didn't sew the dress, she won't pay you.

gel	come
gelmediği için	since he didn't come, as he didn't come, because he didn't come

Radyoyu onarmadığı için ona para vermediler.	Since he didn't repair the radio, they didn't pay him.
Orada oturmadığı için seni göremez.	Since she isn't sitting there, she can't see you.

gel	come
gelmediğimiz için	since we didn't come, as we didn't come, because we didn't come

Telefon etmediğimiz için bizi beklemiyordu.	Since we didn't telephone, she wasn't waiting for us.
Aşağı inmediğimiz için bizi görmedi.	Since we didn't go downstairs, he didn't see us.

gel	come
gelmediğiniz için	since you didn't come, as you didn't come, because you didn't come

Parayı saklamadığınız için onu buldu.	Since you didn't hide the money, he found it.
O evde yaşamadığınız için sizi tanımaz.	Since you don't live in that house he doesn't know you.

gel	come
gelmedikleri için	since they didn't come, as they didn't come, because you didn't come

Erken kalkmadıkları için trene yetişemediler.	Since they didn't get up early, they couldn't catch the train.
Parayı harcamadıkları için onu satın alabilirler.	Since they didn't spend the money, they can buy it.

Kapı kapalı olmadığı için içeri girdik.	Since the door wasn't closed, we entered.
Param olmadığı için sana bir hediye almadım.	Since I didn't have any money, I didn't buy a present for you.
Hava soğuk olmadığı için dışarıda oturacaklar.	Since the weather isn't cold, they will sit outside.

PRACTICE 95

A

Rewrite using -mak gerek.

1. Öğretmen soruları kontrol etmeli.
2. Bu işi başarmalıyım.

3. Onu çağırmamalısın.
4. Bu mektubu saklamalı mıyız?
5. Çabuk karar vermelisiniz.
6. Kâğıtları yırtmamalılar.
7. Bize ondan bahsetmelisin.

B

Fill the gaps with **herkes, her şey, her yer**.

1. ...... bize baktı.
2. İstanbul'da ...... gidecekler.
3. ...... aldınız mı?
4. Buradaki ...... çok pahalıdır.
5. ...... baktık ama onu bulamadık.
6. Partiye ...... geldi mi?

C

Rewrite using the **-dığı için** structure with personal suffix indicated.

Ex.: **Bize gel (o) çok mutluydu.**
  Bize geldiği için çok mutluydu.

1. Onu uyandır (ben) bana kızdı.
2. Bize gel (sen) onu göremedin.
3. Erken çık (siz) patronla konuşamadınız.
4. Onu sakla (biz) bulamadı.
5. Erken kalk (onlar) otobüsü kaçırmadılar.
6. Başı ağrı (o) ilaç içti.

D

Join the sentence pairs with **ya ... ya da, ne ... ne de**.

1. Pazar günleri evde kalırız. Pazar günleri sinemaya gideriz.
2. Bana telefon eder. Anneme telefon eder.
3. Yemekte şarap içerler. Yemekte bira içerler.
4. Yarın markete gidecek. Yarın pazara gidecek.
5. Adını unuttu. Adresini unuttu.
6. Ayşe yalan söyledi. Kadir yalan söyledi.
7. Bir ev almak istiyor. Bir araba almak istiyor.

E

Translate into English.

1. Nüfus kâğıdını kaybettiği için ehliyetini alamadı.
2. Herkes onu tanımaz.

3. **Her yerde bizi aradılar.**
4. **Bu işçi hariç fabrikadaki herkesle konuştu.**
5. **O dükkândaki elbiseyi beğendiğim için bunu almayacağım.**
6. **Evi temizlemediği için onları çağırmadı.**

F

Translate into Turkish.

1. Since she tore the letter, her friend was angry with her.
2. She told us everything.
3. I saw all my friends except Ayşe.
4. Since she studied in that school, she used to know this teacher.
5. How old is his grandson?
6. Since the policeman didn't follow the thief, he escaped.

PRACTICE 95 - ANSWERS

A. 1. Öğretmenin soruları kontrol etmesi gerek. 2. Bu işi başarmam gerek. 3. Onu çağırman gerekli değil. 4. Bu mektubu saklamamız gerekli mi? 5. Çabuk karar vermeniz gerekir. 6. Kâğıtları yırtmaları gerekli değil. 7. Bize ondan bahsetmen gerek.

B. 1. Herkes 2. her yere 3. her şeyi 4. her şey 5. her yere 6. herkes

C. 1. Onu uyandırdığım için bana kızdı. 2. Bize geldiğin için onu göremedin. 3. Erken çıktığınız için patronla konuşamadınız. 4. Onu sakladığımız için bulamadı. 5. Erken kalktıkları için otobüsü kaçırmadılar. 6. Başı ağrıdığı için ilaç içti.

D. 1. Pazar günleri ya evde kalırız ya da sinemaya gideriz. Pazar günleri ne evde kalırız ne de sinemaya gideriz. 2. Ya bana ya anneme telefon eder. Ne bana ne de anneme telefon eder. 3. Yemekte ya şarap ya da bira içerler. Yemekte ne şarap ne de bira içerler. 4. Yarın ya markete ya da pazara gidecek. Yarın ne markete ne de pazara gidecek. 5. Ya adını ya adresini unuttu. Ne adını ne adresini unuttu. 6. Ya Ayşe ya da Kadir yalan söyledi. Ne Ayşe ne de Kadir yalan söyledi. 7. Ya bir ev ya da bir araba almak istiyor. Ne bir ev ne de bir araba almak istiyor.

E. 1. Since he lost his identity card, he couldn't take his driving licence. 2. Everybody knows him. 3. They looked for us everywhere. 4. She spoke to everybody in the factory except this worker. 5. Since I like the dress in that shop, I won't buy this one. 6. Since she didn't clean the house, she didn't call them.

F. 1. Mektubu yırttığı için, arkadaşı ona kızdı. 2. Bize her şeyi anlattı. 3. Ayşe dışında (hariç) bütün arkadaşlarımı gördüm. 4. O okulda okuduğu için, bu öğretmeni bilirdi. 5. Torunu kaç yaşındadır? 6. Polis hırsızı izlemediği için kaçtı.

temel
TÜRKÇE
kursu

DERS 96

VOCABULARY

KÜLTÜR

O ülkenin kültürü çok ilginçtir.

CULTURE

The culture of that country is very interesting.

BAŞBAKAN

Başbakan bugün Fransa'ya gidiyor.

PRIME MINISTER

The prime minister is going to France today.

HÜKÜMET

Halk yeni bir hükümet istiyor.

GOVERNMENT

The people want a new government.

GÜMRÜK

Arabası gümrüktedir.

CUSTOMS

Her car is at the customs.

ÜZÜLMEK

Senin için üzüldüm.

TO BE SORRY, TO FEEL SORRY

I felt sorry for you.

HİÇBİR YER	NOWHERE
Onu hiçbir yerde bulamadık.	We could find it nowhere.

YAKA	COLLAR
Gömleğin yakası çok kirlidir. 	The collar of the shirt is very dirty.

ÜZÜLMEK

The verb **üzülmek** has various translations; to be sorry, to feel sorry, to be upset, to be worried.

Kızı için üzülür.	She feels sorry for her daughter.
Annen üzüldü mü?	Was your mother worried?
Biz gidersek üzülür müsün?	Will you be sorry if we go?
Bu olayı anlatırsan üzülecek.	If you tell this event, she will be upset.
Onun için üzüldün mü?	Were you sorry for him?

In this last lesson we will summarize time clauses and the present participle.

-(me)den önce / before

Önce is used with nouns and verbs. To nouns, **-dan/-den** is added, to verbs **-ma-dan/-meden**.

benden önce	before me
ondan önce	before him
bizden önce	before us
kızdan önce	before the girl
öğretmenden önce	before the teacher
müdürden önce	before the manager
lokantadan önce	before the restaurant
filmden önce	before the film
tatilden önce	before the holiday
polisten önce	before the policeman

Ondan önce eve varacağız.	We will arrive at home before her.
Senden önce mektubu bitirebilirim.	I can finish the letter before you.
Öğrenciler öğretmenden önce sınıftan çıktılar.	The students went out of the classroom before the teacher.

| Çarşambadan önce gelmez. | She doesn't come before Wednesday. |
| Hafta sonundan önce burada olmaya-caklar. | They won't be here before the weekend. |

Filmden önce yemek yiyelim mi?	Shall we eat before the film?
Onu çorbadan önce yiyeceğim.	I will eat it before the soup.
Mayıs hazirandan öncedir.	May is before June.
Hırsız polisten önce kaçtı.	The thief escaped before the policeman.

-madan/-meden önce

This is added to the verb root to make the present participle for time clauses.

| sat | sell |
| satmadan önce | before selling |

| kontrol et | to control |
| kontrol etmeden önce | before controlling |

evlenmeden önce	before marrying
taşınmadan önce	before moving
varmadan önce	before arriving

Evimi satmadan önce sana telefon edeceğim.	I'll telephone you before selling my house.
Arkadaşına kitabı vermeden önce oku-du.	Before giving the book back to his friend he read it.
İstanbul'a dönmeden önce seninle konuşacak.	She will talk to you before returning to Istanbul.

-madan/-meden önce

This structure used to make subordinate clauses is added to verbs without perso-nal suffixes.

| sattım | I sold |
| satmadan önce | before I sold |

| kontrol etti | he controlled |
| kontrol etmeden önce | before he controlled |

| varırım | I arrive |
| varmadan önce | before I arrive |

953

| vardım | I arrived |
| varmadan önce | before I arrived |

Yatmadan önce bir bardak süt iç. Drink a glass of milk before you go to bed.

Biz oraya varmadan önce doktor gitti. The doctor went before we arrived there.

Duş almadan önce postacı geldi. The postman came before he had a shower.

Parayı harcamadan önce evin kirasını düşün. Think of the rent of the house before you spend the money.

-dan/-den sonra / after

This is used after nouns and pronouns.

benden sonra	after me
bizden sonra	after us
arkadaşımdan sonra	after my friend
annenden sonra	after your mother
kahvaltıdan sonra	after the breakfast
yemekten sonra	after the meals
pazartesiden sonra	after Monday
ekimden sonra	after October

Ondan sonra eve varacağız. We will arrive at home after her.

Senden sonra mektubu bitirebilirim. I can finish the letter after you.

Müdürden sonra fabrikaya geldi. She came to the factory after the manager.

Öğrenciler öğretmenden sonra sınıftan çıktılar. The students went out of the classroom after the teacher.

Toplantıdan sonra çay içtiniz mi? Did you drink tea after the meeting?

Tatilden sonra bizim eve gel. Come to our house after the holiday.

Ağustostan sonra okullar açıktır. The schools are open after August.

İstanbul'dan sonra nereye gideceksiniz? Where will you go after Istanbul?

-d(t)ıktan/-d(t)ikten/-d(t)uktan/-d(t)ükten sonra

This structure is used with verbs to make subordinate time clauses. First, some examples with the present participle.

yat	go to bed
yattıktan sonra	after going to bed
kontrol et	control
kontrol ettikten sonra	after controlling

taşındıktan sonra	after moving
içtikten sonra	after drinking
ayrılmadan önce	after leaving

Evimi sattıktan sonra sana telefon edeceğim.	I'll telephone you after selling my house.
İstanbul'a döndükten sonra seninle konuşacak.	She will talk to you after returning to Istanbul.
Evlendikten sonra burada çalışacağım.	I will work here after getting married.

Again, personal suffixes are not used.

yıkarım	I wash
yıkadıktan sonra	after I wash
yıkarız	we wash
yıkadıktan sonra	after we wash
okudum	I read
okuduktan sonra	after I read
okudunuz	you read
okuduktan sonra	after you read

Biz oraya vardıktan sonra doktor gitti.	The doctor went after we arrived there.
Bulaşıkları yıkadıktan sonra misafirler geldi.	The guests came after she washed the dishes.
Babası gittikten sonra televizyon seyreder.	She watches TV after her father goes.
Bu kitabı okuduktan sonra bana ver.	After you read this book give it to me.

(y)arak, (y)erek

This suffix is used for actions/events occurring at the same time.

televizyon seyret	watch TV
televizyon seyrederek	watching TV
gazete oku	read a newspaper
gazete oyuyarak	reading a newspaper
telefon et	phone
telefon ederek	phoning
müzik dinleyerek	listening to music
sigara içerek	smoking
gülerek	smiling
ağlayarak	crying

Bira içerek arkadaşıyla konuştu.	He talked to his friend drinking beer.
Sigara içerek bekledim.	I waited, smoking.
Konuşarak yürüyorlar.	They are walking while speaking.
Kız dans ederek şarkı söyledi.	The girl sang, dancing.
Çocuk ağlayarak süt içti.	The child drank milk, crying.
Kocam yatarak televizyon seyreder.	My husband watches TV lying.
Arkadaşımla konuşarak otobüsü bekledim.	Talking to my friend I waited for the bus.

(y)ıp, (y)ip, (y)up, (y)üp

This suffix is used when one action/event starts after another is completed.

yat	go to bed
yatıp	going to bed, after going to bed
kalk	get up
kalkıp	getting up, after getting up

mezun olup ...	after graduating ...
Türkiye'ye geldi.	he came to Türkiye.
Mezun olup Türkiye'ye geldi.	After graduating he came to Turkey.
İngilizceyi öğrenip dönecek.	She will come back after learning English.
Öğretmeni bulup konuşacağım.	Finding the teacher I'll speak to her.
Evlenip Almanya'ya gidecek.	After getting married he will go to Germany.
Duş yapıp yemek yedim.	After having a shower I had a meal.
Parayı harcayıp döndünüz.	You spent the money and came back.
Yukarı çıkıp çantanı alacak mısın?	Will you go upstairs and take your bag?
Oturup konuyu tartıştılar.	They sat down and discussed the matter.
Filmi izleyip yatacağım.	After watching the film I'll go to bed.
İşadamı tıraş olup ofise gitti.	The businessman went to the office after shaving.
Evimi satıp annemle oturacağım.	Selling my house I will live with my mother.

-(ı/i/u/ü)yorken

This suffix is used for actions/events during the continuation of which, another begins.

yüzüyoruz	we are swimming
yüzüyorken	while we are swimming, as we are swimming

yiyorsunuz	you are eating
yiyorken	while you are eating, as you are eating

biz uyuyorken	while we are sleeping
çocuk ders çalışıyorken	while the child is studying
kız ona bakıyorken	while the girl is looking at him
onlar evden çıkıyorken	while they are going out of the house
hırsız kaçıyorken	while the thief is escaping
kız kardeşim cümleleri çeviriyorken	while my sister is translating the sentences

Çocuklar oyunuyorlarken ben alışverişe gideceğim.	While the children are playing, I'll go shopping.
Sen yemek yaparken ben radyo dinleyeceğim.	While you are cooking, I'll listen to the radio.
Annem çayı yapıyorken ben ona yardım edeceğim.	I'll help my mother while she is making tea.

Öğrenci sınıfta sigara içiyorken öğretmen geldi.	While the student was smoking in the classroom the teacher came.
Türkçe öğreniyorken bana bu kitabı verdi.	While I was learning Turkish he gave me this book.
Sekreter mektubu yazıyorken çay içti.	While the secretary was writing the letter she drank tea.
Adam otobüse biniyorken düştü.	While the man was getting on the bus he fell down.
Sen telefon ediyorken dinlediler.	While you were telephoning they listened.
Adam anahtarını arıyorken karısı kapıyı açtı.	While the man was looking for his key his wife opened the door.
Tıraş oluyorken yüzünü kesti.	While he was shaving he cut his face.

-(y)a kadar, -(y)e kadar

A preposition, **kadar** can refer to time (until, till, by) or place (to).

gelecek aya kadar	until next month
şubata kadar	until February
akşama kadar	until the evening

bana kadar	to me (to my house)
sana kadar	to you (to your house)
bize kadar	to us (to our house)
Ankara'ya kadar	to Ankara
uçağa kadar	to the aeroplane
eve kadar	to the house

Sabaha kadar ders çalıştı.	She studied until the morning.
Mayısa kadar bu evde kalacağız.	We'll stay at this house until May.

Ankara'ya kadar seninle gelecek.	She will come with you to Ankara.
Onu ofise kadar götürdü.	He took her to the office.
Otele kadar seninle geleyim mi?	Shall I come with you to the hotel?
O adamı evine kadar izledik.	We followed that man to his house.

With verbs, the structure used is **-(y)ana kadar, -(y)ene kadar**.

yap	do
yapana kadar	until doing

git	go
gidene kadar	until going

Her gece yatana kadar televizyon seyrederler.	They watch TV every night until going to bed.

Karar verene kadar bir şey yapma.	Don't do anything until making up your mind.

As a conjunction, the structure used is **-(y)ana kadar, -(y)ene kadar**. As with subordinate clauses, personal suffixes are not used.

satarım	I sell
satana kadar	until I sell

sattım	I sold
satana kadar	until I sold

bekleriz	we wait
bekleyene kadar	until we wait

beklersin	you wait
bekleyene kadar	until you wait

Evi satana kadar orada oturacağız.	We'll stay there until we sell the house.
Annem gelene kadar orada bekledim.	I waited there until my mother came.
Telefon edene kadar bir şey anlatma.	Don't tell anything until she telephones.
O gidene kadar sizin eve gelmeyecek.	He won't come to your house until she goes.

-den/-dan ...... -(y)a/e kadar

This has the English equivalent 'from ... to ...'.

pazartesiden cumaya kadar	from Monday to Friday
saat ikiden beşe kadar	from two o'clock to five o'clock
hazirandan eylüle kadar	from June to September
lokantadan otobüs durağına kadar	from the restaurant to the bus station

Pazartesiden cumaya kadar çalıştılar.	They worked from Monday to Friday.
Ankara'dan İstanbul'a kadar o adamla geldi.	She came with that man from Ankara to Istanbul.
Hazirandan eylüle kadar Antalya'da kalacaklar.	They'll stay in Antalya from June to September.
Evden okula kadar koştun mu?	Did you run from the house to school?
Lokantadan otobüs durağına kadar taksiyle geldim.	I came by taxi from the restaurant to the bus stop.

-madan, -meden

This suffix is added to verbs to make the negative present participle.

sor + madan	without asking
bil + meden	without knowing

Bana sormadan onu aldı.	She took it without asking me.
Bakmadan onu tanıdı.	He recognized her without looking.
Pencereyi kapatmadan uyudu.	She slept without closing the window.
Odayı temizlemeden oturabilir.	She can sit without cleaning the room.
Gülmeden konuş.	Speak without laughing.
Bu portakalı yıkamadan yeme.	Don't eat this orange without washing.

-ar/-er ...... -maz/-mez

The English 'as soon as', or 'immediately' is made with this structure. The verb root is repeated, first in positive from with the suffix **-ar/-er/ -ır/-ir/-ur/-ür**, and then in negative form with the suffix **-maz/-mez**.

yapar yapmaz	as soon as doing
oturur oturmaz	as soon as sitting
görür görmez	as soon as seeing

ben onu görür görmez	as soon as I see him
kadın buraya gelir gelmez	as soon as the woman comes here
müdür oraya varır varmaz	as soon as the manager gets there
biz haberi duyar duymaz	as soon as we hear the news
ben ödevimi bitirir bitirmez	as soon as I finish my homework
annesi masayı hazırlar hazırlamaz	as soon as her father prepares the table

Onu görür görmez kaçtı.	As soon as he saw her he escaped.
Duş alır almaz yatacağım.	I'll go to bed as soon as I have a shower.
Mektubu yazar yazmaz bana ver.	As soon as you write the letter give it to me.
Öğretmeni dinler dinlemez sınıftan çıktık.	We went out of the classroom as soon as we listened to the teacher.
Otobüse biner binmez arkadaşını gördü.	He saw his friend as soon as he got on the bus.
Uyanır uyanmaz bir bardak çay içerler.	They drink a glass of tea as soon as they wake up.
Arkadaşım evlenir evlenmez Amerika'ya gitti.	As soon as my friend got married she went to America.
Tıraş olur olmaz kahvaltı etti.	He had breakfast as soon as he shaved.
Şehire varır varmaz otele gittik.	We went to the hotel as soon as we arrived at the city.

adjective/adverb + -KEN

gençken	when I was young
oradayken	when I was there

Gençken hızlı yüzerdi.	She used to swim fast when she was young.
Arabadayken sigara içmezdim.	I didn't use to smoke when I was in the car.
Evdeyken yemek yapar mı?	Does she cook when she is at home?

verb + -KEN

gelirken	as I was coming, while I was coming
öğrenirken	as I was learning, while I was learning

Sigara içerken babası geldi.	When he was smoking his father came.
Ofise giderken onu beklerdi.	When he was going to the office he used to wait for her.
Parayı saklarken onu gördünüz mü?	Did you see him when he was hiding the money?